中央司法警官学院特色专业系列教材

戒毒人员教育矫正实务

Practice of Educational Correction for Drug Addicts

宋秋英　姜祖桢　主编

法律出版社
LAW PRESS·CHINA
北京

图书在版编目(CIP)数据

戒毒人员教育矫正实务 / 宋秋英, 姜祖桢主编. -- 北京 : 法律出版社, 2023(2025.2 重印)
ISBN 978-7-5197-7755-5

Ⅰ. ①戒… Ⅱ. ①宋… ②姜… Ⅲ. ①戒毒-工作-中国 Ⅳ. ①D669.8

中国国家版本馆 CIP 数据核字(2023)第 068209 号

戒毒人员教育矫正实务
JIEDU RENYUAN JIAOYU JIAOZHENG SHIWU

宋秋英 姜祖桢 主编

责任编辑 慕雪丹
装帧设计 汪奇峰 臧晓飞

出版发行 法律出版社
编辑统筹 法商出版分社
责任校对 赵明霞
责任印制 胡晓雅
经　　销 新华书店

开本 710 毫米×1000 毫米 1/16
印张 21.75 **字数** 363 千
版本 2023 年 7 月第 1 版
印次 2025 年 2 月第 2 次印刷
印刷 唐山玺诚印务有限公司

地址:北京市丰台区莲花池西里 7 号(100073)
网址:www.lawpress.com.cn
投稿邮箱:info@lawpress.com.cn
举报盗版邮箱:jbwq@lawpress.com.cn

销售电话:010-83938349
客服电话:010-83938350
咨询电话:010-63939796

书号:ISBN 978-7-5197-7755-5
定价:56.00 元

凡购买本社图书,如有印装错误,我社负责退换。电话:010-83938349

编辑委员会

主　编： 宋秋英　姜祖桢

撰稿人：（以撰写章节先后为序）

宋秋英　姜祖桢　张　凯　赵志刚
赤　艳　何　葵　赵金凤　姚晓霞
陈　琳　兰海文　罗海军　曾佑平
刘万胜　邹增和　曾　亮　郭　崧
贺杰军　唐晨杰　周　利　李　颖
戴春亚

前　　言

自20世纪中期以来，毒品在全球范围内持续泛滥，治理毒品问题已成为国际社会共同面临的一个难题。进入21世纪以来，受多种因素影响，我国毒品违法犯罪日益猖獗，禁毒形势日趋严峻复杂，毒品违法犯罪治理任重道远。

2007年12月29日，第十届全国人民代表大会常务委员会第三十一次会议通过了《中华人民共和国禁毒法》（以下简称《禁毒法》）。2011年6月22日，国务院第160次常务会议通过了《戒毒条例》（2018年9月18日修订）。公安部、司法部、国家禁毒办、卫计委等部门或单独或联合制定了一系列禁毒戒毒部门规章、法律文件。2014年7月6日，中共中央、国务院印发了《关于加强禁毒工作的意见》，把禁毒工作纳入国家安全战略以及平安中国、法治中国建设之中。2018年6月25日，习近平总书记对禁毒工作作出重要指示："要加强党的领导，充分发挥政治优势和制度优势，完善治理体系，压实工作责任，广泛发动群众，走中国特色的毒品问题治理之路，坚决打赢新时代禁毒人民战争。"2020年6月23日，习近平总书记再次指出："各级党委和政府要坚持以人民为中心的发展思想，以对国家、对民族、对人民、对历史高度负责的态度，坚持厉行禁毒方针，打好禁毒人民战争，完善毒品治理体系，深化禁毒国际合作，推动禁毒工作不断取得新成效，为维护社会和谐稳定、保障人民安居乐业作出新的更大贡献。"

戒毒工作是禁毒系统工程的重要组成部分，强制隔离戒毒是一项具有中国法治特色的戒毒措施。提高强制隔离戒毒工作质量，减少或预防戒毒人员复吸，对于提升禁毒工程的成效具有非常重要的作用。2014年4月，习近平总书记在听取司法部工作汇报时作出重要指示，明确指出："戒毒工作是新时期司法行政工作的重点之一"，要"不断提高戒毒工作水平"。教育矫正作为司法行政戒毒工作的重要组成部分，贯穿于司法行政戒毒工作的全过程。教育矫正不仅是帮助戒毒人员改变错误认知、强化戒毒动机、坚定戒毒信念的基本手段，而且是引导他们转变成瘾行为、应对复吸危机、顺利回归社会的主要途径。

为适应我国戒毒工作的顺利发展，培养政治立场坚定、业务能力过硬的高素质戒毒人民警察，中央司法警官学院顺应时代需求，积极推进禁毒学专业（戒毒学方向）建设。中央司法警官学院矫正教育系组织编写了禁毒学专业（戒毒学方向）系列教材，编者既有从事戒毒领域教学科研的专家、学者，也有长期工作在戒毒工作一线的实务专家。

《戒毒人员教育矫正实务》一书由宋秋英副教授、姜祖桢教授担任主编，主编提出编写提纲后，经集体讨论修订完善，最后由主编统稿、定稿。

撰稿人及分工如下（以撰写章节先后为序）：

宋秋英（中央司法警官学院副教授，第一章第一节）；

姜祖桢（中央司法警官学院教授，第一章第二节）；

张　凯（中央司法警官学院副教授，第一章第三节）；

赵志刚（北京市戒毒管理局戒毒教育处一级主任科员，第一章第四节、第六章）；

赤　艳（中央司法警官学院教授，第二章第一、二节）；

何　葵（中央司法警官学院教授，第二章第三节）；

赵金凤（北京市天堂河女子强制隔离戒毒所教育矫正中心一级主任科员，第三章）；

姚晓霞（北京市天堂河女子强制隔离戒毒所教育矫正中心一级警长，第四章）；

陈　琳（北京市天堂河女子强制隔离戒毒所教育矫正中心一级警长，第五章）；

兰海文（广东省戒毒管理局一级主任科员，第七章第一、二节）；

罗海军（广东省戒毒管理干部学校二级警长，第七章第三、四节）；

曾佑平（广东省女子强制隔离戒毒所二级警长，第八章）；

刘万胜（广东省第二强制隔离戒毒所三级警长，第九章）；

邹增和（广东省南丰强制隔离戒毒所三级警长，第十章）；

曾　亮（湖南省新开铺强制隔离戒毒所四级高级警长，第十一章）；

郭　崧（浙江省拱宸强制隔离戒毒所一级警长，第十二章）；

贺杰军（重庆市涪陵强制隔离戒毒所四级高级警长，第十三章）；

唐晨杰（四川省司法厅政治部组织干部处二级主任科员，第十四章第一、二节）；

周　利（四川省女子强制隔离戒毒所副所长，第十四章第三、四节）；

李　颖（江苏省司法厅监狱戒毒工作指导处挂职干部，第十五章）；

戴春亚（江苏省戒毒管理局教育矫治办公室四级调研员，第十六章）。

由于编者水平与时间有限，本书难免有错漏舛误之处，诚请专家学者和实务工作者予以批评指正，以便将来修订时采摭纳言。同时，在撰写过程中，编者参阅、借鉴、引用了大量国内专家、学者以及实务工作者的学术成果，在此表示真诚的感谢！尽管努力做到对所引用内容予以注明，但仍存在对个别引用未予以明示、部分表述有错讹之处，在此一并致歉！

《戒毒人员教育矫正实务》编写组

2023 年 1 月 25 日

目　　录

第一章　教育矫正工作概述

本章摘要

教育矫正作为帮助和引导戒毒人员增强法治观念、培养道德意识、促进身心健康、提高拒毒能力的特殊社会实践活动，既有普通教育的目的性、计划性和系统性等共同特点，也有司法矫正的法定性、复杂性、综合性等特殊之处。通过本章的学习，了解教育矫正的相关概念、特征与总体目标，理解以人为本、因人施教、综合矫治、面向社会、守正创新的教育矫正原则，明确不同戒治阶段教育矫正工作的具体任务，灵活掌握教育矫正任务的保障要求，从而促使教育矫正活动始终朝着既定的目标推进。

重点问题

本章的重点是教育矫正的相关概念、主要特征、基本原则与工作任务。

第一节　教育矫正的概念界定

在司法行政戒毒系统中，教育矫正不仅是帮助戒毒人员改变错误认知、强化戒毒动机、坚定戒毒信念的基本手段，而且是引导他们转变成瘾行为、应对复吸危机、顺利回归社会的主要途径。“教育矫正”是由修饰语“教育”和中心语“矫正”组成的偏正词组，即以教育为手段，旨在实现矫正目的、符合矫正需要、提升矫正质量而进行的一种特殊社会实践活动。概念界定的逻辑起点往往在于分析其构成语素的释义，因此“教育矫正”的概念界定应以对“教育”“矫正”含义的解析为前提。

一、教育的含义

教育的概念是随着教育活动的开展和教育思想的深化而渐趋形成、逐步延伸的。中国是世界上最早以文字记述教育事宜的国家之一。现代汉语里“教”“育”均始现于距今三千余年的商代甲骨文中。从《尚书·商书·说命下》的“惟教学半”、《诗经·小雅·蓼莪》的“长我育我”以及《说文解字》中“教,上所施,下所效也”“育,养子使作善也”等经典章句中可窥见古人很早便对“教”“育”分别赋予了“授受知识”“培养善德”之义。其中,“教”既重视教育者的教授、示范,也强调教育对象的受教、仿效;“育”侧重教育者把教育对象培养成为有道德的人。“教育”一词最早见于《孟子·尽心上》中的“得天下英才而教育之”。从先秦时期到19世纪末,人们通常单用一个“教”字来指称教育活动。例如,《中庸》曾对“教”作如下的阐释:“天命之谓性,率性之谓道,修道之谓教”,即教育是引导人的思想、行为遵循善良天性之道的活动;《荀子·修身》中提道:“以善先人者谓之教”,即教育是用善行引导或影响人的活动;《礼记·学记》中有云:“教也者,长善而救其失者也”,即教育者的职责在于帮助教育对象发扬长处、纠正过失,将劣势转化为优势。进入20世纪以后,许多学者开始从不同的角度对“教育”进行诠释和解读。例如,梁启超在《学术演讲集》中明确指出,“教育就是教人学做人——学做现代人”。① 陶行知认为,“教育是依据生活、为了生活的‘生活教育’,培养有行动能力、思考能力和创造力的人”。② 蔡元培主张,“教育是帮助被教育的人,给他能发展自己的能力,完成他的人格,于人类文化上能尽一分子的责任”。③ 顾明远主编的《教育大辞典》把教育解释为“传递社会生活经验并培养人的社会活动”。④

在西方,“教育”的英文为“education”,法文为“éducation”,德文为“erziehung”,三者均源自拉丁文“educationem”(主格形式为“educatio”)。⑤ “educatio”作为名词,是从动词“educare”转换而来。⑥ “educare”是由前缀“e”与词根“ducare”

---

① 梁启超:《饮冰室合集·文集》(1),中华书局1989年版,第68页。

② 褚远辉、张平海、闫祯主编:《教育学新编》,华中师范大学出版社2007年版,第6页。

③ 高平叔编:《蔡元培教育论著选》,人民教育出版社2017年版,第397页。

④ 教育大辞典编纂委员会编:《教育大辞典》(第1卷),上海教育出版社1990年版,第3页。

⑤ [英]雷蒙·威廉斯:《关键词:文化与社会的词汇》,刘建基译,生活·读书·新知三联书店2005年版,第141页。

⑥ Douglas Harper, *Education*, Online Etymology Dictionary (Dec. 20, 2021), https://www.etymonline.com/search?q=education.

构成。前缀“e”有“从……出”的意思，词根“ducare”有“引导”或“带领”的意思，[①]二者合起来即为“引出”，其含义是采用一定的方式，把某种本来潜藏于身心之中的东西（知识、智慧等）引发出来，使之“从一种潜质转变为现实”。[②] 这种把教育视为“汲取”“引出”而非“灌输”“塞进”的观念可以追溯到古希腊哲学家苏格拉底（Socrates）。[③] 苏格拉底不仅提出“美德即知识”的命题，[④]而且认为教育是教育者通过提问、谈话等方式，引导教育对象主动寻找问题答案、探索事物真理、养成美德善性的内发活动。在德国教育学家鲁道夫·洛赫纳（Rudolf Lochner）看来，“教育是一种既有一定计划性，也有一定随意性，但无论如何却是有意识的人类活动”。[⑤] 法国社会学家埃米尔·涂尔干（Émile Durkheim）认为，“教育就是系统地将年轻一代社会化”。[⑥] 美国教育家约翰·杜威（John Dewey）在《民主主义与教育：教育哲学导论》中提出，“教育即生活需要”“教育即社会指导”“教育即成长发展”“教育即经验改造”“教育即能力训练”。[⑦]

时至今日，尽管国内外学者对教育含义的表述依然众说纷纭、莫衷一是，但基本达成了三点共识：第一，教育是培养人的实践活动，而不是纯粹的思想理念，或在某种理念支配下的制度规则；第二，若要回答“培养什么样的人、如何培养人、为谁培养人”的教育之问，则必先将教育根植于一定的社会背景之中，对人的培养既不能脱离社会，也不能无视甚至违背个体的身心发展规律；第三，从应然角度而言，教育作为个体的社会化与社会的个性化之耦合体，是教育者积极施教、教育对象能动参与的双边活动过程。由此，可以把“教育”界定为：在一定社会背景下发生的促进个体社会化、社会个性化的实践活动。[⑧]

---

① Douglas Harper, *Educate*, Online Etymology Dictionary (Dec. 20,2021), https://www.etymonline.com/search? q = educate.

② 劳凯声主编：《教育学》，南开大学出版社 2001 年版，第 33 页。

③ ［英］彼得·沃利：《课堂提问的技术与艺术》，彭相珍译，中国青年出版社 2020 年版，第 130 页。

④ ［古希腊］苏格拉底：《苏格拉底的教化哲学》，唐译编译，吉林出版集团有限责任公司 2013 年版，第 186 页。

⑤ ［德］沃尔夫冈·布列钦卡：《教育科学的基本概念：分析、批判和建议》，胡劲松译，华东师范大学出版社 2001 年版，第 25 页。

⑥ 中国大百科全书总编辑委员会编：《中国大百科全书·教育》，中国大百科全书出版社 2002 年版，第 173 页。

⑦ John Dewey, *Democracy and Education: An Introduction to the Philosophy of Education*, New York, Macmillan Company, 1916, p. vii, viii.

⑧ 全国十二所重点师范大学联合编写：《教育学基础》，教育科学出版社 2014 年版，第 1 页。

二、矫正的含义

从中文词源角度分析，“矫”的原初字“”由表示箭头的“”（今文为“矢”）和表示高大且曲折的“”（今文为“乔”）组合而成；“正”的原初字“”表示不偏不斜，引申义为“合乎规范”“改去偏差或错误”。[①] 东汉文字学家许慎在《说文解字》中将“矫正”本义概要为“揉箭箝”，[②]即把过长或弯曲的箭杆调正，使之平直长短适度。因为变弯的矢必须经由正曲使直才能射准目标，所以“矫”的基本动作也可被称为“矫正”，其内涵是纠偏祛邪以促其入情合理。例如，《荀子·性恶》论及“古者圣王以人之性恶，以为偏险而不正，悖乱而不治，是以为之起礼义、制法度，以矫饰人之情性而正之”；《汉书·眭两夏侯京翼李传》谈及“先帝大圣，深见天意昭然，使陛下奉承天统，欲矫正之也”；《南史·列传第五》述及“穆之斟酌时宜，随方矫正，不盈旬日，风俗顿改”。这些古代名言佳句均从不同侧面说明矫正的最终目的在于通过匡谬正俗、改过迁善来恢复其原有的存在价值与良性功能。

从英文词源角度分析，始现于 14 世纪中叶的“correction”（中文“矫正”）意指扶正摆直、修正改良、悔过自新的行动或状态。早期的“correction”尤其被用来表示“通过约束、斥责或惩罚的方式纠正某人心理、行为等方面的错误、过失，使之符合标准、恢复原貌、归于正常”，后来也引申为“对孩子在说话或拼写时出现的缺点或错误加以纠正”。[③] 司法矫正最早萌芽于 16 世纪中叶的欧洲。1557 年，英国政府在伦敦建立了布莱德威尔感化院（Bridewell House of Correction）。[④] 从 1575 年起，英国皇家法令中就有“house of correction”一词，并规定该场所的矫正对象为“年龄较小的初犯，而非累犯或年龄较大的刑事犯”。[⑤] 16 世纪末，荷兰在阿姆斯特丹建立了两个矫正院，其中男犯矫正院被称为“锉工院”，女犯矫正院被称为“纺

---

① 王镇国主编：《构词字典》，四川辞书出版社 1998 年版，第 602 页。

② 《说文解字 最新整理全注译本》编委会编：《说文解字 最新整理全注全译本》（第 2 卷），中国书店 2010 年版，第 792 页。

③ Douglas Harper, *Correction*, Online Etymology Dictionary (Dec. 20, 2021), https://www.etymonline.com/search? q = correction.

④ 学界通常把“house of correction”译为“感化院”“教养院”，也有部分学者把它译为“矫正院”、“矫正所”或“矫正工作场”。Bridewell（中文“布莱德威尔”）的地名在后世成为 house of correction（中文“感化院”“教养院”）的代名词。

⑤ Douglas Harper, *Correction*, Online Etymology Dictionary (Dec. 20, 2021), https://www.etymonline.com/search? q = correction.

织院”。该类矫正机构注重对罪犯的精神感化和职业指导,并在锉工院、纺织院门上分别刻有:“勇气就是征服每个人害怕的事物”“不要害怕,我并非寻求复仇,而是使你向善。我的手腕强硬,但我心地善良”等劝诫之词。[①] 后来,德国、比利时、意大利等欧洲国家也纷纷效仿建立了类似的矫正机构。在19世纪70年代,矫正作为一种行刑改良模式而成为西方司法制度的一个重要概念,意即“法定有权对判有罪者进行监禁或监控机构及其所实施的各种处遇措施”。[②]

综上所述,尽管“矫正”一词在中国古已有之,但把它引入司法领域则源自西方国家。在司法行政系统中,“矫正”通常被界定为:纠正和改变违法犯罪人员的错误思想观念、偏差心理倾向、不良行为方式,以使其悔改向善、复归社会、重获新生的一系列处遇措施。

三、教育矫正的含义

从语用源流的角度来看,教育、矫正分属不同的人文社会系统和学术研究领域。教育属于社会文化系统,是教育学研究领域的重要概念;矫正属于司法行政系统,是犯罪学研究领域的重要概念。而把教育引入司法行政系统并将之作为矫正的一种手段,可以追溯至19世纪70年代。1870年,在美国俄亥俄州辛辛那提召开的第一届美国监狱工作大会通过了《原则宣言》(Declaration of Principles),其要点包括“刑罚的目的在于矫正,而不是报复,教育是矫正罪犯最重要的手段”。[③] 1876年,在美国纽约州的埃尔米拉感化院依照《原则宣言》提出的新主张,[④]实施了一种新型的矫正模式,涉及分类制度、不定期性、文化教育、职业教育、娱乐活动等诸多措施。[⑤]

通过勤俭观念教育、亲戚朋友规劝、习艺劳动锻炼、禁毒政策宣传等手段对戒毒人员进行矫正是近代以后的事情。晚清官员郭嵩焘在1879年开办了专门治理

---

① 吴宗宪、吴思诗:《塞林的刑罚学史研究述评——以〈刑罚学的先驱〉一书为例》,载《山东警察学院学报》2016年第6期。

② [美]克莱门斯·巴特勒斯:《矫正导论》,孙晓雳等译,中国人民公安大学出版社1991年版,第27页。

③ 高莹主编:《矫正教育学》,教育科学出版社2007年版,第3页。

④ David J. Rothman, *Little*, Brown and Company, 1980, p.32.

⑤ [美]克莱门斯·巴特勒斯:《矫正导论》,孙晓雳等译,中国人民公安大学出版社1991年版,第18页。

烟毒问题的禁烟公社,[1]该公社不仅制定了《戒烟条规》,而且特别申明"戒烟当以勤俭为本"。[2] 1894年,近代启蒙思想家、教育家郑观应在筹建上海戒烟会时提出以"上行则下效""父勉其子,兄勉其弟,妻勉其夫"等方式促使"既吸者将痛改前非"。[3] 中国共产党自诞生之日起就旗帜鲜明地号召人民群众积极参与禁毒战争,并在20世纪40年代出台了一系列戒毒政策法令,主张采取开会教育、个别教育、亲情规劝、说服教育、宣传教育等方式帮助戒毒人员改变错误认知、强化戒毒动机、转变成瘾行为。中华人民共和国成立后,党中央、各级政府及相关主管部门根据国内禁戒毒形势,在不同时期提出"自愿与强制相结合,施戒与思想教育相结合"[4]、"教育改造,治病救人"[5]、"感化、教育、挽救"[6]、"戒毒治疗与教育相结合"[7]、"教育和挽救"相结合[8]等戒毒工作方针,并采取多种戒治措施,促使众多戒毒人员成功戒断毒瘾、重拾生活信心、顺利回归社会。如今,教育矫正已经成为司法行政戒毒工作的重要组成部分,贯穿于司法行政戒毒工作的全过程。

教育矫正有广义、狭义和特指义之分。广义的教育矫正是泛指一切增进人的知识技能、转化人的思想观念、纠正人的行为方式的再社会化活动总称。狭义的教育矫正是以违法犯罪人员为对象,依法对他们的思想观念、心理特征与行为方式进行重新塑造、改造和矫治,同时调动他们接受教化的积极性,培养他们具有责任感和适应社会能力的系统影响活动。狭义的教育矫正通常发生在监狱、未成年犯管教所、社区矫正机构、强制隔离戒毒所等特定场所中,由专业人员对监狱服刑人员、社区矫正对象、戒毒人员等实施转化工作。本书特指义的教育矫正是在戒

---

① 中国近代的"烟毒"又称为"鸦片烟毒",其中"烟"是指鸦片、罂粟、罂粟种子等,"毒"是指吗啡、高根(古柯的别称)、海洛因及其化合物(参见齐霁:《中国共产党禁毒史》(修订版),上海社会科学院出版社2017年版,第1页)。现代所说的毒品,通常是指鸦片、海洛因、甲基苯丙胺、吗啡、大麻、可卡因以及国家规定管制的其他能够使人形成瘾癖的麻醉药品和精神药品。中国近代所称的"烟毒"实际上属于现代的毒品之列。因此,本节所述的近代时期"禁烟""戒烟"均分别指现代意义的"禁毒""戒毒"。

② (清)郭嵩焘:《郭嵩焘全集》(11),梁小进主编,岳麓书社2018年版,第173页。

③ (清)郑观应:《盛世危言》,北方妇女儿童出版社2001年版,第130页。

④ 民政局:《本市八月份的禁煙禁毒工作》,载《天津市政》1950年第16期。

⑤ 孟明达主编:《中华人民共和国民政部大事记1949—1986》,中国社会出版社2004年版,第38页。

⑥ 严树源、胡广禄:《戒毒经验总结》,载《中国药物依赖性通报》1992年第1期。

⑦ 中华人民共和国公安部:《公安机关强制隔离戒毒所管理办法》,载中国政府网,http://www.gov.cn/flfg/2011-10/17/content_1971044.htm。

⑧ 中华人民共和国司法部:《司法行政机关强制隔离戒毒工作规定》,载中国政府网,http://www.gov.cn/gongbao/content/2013/content_2427282.htm。

毒场所中，以实现戒毒人员再社会化为本质，依法有目的、有计划、有系统地影响和改变其不良的思想观念、心理特征与行为方式，并为他们提供一定的学习资源和机会，使之逐步戒除毒瘾、顺利回归社会的教化育新活动。

第二节　教育矫正的主要特征

从特指含义而言，教育矫正不仅是戒毒人员在戒毒期间享有受教育权的根本体现，而且是他们提高自身素养、实现再社会化的基本保障，更是他们在解除强戒之后保持操守、预防复吸的重要前提。教育矫正既有普通教育的目的性、计划性和系统性等共同特点，也有司法矫正的法定性、复杂性、综合性等特殊之处。[①]

一、工作的法定性

教育矫正工作的法定性，是指教育矫正工作的各项要素、权利义务和实施程序都必须以法律规范为依据，既要在法律许可的范围内进行，也受到法律应有的保护。

教育矫正工作通常由教育矫正工作主体、教育矫正工作客体、教育矫正工作介体三大要素组成。教育矫正工作主体是受国家和社会的委托，依法履行教育矫正职能、开展教育矫正工作的机构、人员。其中，强制隔离戒毒所教育矫正工作队伍的主体是戒毒人民警察（以下简称戒毒民警）。教育矫正工作客体是教育矫正工作主体的作用对象、教育矫正活动的逻辑起点。在戒毒场所中，教育矫正工作客体是接受教育矫正的戒毒人员。教育矫正工作介体是教育矫正工作主体用以影响、作用于教育矫正工作客体的中介因素。教育矫正工作介体使教育矫正工作主体与教育矫正工作客体之间建立联系，从而保证教育矫正工作的正常开展。教育矫正工作介体通常被称为教育矫正影响或“第三要素”，[②]主要包括教育矫正内容、方法、手段、设备、仪器、经费、事项等。

依法治教、依法执教、依法施教、依法受教是教育矫正工作的必然要求。目前，我国戒毒教育矫正工作的法律依据主要包括《禁毒法》、《戒毒条例》和公安

---

① 姜祖桢等：《戒毒学》，法律出版社 2022 年版，第 264 ~ 266 页。

② 高莹主编：《矫正教育学》，教育科学出版社 2007 年版，第 67 页。

部、司法部等有关部门制定的《公安机关强制隔离戒毒所管理办法》、《司法行政机关强制隔离戒毒工作规定》(以下简称《戒毒工作规定》)、《强制隔离戒毒人员教育矫治纲要》(以下简称《教育矫治纲要》)、《强制隔离戒毒诊断评估办法》(以下简称《诊断评估办法》)、《司法行政机关强制隔离戒毒场所教育矫正工作指南》(以下简称《教育矫正指南》)等一系列带有法律性质的行政规章及其他规范性文件。[①] 这些法律和规章制度的出台实现了教育矫正有法可依、有章可循,充分保障了戒毒工作法治化、规范化运行。其中,2014 年 7 月司法部印发的《教育矫治纲要》涉及教育矫治的工作目标、基本原则、主要内容、方式方法、组织实施等诸多方面的规定内容。2022 年 9 月司法部戒毒管理局制定的《教育矫正指南》主要从教育矫正的工作原则、总体目标、工作管理、工作方法、阶段实施以及效果评估等方面作出规范指导与要求。

教育矫正工作具有法定性的特点,一方面要求戒毒民警必须严格遵守法律的规定,依法履行国家赋予其开展教育矫正工作的职责;另一方面要求戒毒人员必须依法履行其接受教育矫正的义务,并在戒毒民警的引导下树立学法、尊法、守法、用法的观念,逐渐从内心深处真正理解和认同法律的正义性、权威性,进一步强化规则意识、遵守法律规范。

二、任务的复杂性

教育矫正任务的复杂性,是指把教育矫正目的分解为一系列阶段化、层次化的标准和要求,并细化为具体的教育矫正责任与事务,而这些责任与事务呈现出纷繁且庞杂的特点。

从学理层面上讲,教育矫正目的是教育矫正目标的上位概念。教育矫正目的可以理解为教育矫正总体目标,是对戒毒人员接受教育结果的宏观规定与预期设想,而教育矫正目标是对戒毒人员接受教育状态的具体标准与明确要求。依据《教育矫治纲要》相关规定,教育矫治总体目标是“通过综合运用各种教育矫治方法和手段,帮助戒毒人员认清毒品危害,树立法制观念,提升道德情操和文化素养,改善不良心理,掌握就业谋生技能,增强社会适应能力,戒除毒瘾,成功融入社会”。据此,《教育矫正指南》提出,教育矫正总体目标是“综合运用各种教育矫正

---

① 司法部戒毒管理局组编:《司法行政强制隔离戒毒教育矫正实务》,法律出版社 2021 年版,第 5 页。

方法和手段，帮助戒毒人员认清毒品危害，增强法治观念和道德意识，提高拒毒能力和社会适应能力，促进戒毒人员顺利回归社会，长时间保持操守”。为了逐步实现这一总体目标，专职民警的教育矫正任务主要包括但不限于以下十项：第一，开展入所教育、日常教育、出所教育，并督查考核；第二，编写教学大纲，组织开展课堂教学或线上教育学习，并辅导答疑、做好课堂记录、布置和批改作业；第三，及时掌握各期区戒毒人员学情变化，对教学中出现的问题妥善处理；第四，开展个别教育，尤其对难以转化的戒毒人员，应实施重点个别教育、跟踪教学和案例研讨；第五，组织戒毒人员参加职业技能培训、辅助教育、分类教育、社会帮教等工作；①第六，填写戒毒人员教育矫正档案，建立和完善教育矫正工作台账；第七，开展场所文化建设，组织和指导戒毒人员参与文体活动，做好禁戒毒宣传教育工作；第八，严格执行教室、图书阅览室、文化活动室、多功能录播室等功能室的管理，按规定保管使用教育设施、设备；第九，撰写年度教研工作计划、参加教育矫正课题研究、参与课题组会议等有关工作；第十，参与教育矫正评估工作。

教育是一种具有目的意向性的活动，即教育者和教育对象对于教育活动的目的与方向都有一个认识，且教育活动的效果决定于教育者和教育对象双方的目的意向。在普通教育领域中，教育者和教育对象的目的意向是一致的。换言之，双方的意向基本统一在共同的教育目的上。但在教育矫正领域中，戒毒民警的意向代表着党和政府对教育、感化、挽救戒毒人员的期望以及人民群众对社会安全稳定的期盼，而戒毒人员的意向则代表着他们自己的利益。这两种意向常常是相背离或相抵触的。这就决定了教育矫正任务要比普通教育任务更为复杂而艰巨。

戒毒民警受国家和社会的委托，要把戒毒人员从歧途引向正道，使戒毒人员的身心发展、思想状态与教育矫正目的相一致。因此，戒毒民警既要向戒毒人员传授文化知识，又要进行法律常识教育、思想道德教育、戒毒常识教育、心理健康教育，还要开展行为养成教育、习艺劳动教育、职业技术教育。对于特殊情况的戒毒人员，更要采取及时的心理咨询、心理矫治、行为矫正等方式，在帮助其转变错误思想观念、偏差行为方式和不良人际交往的前提下，逐步引导其树立法治观念、认清毒品危害、强化戒毒动机、应对复吸危机、掌握人际交往技巧和职业谋生技能，使其顺利回归社会。这种破立结合、先破后立的双重任务使教育矫正更具复杂性、挑战性。

---

① 王雪峰主编：《矫正教育学》，法律出版社2022年版，第70页。

三、活动的综合性

教育矫正活动的综合性，是指在开展教育矫正活动中，以教育矫正基本原则为导向，系统、综合地运用多种教育矫正内容、方法与资源，从而切实有效地发挥教育矫正功能。

教育矫正活动的综合性主要体现在以下四个方面：第一，多项原则相结合，即主张以人为本、因人施教、综合矫治、面向社会、守正创新等诸多原则相结合；第二，多种内容相结合，即强调法律常识教育、思想道德教育、戒毒常识教育、心理健康教育、行为养成教育、文化素质教育、劳动与职业技术教育、回归社会教育等诸多内容相结合；第三，多样方法相结合，即注重集体教育、分类教育、个别教育、辅助教育等诸多方法相结合；第四，多维资源相结合，即教育矫正人力资源、物力资源、财力资源、信息资源相结合以及所内资源与所外资源相结合。

教育矫正活动具有综合性的特点，一方面，要求戒毒民警全面而深刻地理解各项原则的内涵及其内在关系，并在实践活动中将其有机结合、综合应用；另一方面，戒毒民警应根据国家在不同时期部署的司法矫正任务以及不同戒毒人员的具体情况，及时调整教育矫正方案，使教育矫正内容、方法实现有机组合，从而达到教育矫正资源利用的最优化和整体功能的最大化。

教育矫正功能是教育矫正活动所产生的各种影响和作用。从作用的对象看，教育矫正功能可分为个体功能和群体功能；从作用的方式看，教育矫正功能可分为直接功能和间接功能；从作用的呈现形式看，教育矫正功能可分为显性功能和隐性功能；从作用的实现程度看，教育矫正功能可分为应然功能和实然功能；从作用的效果看，教育矫正功能可分为发展功能、预防功能和补救功能。在戒毒场所中，教育矫正作为专门针对戒毒人员实施的特殊教育活动，具有特殊的价值导向与影响作用。对于戒毒人员个体而言，教育矫正功能主要体现在提高知识技能、转变思想观念、改善不良心理、矫正偏差行为；对于戒毒人员群体而言，教育矫正功能主要体现在降低复吸率、提高操守率、净化社区环境、维护社会秩序。

第三节　教育矫正的基本原则

原则是人们说话、行事所依据的标准和法则。教育矫正原则，是指戒毒民警开展教育矫正活动时所必须遵循的基本准则。①《教育矫正指南》明确提出，教育矫正的基本原则是以人为本原则、因人施教原则、综合矫治原则、面向社会原则、守正创新原则。

一、以人为本原则

以人为本是以人为价值的核心和社会的本位，把人的生存与发展作为最高的价值目标，一切为了人，一切服务于人。② 在司法行政戒毒教育矫正工作中，以人为本原则，是指从尊重戒毒人员的合理需求与正当权利出发，为实现戒毒人员戒除毒瘾、回归社会的总体目标而采取人性化教育矫正措施的准则。以人为本强调对戒毒人员戒治环境的改善，对戒毒人员生命价值的尊重，以及对戒毒人员主观能动性的重视。申言之，教育矫正工作应当以戒毒人员为中心和本位，围绕戒毒人员戒除毒瘾的根本目标而进行。在落实以人为本原则时，戒毒民警应当明确以下三个方面。

（一）教育矫正应当契合戒毒人员的多重需要

戒毒人员身份的多重性决定了其戒毒需求的多样性，进而决定教育矫正内容、方法的差别性。戒毒人员不同于服刑人员，其兼具病人、违法者、受害者的角色。戒毒人员是病人，有戒断毒瘾、治疗疾病、康复训练等方面的需要；戒毒人员是违法者，有改变认知、重塑观念、保持操守的再社会化需要；戒毒人员是受害者，有得到关怀、受到尊重、权益保障的需要。教育矫正的内容、方法要与戒毒人员不同层次、不同类型的需要相契合，才能最大限度地提高教育矫正效果，才能实现戒毒人员戒除毒瘾、融入社会的目标。这是尊重戒毒人员主体地位的直接体现，也是以人为本原则的真正贯彻。倘若戒毒民警从自身角度出发，经验性地判定“戒毒人员应该学什么，应该怎么学”，忽视、漠视戒毒人员的戒毒需要，主观臆断地组织教育矫正活动，那么工作效果势必不佳，甚至出现南辕北辙的情况。因此，以戒毒人员差异性、多样性需要为起点的教育矫正是以人为本原则的必然要求。

---

① 夏宗素主编：《矫正教育学》，法律出版社 2014 年版，第 227 页。

② 奚洁人主编：《科学发展观百科辞典》，上海辞书出版社 2007 年版，第 23 页。

(二)营造严管与厚爱并重的教育氛围

戒毒民警应当变革观念,“去管控化”“去严惩化”思维是营造严管与厚爱并重教育矫正环境的前提。戒毒民警把法治理念贯穿于教育矫正过程之中,不仅坚持严格管理,确保戒毒场所实现“六无”目标,为戒毒人员提供安全的无毒环境,而且能够矫正戒毒人员的不良行为,为其保持操守奠定基础。同时,戒毒民警要把服务理念贯穿于教育矫正过程之中,尊重和保障戒毒人员的权利,不歧视、不排斥戒毒人员,鼓励他们积极向上,增强他们回归信心,帮助他们重塑自我。在这里,通过“春风化雨”式的感化实现“厚爱”。戒毒民警要以情感人,帮助戒毒人员解决实际问题,感化戒毒人员内心的“冰冷”世界;要言传身教,身体力行,用忠诚、干净、担当的职业精神去改变戒毒人员的偏差行为与错误观念。此外,在教育矫正过程中,戒毒民警要采取以理服人的态度,注重摆事实,讲道理,不能用权威去强制。这样才能减少戒毒人员的抵触、对抗乃至对立,营造严管与厚爱并重的教育氛围。

(三)尊重并发挥戒毒人员的主体性

以人为本原则要求充分发挥戒毒人员主体性,即自身的参与意识、主动意识与创造意识,克服戒毒人员“物化”“对象化”的倾向。在教育矫正过程中,戒毒民警不能片面地将戒毒人员视为矫正客体,忽视他们的主体性、主观能动性以及自我改造能力。换言之,教育矫正工作不是戒毒民警“单方”的事情,而是戒毒民警与戒毒人员“共同”承担的任务。在以往的教育矫正工作中,戒毒人员的主体性、主观能动性时常被遮蔽、被抹杀,一味地灌输,单向地传递,形式僵化,效果必然受损。在教育矫正过程中,发挥戒毒人员的主体性,调动戒毒人员主动参与意识的路径可以从以下两个方面入手:一方面,戒毒民警要坚持尊重、接纳戒毒人员,多倾听他们的想法与感受,维护他们的人格尊严,搭建彼此沟通信任的平台;坚持助人自助,引导戒毒人员主动担当戒毒康复的任务,使其积极参与学习训练活动,主动学习戒毒康复方法。另一方面,戒毒民警要让戒毒人员知晓教育矫正目标,在教育矫正内容的选取、教育矫正方法的应用、教育矫正方案的设计、教育矫正计划的制订、教育矫正效果的评价等方面适当听取戒毒人员的想法与建议,将工作重点转移到戒毒人员的主观体验、自我救赎、自我成长、自我完善方面,将教育矫正模式由静态转向动态,将“要我戒毒”转向“我要戒毒”,进而实现教育矫正的根本目标。

二、因人施教原则

因人施教源自因材施教，强调教师根据学生的实际情况，有针对性地进行有差别的教育，以获得最佳的教育效果。因人施教是教育活动的基本原则，也是司法行政戒毒教育矫正工作应当遵循的基本原则。在戒毒领域，因人施教重点强调戒毒人员的差异性与个别化。在司法行政戒毒教育矫正工作中，因人施教原则，是指根据戒毒人员的生理状态、心理特点、行为方式、成瘾程度、戒断状况以及家庭关系等方面的特征，制订个别化的教育矫正方案，采取个别化教育矫正措施的准则。坚持因人施教也是以人为本原则的具体体现。在落实因人施教原则时，戒毒民警应当明确以下两个方面。

（一）掌握戒毒人员的个性特点

马克思主义哲学强调，矛盾具有普遍性与特殊性，矛盾的特殊性要求我们要具体问题具体分析。戒毒人员的个性特点，就是矛盾的特殊性，即差异性。可以说，承认差异、认识差异、尊重差异是因人施教的前提。戒毒民警不仅要研究戒毒人员的群体性特征，寻找戒毒人员存在的普遍性、共通性问题，积极组织集中教育、分类教育，更应当明察戒毒人员的个体化、个性化特征，特别是典型性戒毒人员的差异性，积极开展个别教育。戒毒人员看是相似，实则不同。全面掌握每位戒毒人员的特殊性是落实因人施教原则的前提。戒毒人员的性别、年龄、文化程度、主观认知与态度、心理特征、身体健康状况、婚姻状态、家庭结构及关系、经济水平、职业技能水平、就业观念与能力、吸毒种类与方式、吸毒与复吸原因、成瘾程度、戒断状况、社会接纳程度等都各有不同。以往"公式化""一刀切"的教育效果并不理想。因此，戒毒民警要深入戒毒人员的学习教育、习艺劳动以及生活现场，观察戒毒人员的行为表现，或是通过访谈、问卷调查、心理测试、查阅档案等方法，全面、客观地掌握戒毒人员的情况与特点。这些差异化的情况与特点是因人施教的根据，其直接影响教育矫正的内容及形式。

（二）制订个别化的教育矫正方案

在掌握戒毒人员的个性特点后，戒毒民警还要结合戒毒人员的群体特征，制订个别化的教育矫正方案，选择合适的教育内容与方法，才能获得高质量的教育效果。例如，缺乏判断力、自控力和交友不慎是青少年涉毒的主要原因。青少年身心发育不成熟,易受周围不良因素影响。青少年渴望结交朋友,喜欢和自己年龄相当、兴趣一致的人交往,但也更容易受身边"损友"勾引。[①] 对于青少年戒毒人员,戒毒民警要加强文化素质教育、心理健康教育以及社会适应性教育,教育方法上侧重体验式和参与式教育。女性戒毒人员普遍呈现偏执、悲观、抑郁、焦虑、多疑、自卑、极端、敏感、敌对、不自信等人格特点,表现为焦虑、抑郁、恐惧等不良情绪,日常情绪波动较大,喜怒无常。由于价值观扭曲、人格不健全,导致情感扭曲,已明显外化为感知觉障碍、情绪情感障碍、意志品质障碍,因此很难树立起健全的人格与戒毒信心。[②] 对于女性戒毒人员,戒毒民警要加强价值观教育与心理健康教育,教育方法上侧重感化教育与感性教育。此外,新入所戒毒人员与反复入所戒毒人员,吸食、注射传统毒品与新型毒品的戒毒人员,身患病残与未患病残的戒毒人员也各不相同。因此,在制订教育矫正方案时,戒毒民警要充分考虑不同类型戒毒人员的特征。

因人施教原则也要求充分调动戒毒人员的主观能动性,实现不同程度的改变和成长。《礼记 · 学记》中称,"知其心,然后能救其失也。教也者,长善而救其失者也"。因此,在因人施教的过程中,戒毒民警要充分发挥戒毒人员自身的优点,做到长善救失,促使他们树立信心,增强他们回归社会的勇气。

三、综合矫治原则

综合矫治原则,是指将不同的教育矫正内容、方法与资源整合起来,形成教育矫正合力,进而提高教育矫正效果的准则。马克思主义哲学强调,物质世界是普遍联系的。事物不仅与它周围的事物相互依存,而且其内部的部分也是相互作用,进而构成统一的整体。系统论强调从整体出发来研究整体与要素之间、要素与要素之间的关系。党的二十大报告也强调,只有用普遍联系的、全面系统的、发展变化的观点观察事物,才能把握事物的规律。在系统论观念的指导下,教育矫正工作要坚持综合矫治原则,把握好教育矫正与管理、生理治疗、康复训练、心理矫治、生产劳动等要素之间的关系,整合好不同教育矫正方法、教育矫正内容与教育矫正资源之间的关系,以形成合力,进而促进戒毒工作整体水平的提高。在落实综合矫治原则时,戒毒民警应当明确以下两个方面。

---

① 褚宸舸、张永林:《陕西省青少年吸毒违法问题调查》,载《人民法治》2019 年第 12 期。

② 徐彦:《吉林省女子强戒所女性戒毒人员矫治实践》,载《犯罪与改造研究》2018 年第 8 期。

(一)教育矫正是集内容、方法与资源于一体的矫治工作

从系统论的角度出发,戒毒人员的戒治是一个系统工作。戒毒人员戒治工作作为一个系统,其主要构成要素有管理、教育、劳动、治疗、康复等。戒毒人员戒治工作的效果取决于其构成要素功能的发挥及相互协调。同时,教育矫正工作也可以视为一个系统,其构成要素除了教育矫正工作主体、客体之外,还有教育矫正内容、方法、资源等中介因素。戒毒民警应当坚持综合矫治原则,注意将上述要素有机结合起来,形成整体合力,提高戒治效果。

1. 教育矫正内容的综合应用。教育矫正的主要目的是增强戒毒人员戒毒动机和戒毒信心,掌握戒毒的技术与方法,实现戒除毒瘾与回归社会。戒毒人员的文化素质、法律意识、道德水平、认知程度不同,并且戒毒人员在不同戒治阶段的需求不同。因此,对戒毒人员开展教育的内容应当是综合性的。根据《教育矫治纲要》的规定,戒毒场所应当开展戒毒法律法规与所规所纪教育、法律常识教育、思想道德教育、戒毒常识教育、心理健康教育、行为养成教育、文化素质教育、形势政策宣传教育等。戒毒民警传授综合性的知识内容,能够改变戒毒人员的错误认知,增强其戒毒动机,树立其戒毒信心。

2. 教育矫正方法的综合应用。集体教育、个别教育与辅助教育是戒毒场所开展教育矫正工作的主要方法。三种教育矫正方法各具特色,戒毒民警应当区别对待,发挥优势。集体教育是以戒毒人员群体为教育对象的方法,主要解决戒毒人员共同存在的普遍性问题。内容权威、形式规范、受众广泛是集体教育的优势,难以发现并解决戒毒人员的个性化、特殊化问题是其局限所在。个别教育是因人施教的重要体现。内容的针对性、方法的灵活性、效果的稳定性是个别教育的优点,受众少、耗时长、投入多是其局限所在。其中,个别谈话应当把握好时机,注意谈话的艺术。辅助教育是通过组织活动或环境熏陶等方式,潜移默化地影响戒毒人员的方法。内容的渗透性、形式的依附性是辅助教育的特点。在开展辅助教育过程中,注意激发戒毒人员的学习兴趣,调动戒毒人员的积极性。辅助教育能达到耳濡目染、寓教于乐的作用,但效果慢、作用效果不同是其局限。戒毒民警应当综合运用上述教育方法,最大限度地发挥不同教育矫正方法的优点,进而提高教育矫正效果。

3. 教育矫正资源的综合应用。教育矫正资源的综合应用强调戒毒工作的社会化。司法部于 2018 年 5 月部署构建了全国统一司法行政戒毒工作基本模式

(以下简称统一戒毒模式)。其中,"四区五中心"专业化运行能够为戒毒人员提供各类教育矫正知识。然而,强制隔离的戒治环境在一定程度上限制了教育矫正资源引进。由此,戒毒场所应当树立开放性思维,开拓渠道,最大限度地引进戒毒人员的家属成员、亲属朋友以及社会志愿者等社会力量,开展感化教育以及其他类型的教育活动。同时,在网络时代,戒毒场所应当充分利用信息化技术,借助推进智慧戒毒的契机,开发适合戒毒人员学习的平台及软件,以提高戒毒人员的学习兴趣。另外,在"互联网+"背景下,戒毒场所可以利用网络平台,引入其他戒毒场所的教育矫正资源或社会教育资源,为戒毒人员学习拓宽视野。总之,教育矫正资源的综合应用强调将所内资源与所外资源有机融合,将"线下"资源与"线上"资源有效对接,进而提高教育矫正资源的总量与效应。

(二)戒毒民警应当树立整体性观念

整体性观念是落实综合矫治原则的前提。戒毒民警应当树立整体性观念,将戒毒工作视为工作系统,综合运用教育矫正、心理矫治、康复训练、习艺劳动等矫正手段,形成合力,提高矫正效果;同时,戒毒民警也要将教育矫正工作视为工作系统,将不同的教育矫正内容、教育矫正方法与教育矫正资源进行整合,发挥其整体优势,提高教育矫正质量。与之相对应,戒毒民警应当摒弃片面主义的错误观念。片面主义强调戒治工作中某一要素或某些要素的功能及价值,将主要精力投入其中,忽视其他要素的作用。例如,在戒毒工作中,一些民警重视生产劳动、忽视教育矫正;重视行为养成,轻视心理矫治;重视场所管理,漠视康复训练。在教育矫正工作中,重视集中教育,轻视个别教育;重视法治教育,轻视心理教育;重视传统说教,轻视现代传媒;等等。总之,戒毒民警应当树立整体性观念,将教育矫正、心理矫治、康复训练、习艺劳动综合起来,将教育矫正内容、方法与资源综合起来,以有效提高教育矫正以及戒毒工作的水平。

四、面向社会原则

面向社会原则,是指树立开放理念,充分调动社会优质教育资源,使其积极助力教育矫正工作的准则。强制性、隔离性是司法行政强制隔离戒毒的突出特点。虽然戒毒人员在相对封闭的戒毒场所内接受戒毒治疗,但不是将戒毒人员与正常的社会环境完全割裂。据此,在教育矫正实践中,戒毒场所应当打破隔离束缚,加强与社会力量的沟通与交流,积极探索教研合作、购买服务、资源共享等多种合作途径，不断拓展新的教育矫正方式，提高教育矫正效果。在落实面向社会原则时，戒毒民警应当明确以下两个方面。

（一）落实面向社会原则的具体措施

落实面向社会原则主要体现在以下六个方面：第一，戒毒场所应主动与当地政府、企业、事业单位、教育机构、社会组织等签订联合帮教协议，共同做好戒毒人员及解除戒毒后回归社会人员的教育帮扶工作；第二，邀请专家、学者、各类先进典型人物以及出所后保持操守、表现良好的原戒毒人员到戒毒场所内做讲座，传播知识、分享经验，增强戒毒人员信心；第三，建立教育戒治专家人才库，为戒毒人员提供抗复吸指导、心理疏导、法律咨询等延伸帮扶服务和专业技术支持；第四，聘请社会工作者、志愿者与戒毒人员实现结对帮教，也为后续照管提供基础；第五，定期（特别是在重要节日时）组织戒毒人员的亲属、朋友到所开展"亲友帮教"活动，[①]以发挥感化教育的作用；第六，设立场所开放日，邀请新闻媒体、社会公众到所参观，既能够宣传报道戒毒工作，发挥禁毒宣传的作用，又能够提高社会公众对戒毒工作的认知度，进而提升其参与度。[②] 同时，对于积极参与戒毒工作并取得显著成绩的企业、事业单位、教育机构、社会组织及个人应当及时给予表彰、奖励或政策优惠。这是鼓励社会力量广泛参与禁毒、戒毒工作的有效途径，也是持续贯彻面向社会原则的内在要求。

（二）落实面向社会原则的思想保障

为确保面向社会原则的有效执行，戒毒场所应当注意以下两个方面：

第一，戒毒民警转变理念。面向社会原则要求戒毒民警树立开放性思维，不能将教育矫正工作的视野局限在场所之中，不能简单地将教育矫正误解为场所内的各类教育活动，完全由戒毒民警承担；而应当打破"隔离"的壁垒，充分利用戒毒人员的家庭、社会工作者、志愿者以及国家机关、社会团体、社会组织等社会力量。例如，有的戒毒场所充分利用"自强社"社会工作者的力量，建立所社结合模式，在戒毒人员进入场所后，将戒毒人员信息分配给其居住地社工部门，社会工作者了解戒毒人员信息后，不定期进入戒毒场所开展帮教工作，也为后续社区康复工作

① 王高喜主编：《戒毒社会工作基础》（第1册），军事医学科学出版社2011年版，第162页。

② 姜祖桢等：《戒毒学》，法律出版社2022年版，第268～269页。

奠定了基础。然而，现实中对戒毒场所底线安全的要求，严格落实“六无”的标准，束缚了部分管理者的思维，形成了戒毒场所越封闭越安全、社会因素介入戒毒场所越少越安全的偏差理念，急需纠正。强制隔离戒毒中的“隔离”重点强调的是戒毒人员与毒品及吸毒环境的分开，而不是与社会联结的断裂。因此，戒毒人员戒除毒瘾的过程，即再社会化的过程，需要加强戒毒人员与社会因素的联结，否则彻底的隔离、完全的封闭、绝对的孤立无疑会剧增再社会化的难度。

第二，戒毒场所加强宣传引导与服务社会。戒毒场所在引入社会力量开展教育矫正工作的同时，也应当“走出去”，做好禁毒宣传、后续帮扶等工作，进而吸引社会力量积极参与，巩固强制隔离戒毒工作的效果。《禁毒法》第3条指出，“禁毒是全社会的共同责任。国家机关、社会团体、企业事业单位以及其他组织和公民，应当依照本法和有关法律的规定，履行禁毒职责或者义务。”强制隔离戒毒是禁毒工作的重要组成部分，不仅承担着戒毒人员的戒治工作，而且要做好禁毒宣传，指导社区戒毒、社区康复工作以及戒毒人员解除后的帮扶工作。因此，戒毒场所应当定期开展戒毒宣传活动，主动指导社区戒毒与社区康复工作，后续照管解除强制隔离戒毒的社会成员，切实履行好禁毒职责及服务社会的任务。

五、守正创新原则

守正创新原则，是指遵循戒毒工作的规律，积极探索解决教育矫正工作问题的有效途径，不断实现教育矫正理论创新、机制创新和方法创新的准则。党的二十大报告强调，我们必须坚持守正创新，创新是第一动力。教育矫正工作要顺应禁毒形势、戒毒理念、戒毒人员的变化以及科技进步、网络发达的环境，与时俱进，不断创新教育矫正内容、方式与方法，进一步提高教育矫正质量。在落实守正创新原则时，戒毒民警应当明确以下三个方面。

（一）创新教育矫正内容，提高戒毒人员综合素质

部分戒毒场所教育理念相对滞后，没有正视戒毒人员是病人、违法者与受害者的三重角色，一味强调行为养成教育、法治教育等规训性教育，轻视心理健康教育、抗复吸训练等符合戒毒人员特点的教育项目。戒毒场所要创新教育矫正内容，在规范入所教育、法律常识教育、思想道德教育、戒毒常识教育、心理健康教育等常规教育的基础上，深入拓展中国传统文化教育，这是坚持文化自信以及走中国特色戒毒道路的要求。党的二十大报告强调，坚持和发展马克思主义，必须同

中华优秀传统文化相结合。目前,许多戒毒场所注重挖掘优秀传统文化。例如,将《三字经》、《弟子规》、太极操、五禽戏等相关内容,运用到戒毒人员教育矫正以及身体康复之中,易于戒毒人员接受。山东省女子强制隔离戒毒所将传统文化引入教育工作中,通过经典教育启发责任觉悟、情感教育激发责任担当、家庭教育筑牢责任之基、社会教育促进社会融入等途径,经过一年干预发现,戒毒人员的社会责任感、心理弹性均有显著的提升。① 同时,充分发挥环境育人的作用,将名言警句、立志信条、戒毒标语等,以条幅、展板、壁画等形式,张贴、雕刻、悬挂到戒毒人员教育矫正中心、心理矫治中心、康复训练中心、生产劳动车间、生活区、寝室以及场所墙壁等,形成全方位、立体化、渗透性矫治氛围,潜移默化地影响戒毒人员,促进其自我反省、自我激励。此外,一些戒毒场所根据收治戒毒人员的特点,开设有创新性的教育矫正内容。例如,上海市女子强制隔离戒毒所开设生理卫生教育、生命教育、亲情教育、恋爱婚姻教育、家庭关系修复教育等,教育矫正效果显著提升。

(二)创新教育矫正方式,提高戒毒人员学习兴趣

戒毒场所要将现代化科技手段融入戒毒人员教育矫正工作之中,不断创新教育方式。党的二十大报告强调,科技是第一生产力。戒毒民警要突破传统的说教式、灌输性教育,充分利用互联网、人工智能技术等,积极开发多媒体、网络课堂、虚拟现实教学等,搭建戒毒人员教育系统平台,不拘一格地创新教育方式。例如,浙江省戒毒系统在借鉴社会网校教学经验的基础上建设“戒毒人员在线教育网络学院”,全力打造“互联网+教育矫正”升级版,即包括在线教学、在线培训、在线测试、按需教学等服务内容在内的云平台。该升级系统能够记录戒毒人员的学习轨迹、自动生成试卷、自动改卷、生成成绩报表,提高了教学效率和质量。广东省某强制隔离戒毒所将互联网技术引入心理矫治工作,戒毒人员在“云端”就可以接受专业医生的心理咨询与团体辅导。② 有的戒毒场所在发挥所内教育矫正资源的同时积极引入社会教育资源,并根据戒毒人员兴趣,开设声乐班、书法班、绘画班、

---

①　郑运兰、李爱文、李玲等:《关于传统文化教育对改善戒毒人员社会责任感的研究》,载《犯罪与改造研究》2021 年第 7 期。

②　赵天虹:《人文、开放与精准:强制隔离戒毒教育矫治质量的提升路径》,载《司法警官职业教育研究》2020 年第 4 期。

篆刻班、陶瓷班、读书班等不同类型的兴趣班，不仅有效地提高戒毒人员的学习积极性，陶冶戒毒人员的情操，而且充实戒毒人员的所内生活，稳定戒毒人员的情绪。

（三）创新教学方法，提高戒毒教育工作效率

在认真落实常规的课堂式集中教育、谈话式个别教育、开放式社会教育的基础上，戒毒民警要积极创新教学方法，综合运用演示法、实验法、讨论法、模拟法、竞赛法等，以提高戒毒人员教育矫正质量。例如，上海市女子强制隔离戒毒所应用"情景剧"式教育方法，戒毒民警与戒毒人员模拟相关戒毒情景，扮演不同角色，增强感性认知，提高教育矫正效果。部分戒毒场所运用现身说教法，邀请戒毒成功人士重返戒毒场所，与戒毒人员分享戒毒经验和感悟，相同的角色及经历能够引起戒毒人员的共鸣，榜样的示范效应也利于激励戒毒人员树立戒毒信心。同伴教育在禁毒工作的价值得到体现，有研究人员在上海市实践同伴教育，发现这种模式有助于推动戒毒人员的社会联结与自我联结均衡发展，促使戒毒人员实现良性社会融入，具体表现为：戒毒人员对社区康复制度有较强的认同与遵从感；在就业市场中重获价值感；重建良性的社会交往网络；构建起积极的身份认同。① 在强制隔离戒毒工作中，可以参照同伴教育的实践，组织戒毒成功人士重返戒毒场所，发挥其榜样作用，力争把他们培养为同伴辅导员。另外，在课堂教学中既可以淡化"我讲你听、我写你记"的模式，适当增强教学过程的互动性，也可以借助投影仪、幻灯机等现代化的教学设备，强化教学过程的趣味性和科普性，从而提高戒毒人员接受教育的主观能动性和自愿参与度。② 总之，戒毒场所要根据戒毒人员的文化程度及具体的教学内容，积极探索教育矫正方法，创新教学方法与手段，以提升教育矫正的科学化水平、专业化水平。

司法行政戒毒教育矫正工作应当遵循上述原则，并将上述原则实践到具体的教育矫正活动之中，不断突出教育戒治的中心地位，尤其充分发挥教育矫正在戒毒工作中的独特价值与天然优势，进而提升戒治效果与质量。

---

① 张昱、闫紫菱：《同伴教育模式助推戒毒人员融入社会的有效性探究——基于上海市禁毒同伴教育的实践》，载《中国人民公安大学学报（社会科学版）》2022 年第 1 期。

② 贾东明、郭崧：《强制隔离戒毒人员教育体系的构建——与罪犯教育比对研究》，载《健康教育与健康促进》2017 年第 1 期。

第四节　教育矫正的工作任务

教育矫正任务是教育矫正目标的细化和具体化,对实际工作起着更为直接的指导作用。在司法行政戒毒工作主管部门的大力推动下,各省、自治区、直辖市贯彻落实统一戒毒模式,深入探索不同阶段的主要任务、戒治策略以及评价机制,积极推进新时代司法行政戒毒工作高质量发展。本节借鉴各地成熟做法,综合分析影响教育矫正任务的重要因素,具体阐述不同戒治阶段的主要任务,提出完成任务的保障要求,使教育矫正的职能定位更为明确,不断提高工作的规范化和科学化水平。①

一、设定教育矫正任务的影响因素

教育矫正任务作为戒毒场所、民警应当履行的责任与事务,既是指引教育矫正活动的标杆,也是衡量教育矫正成效的标尺。在此过程中,不仅要把握戒毒康复的应然要求,也要考虑戒毒场所矫治资源的现实状况;不仅要落实法律法规及规范性文件的刚性要求,也要积极追求发展性目标。具体而言,教育矫正任务的设定应考虑以下四个方面的影响因素。

(一)国家法律法规对戒毒工作的规定

2008 年实施的《禁毒法》第 31 条规定:“国家采取各种措施帮助吸毒人员戒除毒瘾,教育和挽救吸毒人员。”2011 年发布、2018 年修订的国务院《戒毒条例》第 29 条规定:“强制隔离戒毒场所应当配备设施设备及必要的管理人员,依法为强制隔离戒毒人员提供科学规范的戒毒治疗、心理治疗、身体康复训练和卫生、道德、法制教育,开展职业技能培训。”该规定从法律层面确认了戒毒场所开展教育矫正活动的权威性和正当性,并对教育矫正活动开展提出了总体要求。

(二)司法行政主管部门对教育矫正任务的要求

2014 年,司法部印发的《教育矫治纲要》对教育矫治工作的目标、原则、内容、

① 司法部戒毒管理局组编:《司法行政强制隔离戒毒教育矫正实务》,法律出版社 2021 年版,第 16～22 页。

方法、组织实施，作了全面规定。2018 年，司法部印发的《关于建立全国统一的司法行政戒毒工作基本模式的意见》（以下简称《戒毒模式意见》）提出，“建立以分期分区为基础、以专业中心为支撑、以科学戒治为核心、以衔接帮扶为延伸的全国统一的司法行政戒毒工作基本模式”，并对不同戒治阶段的主要目标、工作任务、戒治时限等进行了细致阐述，进一步明确了教育矫正的主要任务及职能。2022 年，司法部戒毒管理局制定的《教育矫正指南》主要从教育矫正的工作原则、总体目标、工作管理、工作方法、阶段实施以及效果评估等方面作出规范指导与要求。上述文件对教育矫正任务进行了顶层设计和框架构建，是开展教育矫正工作的根本遵循，也是对教育矫正任务的具体指引。

（三）戒毒工作对教育矫正的功能定位

教育矫正在整个戒毒工作中居于重要地位，发挥重要作用，但也应坚持实事求是、一分为二的辩证观点。一方面，教育矫正工作服务戒毒工作的总体目标，在帮助戒毒人员认清毒品危害、树立戒毒信心、改善认知行为、唤醒道德情感、改善家庭关系、提升职业技能、恢复社会功能、履行社会责任等方面承担着主要职能；另一方面，必须清醒认识到，教育矫正不是万能的，不能无限拔高，尤其在有些专业领域，如戒毒人员的医疗康复、心理矫治等方面，应由相应的专业部门来承担。

（四）教育矫正本身的职能作用

作为戒毒场所的矫治手段之一，教育矫正与心理咨询、运动康复、劳动康复等其他矫治手段既有联系，也有区别。具体而言，教育矫正的职能作用主要表现为以下三个方面：一是知识传授方面，如禁毒戒毒的基本常识、康复训练的基本方法、回归社会的注意事项等；二是技能提升方面，如情绪管理能力、防复吸能力、人际沟通能力、问题解决能力等；三是情感态度价值观培养方面，如戒毒动机、法治观念、道德意识、积极人生态度等。这些职能作用是教育矫正可以承担而且应当胜任的任务。

总之，教育矫正工作涵盖项目多，工作量大，专业要求高，与各戒治要素关联程度大。这就决定了教育矫正工作既要聚焦戒毒工作的总体定位，也要合理把握各专业中心的职能分工，最大限度地发挥集成优势，凝聚戒治合力，提升戒治效果。

二、教育矫正工作的具体任务

在确定整体教育矫正任务时，需要综合考虑戒毒康复需要、法律法规及指导文件要求以及自身作用属性。全国司法行政戒毒系统确定的统一戒毒模式，将戒毒人员强戒期分为四个期区。教育矫正工作可以此为框架，设置不同期区的任务，为实现戒除毒瘾、回归社会的总体目标服务。

（一）生理脱毒区教育矫正工作的任务

《戒毒模式意见》要求设置生理脱毒区，对新收治的需要急性脱毒的戒毒人员，开展为期7～15日的急性生理脱毒，根据吸毒种类和成瘾程度，分类实施急性脱毒治疗，消除急性戒断症状。对公安机关转送的已经度过急性脱毒期的戒毒人员，在生理脱毒期进行不少于7日的入所观察，开展入所体检，同时开展各种慢性病以及精神障碍的筛查，进行安全风险评估和分区流转评估。生理脱毒区的戒毒工作，主要以帮助戒毒人员缓解戒断症状、调整身体状况为主，教育矫正的内容不宜过多，教育时间要尽可能适宜，防止单一的“灌输”式教学。具体的教育矫正任务可以根据戒毒人员康复情况灵活设定，主要包括以下三个方面。

1. 帮助戒毒人员放下思想包袱，消除思想疑虑。戒毒人员被公安机关转送至强制隔离戒毒场所，封闭的场所环境容易使戒毒人员在刚入所时产生悔恨、悲观、焦虑、恐惧等不良情绪，再加上对戒毒场所工作缺乏客观了解，容易产生误解与偏见。生理脱毒区的教育，可以通过戒毒场所介绍、法律法规宣讲、康复常识讲座等多种形式，帮助戒毒人员消除疑虑，放下思想包袱，顺利地投入戒治生活中。

2. 帮助戒毒人员明确身份属性，厘清法律属性。戒毒人员的“三重属性”决定了戒毒人员不再是“一元性”的身份，这就要求在具体戒治过程中要科学、全面地对待戒毒人员的身份属性。[①] 通过生理脱毒区的身份意识教育，促使戒毒人员明确自己的身份，放下思想包袱，摆正自己的位置，平衡好“违法者”和“病人”之间的“尺度”。

3. 帮助戒毒人员了解戒治过程，明确自己要承担的戒治任务和努力方向。通过集体宣讲、日常管理、小组讨论等多种形式，使戒毒人员知晓其在强制隔离戒毒期间的权利义务、需要遵守的规章制度、参与的各类教育戒治活动，帮助其尽快了

① 马立骥、余洪：《强制隔离戒毒模式创新与思考》，武汉大学出版社2016年版，第85页。

解戒毒生活,适应戒毒场所的环境,将主要精力聚焦到戒毒康复上来,为戒治生活和康复训练打下基础。

(二)教育适应区教育矫正工作的任务

根据《戒毒模式意见》的要求,教育适应区应开展认知教育,引导戒毒人员正确认识毒品的危害,明确戒毒目标,进行入所心理测试、心理健康教育和心理危机干预。教育适应区的教育时间通常不少于1个月(根据戒毒人员自身的综合戒治评估来决定)。具体而言,教育适应区的主要任务是解决戒毒人员思想以及行为上的偏差,实现"四个新的转变"。

1.帮助戒毒人员实现新的思想转变。戒毒人员在入所初期,往往对强制隔离戒毒的处罚有或多或少的抵触心理,如认为太重、自己倒霉、都怪他人等。通过开展戒毒法律法规、所规所纪教育,可以使戒毒人员系统了解强制隔离戒毒工作的性质、目的、内容和法律效力以及在场所内的权利和义务,帮助其认识到强制隔离戒毒是一种有效的戒毒方法,也是法律明确规定的戒毒措施,初步树立"既来之、则安之""我要戒毒"等积极的思想观念,为戒毒康复打下思想基础。

2.帮助戒毒人员实现新的认知转变。戒毒人员对毒品危害性的认知程度与戒治积极性往往成正比。通过开展系统的戒毒常识教育、认知教育,帮助戒毒人员深刻觉察毒品给自己带来的生理、心理、社会功能等方面的危害,理解戒毒康复的根本任务和目标要求,并能够结合自身实际对戒毒康复的路径方法进行探索,进而培养强化"我要戒毒""我能戒毒"的思想观念,初步激发起戒毒动机,为下一步学习防复吸技能做好铺垫。

3.帮助戒毒人员实现新的体质转变。通过开展卫生知识教育,对戒毒人员进行医学常识的科普宣教,讲授戒毒医疗常识,增强戒毒人员自我保健、卫生防疫的知识和能力,帮助戒毒人员了解自己身体状况以及相应的急救措施,为突发紧急情况提供保障。同时,引导其认识到身体机能、体质状态等可以通过系统训练得到有效提升,为运动康复等各类训练活动的开展提供支持。

4.帮助戒毒人员实现新的行为转变。通过开展行为养成教育、队列训练等活动,帮助戒毒人员尽快适应场所戒毒环境,增强戒毒人员组织纪律观念、集体观念,培养自觉遵守文明礼仪的意识和习惯。

(三)康复巩固区教育矫正工作的任务

《戒毒模式意见》要求在康复巩固区全面开展教育矫治、戒毒医疗、康复训练等活动,综合运用各种戒治手段,帮助戒毒人员实现身心康复。康复巩固区是戒毒人员在经过教育适应区的诊断评估合格后流转到的期区。康复巩固区的教育矫正是按照循序渐进的原则,通过多种教育矫正内容、方法和手段,帮助戒毒人员改变错误认知和思维方式,树立和巩固戒毒信念,培养和提升社会适应能力,为顺利回归社会打下坚实的基础。康复巩固区的教育时间一般为一年左右(根据戒毒人员自身的综合戒治评估来决定)。通过这一阶段的教育学习,帮助戒毒人员实现由"我要戒毒"到"我能戒毒""我会戒毒"的转变。具体而言,其任务可以分为以下四个方面。

1. 生理方面。通过系统的运动康复和良好生活习惯养成,帮助戒毒人员恢复体能和生理机能,学习健康常识和科学健身方法,逐步养成运动锻炼、规律作息的良好习惯。

2. 戒毒动机方面。在理论层面,系统理解毒品的危害性、成瘾性和违法性,并能结合个人吸食毒品的经历,深刻认识毒品给个人的生理、心理、社会功能等方面造成的危害。在实践感悟层面,通过吸毒、戒毒的利弊分析等形式,促使戒毒人员坚定戒除毒瘾、远离毒品的决心;通过对保持操守经验和复吸复发教训的总结,结合数据统计和成瘾治疗理论,帮助戒毒人员找准戒毒康复的方向路径,不断增强防毒拒毒的能力和保持操守的信心。

3. 预防复吸的技能方面。帮助戒毒人员觉察影响复吸的关键因素,找准容易引发复吸的高危情境以及面对高危情境时的习惯反应。培养主动远离高危情境的意识,提高遇到高危情境时的理性应对能力,不断提升拒毒能力。觉察从保持操守发展到复吸过程中个人在压力应对、思维认识、情绪应对、行为习惯等方面的主要特点,对容易导致成瘾的想法、情绪和行为进行识别并不断矫正,逐渐从成瘾者转变为理性健康者。

4. 社会适应能力方面。帮助戒毒人员觉察吸食毒品后,个人在人际交往、家庭生活、求职就业等方面的变化,进一步体悟毒品对个人社会适应能力的损害,引导戒毒人员认识提高社会适应能力是远离毒品、积极健康生活的必然要求。帮助戒毒人员树立积极正向的道德观念和道德行为,并在戒治生活中积极践行。强化规则意识和法治观念的培养,逐渐从法治思维上升到法治习惯。学习传统文化中有关修身齐家的系统观念,运用这些理论指导实际生活。参加职业技能课程培训,掌握一技之长,不断提升自食其力、求职创业的能力。学习自我认识、情绪调适、人际交往等心理学基础知识以及方法,不断提高心理健康水平和适应能力。

(四)回归指导区教育矫正工作的任务

《戒毒模式意见》要求戒毒人员在期满前一个月或提请提前解除强制隔离戒毒后,由康复巩固区转入回归指导区,进行回归适应性教育。戒毒人员在解除或提请提前解除强制隔离戒毒前一个月,经诊断评估合格后,由康复巩固区转入回归指导区。一般来说,戒毒人员回归社会前会担心自己难以重新适应社会,无法融入社会生活。他们的担忧主要集中在以下三个方面:一是期盼尽早就业谋生,但对回归社会后的就业缺乏有效的规划;二是期盼得到家庭支持,又怕家庭不予接纳;三是期盼得到社会帮助,又担忧社会帮助不能落实到位。因此,通过开展形势政策教育、拒毒教育、就业指导、重建社会支持系统教育、后续照管宣传教育,帮助他们正确认识未来生活的任务和要求,正确把握回归需求的合理解决,增强戒毒信心,成为回归指导区教育矫正工作的重点。具体而言,其任务可以分为以下四个方面。

1. 帮助戒毒人员巩固康复成果。引导戒毒人员回顾入所以来的心理行为变化,看到个人的进步变化,增强回归社会的勇气和信心。帮助戒毒人员回顾参加过的康复训练,总结学习收获,反思分析不足,找到进一步提升的空间。促使戒毒人员对照戒毒康复的要求或个人制定的戒毒康复目标,查找存在的不足和薄弱环节,找准下一步提升的重点环节,为出所后持续努力打下基础。

2. 帮助戒毒人员调适心态。针对戒毒人员出所前普遍存在的焦虑、畏惧、担心等消极情绪,通过社会政策宣讲、心理调适和心理健康指导等途径,帮助戒毒人员探索适合个人求职就业的方向,掌握自我调适的方法,不断提高立足社会的能力。

3. 帮助戒毒人员规划生活。通过形势政策和就业指导等教育内容,帮助戒毒人员认清自己,仔细判断自己的得与失,客观评价自己的优与劣,找准人生的坐标和定位。同时要继续配合社区禁毒机构做好社区康复工作,履行好社区康复期间的义务。

4. 帮助戒毒人员构建社会支持。帮助戒毒人员树立融入家庭、社会的意识,学习融入家庭、社会的方法,提高融入家庭、社会的能力,促使其积极修复家庭关系,不断完善社会支持系统,增强社会适应能力,为恢复健康生活打下良好基础。

三、教育矫正任务的保障要求

毒品依赖的治疗与康复是世界性难题。面对内容繁重、专业性强的教育矫正任务,既需要管理部门优化体制机制设计,也需要实务部门积极努力,创造性完成任务;既需要教育教学设施设备、场地环境等硬件建设,也需要队伍、内容、制度等方面的软件建设。具体而言,加强规章制度建设、课程体系建设、专业队伍建设三个方面的内容,对保障教育矫正任务顺利完成具有深远影响,需要持续优化。

(一)加强规章制度建设,解决“怎么做”的问题

制度建设源于实践、指导实践,对完成教育矫正任务具有根本性和长远性的影响。在统一戒毒模式的指引下,各地都在大力探索推广各种现代矫治技术和方法,不断规范“四区五中心”建设,但在具体的体制机制、运行规范、工作标准等方面还需要完善。如教育矫正组织机构建设标准、教育矫正组织运行规范、教育矫正考核评估等内容,需要进一步规范制度,从体制机制上确保教育矫正良性运行。

(二)加强课程体系建设,解决“做什么”的问题

课程作为系统化、体系化的教育教学活动规划,是教育矫正工作的行动指南。当前戒毒场所的教育矫正内容不断充实,部局以及各省市陆续编写了若干教材,但缺乏对不同教学内容的统筹规划,缺少经过戒治实践验证、具有良好干预效果的优质课程。需要根据教育矫正形势、目标以及任务的需要,大力引进研发具有较高水平的戒治课程,同时对现有教学内容进行优化升级,陆续编制包括教学大纲、教材读本、课程操作手册(标准)等配套的课程资料,为教育矫正工作提供良好的参考和指引。

(三)加强专业队伍建设,解决“谁来做”的问题

戒毒民警的专业水平是影响教育矫正质量的关键因素。当前,绝大部分教育矫正任务都由戒毒民警承担。受公务员管理体制、传统观念和工作模式的影响,戒毒民警工作任务非常繁重,很难有充裕的时间参与系统内专业的戒毒业务技能培训。其中,教育矫正中心的民警在专业技能考核、督导及评定等方面还有诸多限制。加强专业队伍建设,不仅要促使教育矫正中心的专职民警持续提升,也要

不断强化大队民警的整体专业技能;不仅要加强专业培训、督导及考核,也需要在岗位设置、职称评定、职级晋升等方面加强制度保障,逐渐打造一支既有骨干力量引领、又有雄厚人才储备的专业戒治队伍,进而有效保障各项教育矫正任务的落实。

■ 复习思考题

1. 简述教育矫正的概念。
2. 简述教育矫正的主要特征。
3. 简述教育矫正的总体目标。
4. 谈谈你对教育矫正基本原则的理解。
5. 试析设定教育矫正任务时需要考虑的因素。
6. 根据不同戒治阶段的要求,谈谈具体的教育矫正任务。

■ 本章主要参考文献

1. 梁启超:《饮冰室合集 · 文集》(1),中华书局 1989 年版。
2. 褚远辉、张平海、闫祯主编:《教育学新编》,华中师范大学出版社 2006 年版。
3. 高平叔编:《蔡元培教育论著选》,人民教育出版社 2017 年版。
4. 教育大辞典编纂委员会编:《教育大辞典》(第 1 卷),上海教育出版社 1990 年版。
5. [英]雷蒙 · 威廉斯:《关键词:文化与社会的词汇》,刘建基译,生活 · 读书 · 新知三联书店 2005 年版。
6. Douglas Harper, *Education*, Online Etymology Dictionary (Dec. 20, 2021), https://www.etymonline.com.
7. 劳凯声主编:《教育学》,南开大学出版社 2001 年版。
8. [英]彼得 · 沃利:《课堂提问的技术与艺术》,彭相珍译,中国青年出版社 2020 年版。
9. [古希腊]苏格拉底:《苏格拉底的教化哲学》,唐译编译,吉林出版集团有限责任公司 2013 年版。
10. [德]沃尔夫冈 · 布列钦卡:《教育科学的基本概念:分析、批判和建议》,胡劲松译,华东师范大学出版社 2001 年版。
11. 中国大百科全书总编辑委员会编:《中国大百科全书 · 教育》,中国大百科全书出版社 2002 年版。
12. John Dewey, *Democracy and Education: An Introduction to the Philosophy of Education*, New York, Macmillan Company, 1916.

13. 全国十二所重点师范大学联合编写:《教育学基础》,教育科学出版社 2014 年版。
14. 王镇国主编:《构词字典》,四川辞书出版社 1998 年版。
15.《说文解字 最新整理全注译本》编委会编:《说文解字 最新整理全注全译本》(第 2 卷),中国书店 2010 年版。
16. 吴宗宪、吴思诗:《塞林的刑罚学史研究述评——以〈刑罚学的先驱〉一书为例》,载《山东警察学院学报》2016 年第 6 期。
17. [美]克莱门斯·巴特勒斯:《矫正导论》,孙晓雳等译,中国人民公安大学出版社 1991 年版。
18. 高莹主编:《矫正教育学》,教育科学出版社 2007 年版。
19. David J. Rothman, *Conscience and Convenience: The Asylum and its Alternatives in Progressive America*, Little, Brown and Company, 1980.
20. (清)郭嵩焘:《郭嵩焘全集》(11),梁小进主编,岳麓书社 2018 年版。
21. (清)郑观应:《盛世危言》,北方妇女儿童出版社 2001 年版。
22. 民政局:《本市八月份的禁煙禁毒工作》,载《天津市政》1950 年第 16 期。
23. 孟明达主编:《中华人民共和国民政部大事记 1949—1986》,中国社会出版社 2004 年版。
24. 严树源、胡广禄:《戒毒经验总结》,载《中国药物依赖性通报》1992 年第 1 期。
25. 中华人民共和国公安部:《公安机关强制隔离戒毒所管理办法》,载中国政府网,http://www.gov.cn/flfg/2011-10/17/content_1971044.htm。
26. 中华人民共和国司法部:《司法行政机关强制隔离戒毒工作规定》,载中国政府网,http://www.gov.cn/gongbao/content/2013/content_2427282.htm。
27. 姜祖桢等:《戒毒学》,法律出版社 2022 年版。
28. 司法部戒毒管理局组编:《司法行政强制隔离戒毒教育矫正实务》,法律出版社 2021 年版。
29. 王雪峰主编:《矫正教育学》,教育科学出版社 2022 年版。
30. 夏宗素主编:《矫正教育学》,法律出版社 2014 年版。
31. 奚洁人主编:《科学发展观百科辞典》,上海辞书出版社 2007 年版。
32. 褚宸舸、张永林:《陕西省青少年吸毒违法问题调查》,载《人民法治》2019 年第 12 期。
33. 徐彦:《吉林省女子强戒所女性戒毒人员矫治实践》,载《犯罪与改造研究》2018 年第 8 期。
34. 王高喜主编:《戒毒社会工作基础》(第 1 册),军事医学科学出版社 2011 年版。
35. 郑运兰、李爱文、李玲等:《关于传统文化教育对改善戒毒人员社会责任感的研究》,载《犯罪与改造研究》2021 年第 7 期。
36. 赵天虹:《人文、开放与精准:强制隔离戒毒教育矫治质量的提升路径》,载《司法警官职业教育研究》2020 年第 4 期。
37. 张昱、闫紫菱:《同伴教育模式助推戒毒人员融入社会的有效性探究——基于上海市禁毒同伴教育的实践》,载《中国人民公安大学学报(社会科学版)》2022 年第 1 期。
38. 贾东明、郭崧:《强制隔离戒毒人员教育体系的构建——与罪犯教育比对研究》,载《健康教育与健康促进》2017 年第 1 期。
39. 马立骥、余洪:《强制隔离戒毒模式创新与思考》,武汉大学出版社 2016 年版。

第二章　教育矫正工作机制

| 本章摘要 |

通过本章的学习，了解教育矫正管理部门的主要职能、教育矫正中心及大队的主要工作任务、教育矫正岗位任职资格和条件、教育矫正队伍建设的规范依据，理解教育矫正队伍专业化、职业化建设的内涵以及教育矫正工作"科室＋中心＋大队"的运行模式，领会教育矫正工作环节，系统掌握生理脱毒区、教育适应区、康复巩固区、回归指导区的教育矫正工作步骤与流程。

| 重点问题 |

本章的重点是教育矫正职能科室、教育矫正中心以及大队的主要职责，教育矫正岗位的任职资格和条件，教育矫正工作环节、步骤与流程。

第一节　教育矫正的机构设置

为了推进司法行政戒毒工作规范化建设，提高教育戒治科学化、专业化水平，依据有关法律法规和习近平总书记关于戒毒工作的重要指示精神，2018 年 5 月 29 日，司法部下发《戒毒模式意见》，决定建立科学、统一、规范的司法行政戒毒工作基本模式，构建区域分设、专业戒治、医教并重、有效衔接的工作体系。《戒毒模式意见》提出以专业中心为支撑，建立戒毒医疗中心、教育矫正中心、心理矫治中心、康复训练中心和诊断评估中心。各地在推进统一司法行政戒毒工作模式的过程中，初步形成了科室管协调、管考核；中心管业务、管流转，大队管现场、管日常，各负其责、相互衔接的管理体制。教育矫正中心的实体化运作将传统的"科室＋大队"运行模式改变为"科室＋中心＋大队"模式，明确划分科室、中心和大队的职能职责,理顺三者之间的相互关系是实现教育戒治质量整体提升的关键。[①]

一、教育矫正管理部门

教育矫正工作属于司法行政戒毒业务建设范畴。司法部戒毒管理局教育矫治处对省(自治区、直辖市)戒毒管理局进行业务上的垂直指导及教育矫正工作情况、数据的核总和反映;省(自治区、直辖市)戒毒管理局教育矫治处对省直和市(地区、盟、自治州)强制隔离戒毒所亦侧重于教育矫正工作业务的指导和管理;各强制隔离戒毒所教育矫治科具体负责指导、督促、检查全所的戒毒教育工作。

(一)司法部戒毒管理局教育矫治处

司法部戒毒管理局系司法部的机关司局之一,负责管理全国司法行政系统的强制隔离戒毒场所、戒毒康复场所,对社区戒毒、社区康复工作提供指导和支持。司法部戒毒管理局内设机构设有教育矫治处,负责司法行政戒毒教育矫正方面的工作。其主要工作职能包括:监督检查司法行政强制隔离戒毒法律、法规和政策的执行工作;指导对强制隔离戒毒人员的教育工作;指导和支持社区戒毒、社区康复工作。

(二)省一级戒毒管理局教育矫治处

省一级戒毒管理局,受省(自治区、直辖市)司法厅的领导,管理本省(自治区、直辖市)的司法行政戒毒工作。教育矫治处作为内设机构,其主要职能包括:负责强制隔离戒毒模式、戒毒工作基本规范探索推广和教育矫正、心理矫治、康复训练、社会帮教工作;指导戒毒文化建设和教材编审,承办戒毒协(学)会相关工作;指导监督强制隔离戒毒人员延伸照管、跟踪帮教、戒治效果及教育矫正质量评估;组织、指导教育戒治专业人员进修培训等。

(三)强制隔离戒毒所教育矫治(康复)科

强制隔离戒毒所根据部局、省局的相关要求,在上级和所党委的具体领导下,结合实际情况,承担教育矫正的日常工作。教育矫治(康复)科的主要职能包括:

---

① 司法部戒毒管理局组编:《司法行政强制隔离戒毒教育矫正实务》,法律出版社2021年版,第25页。

制定场所教育矫正工作制度;指导、监督教育矫正工作实施;负责场所文化建设;评价教育矫正工作成效。

二、教育矫正中心

随着戒毒工作的不断深入推进,科学戒毒理念逐步确立。教育矫正中心是根据综合戒治需要而设立的核心业务组织,运用专业教育方法和手段矫正戒毒人员,开展衔接帮扶和毒品预防宣传教育等系列工作,通过专业化的服务发挥司法行政戒毒工作的职能作用。教育矫正中心要抓好机构设置,明确职责任务,做好与科室、大队的工作衔接,理顺科室、大队和专业中心的关系,发挥专业中心的支撑作用。

(一)教育矫正中心的工作任务

教育矫正中心通过对戒毒人员开展教育矫正工作,以达到改变戒毒人员错误认知,增强戒毒人员戒毒动机和戒毒信心的目标。中心主要任务包括:

1. 课堂教学。负责制订教育矫正计划,贯彻落实司法部印发的《教育矫治纲要》《教育矫正指南》。依据生理脱毒、教育适应、康复巩固、回归指导四个区段的戒治需要,制订年度和阶段教育矫正计划,设置课程,开展法律常识教育、思想道德教育、戒毒常识教育、文化素质教育和形势政策教育等相应的课堂教学,并进行教学评估。

2. 职业技能培训。负责戒毒人员职业技能培训工作,设置合理的职业技能培训项目,每年度举办回归戒毒人员就业推介会。帮助戒毒人员树立正确的劳动态度,改变好逸恶劳的思想和习惯。开展职业技能培训、就业指导,帮助戒毒人员掌握一定的职业技能。

3. 指导个别教育工作。根据分区分期要求,制订个别化教育矫正方案。指导大队对戒毒人员进行个别教育并建立档案,考核戒毒人员个别教育工作。

4. 场所文化建设。负责场所戒治文化建设,构筑场所戒毒文化阵地,创新场所戒毒文化活动形式,打造场所戒毒文化精品。

5. 参与诊断评估。收集并积累教育矫正基础数据,建立戒毒人员教育矫正档案。参与诊断评估并提出意见。

6. 教学教研管理。负责全所专兼职教师队伍的日常管理、使用及业务考核;负责中心教师的管理和使用;组织申报各级课题;组织教学评比、教学讨论,集体备课、听课、评课等活动；负责精品课程的开发、制作和推送工作。

（二）教育矫正中心的岗位设置及工作职责

教育矫正中心设主任及专（兼）职工作人员。在教育矫正中心实体化运作过程中，各地基本确保了中心配备专职负责人员至少1名，专职工作人员至少2名，兼职人员若干名。应聘请具有法律、心理学、教育学、体育学等专业学历的民警或社会专业人员担任中心专（兼）职教师，建立涵盖多学科的专（兼）职教师队伍。中心专职教师配备人数应不低于在所戒毒人数1%，在所戒毒人数500人以下的场所专职教师应不少于5人。教育矫正中心工作人员的岗位职责主要包括：

1. 研究制订场所年度教育矫正工作计划。
2. 负责专兼职教师的日常管理、使用及业务考核，定期开展教学研究。
3. 指导建立戒毒人员教育矫正档案。
4. 编写教学大纲，组织开展课堂教学或线上教育学习，并进行教学评估。
5. 组织开展场所专题教育活动。
6. 指导大队对戒毒人员进行个别教育。
7. 组织开展职业技能培训和就业推介。
8. 组织开展其他辅助教育活动。
9. 组织开展教育矫正效果评估，进行个案总结交流。
10. 负责教育矫正数据采集、汇总、报送等工作。

（三）教育矫正中心的硬件设施

戒毒所应当按照《强制隔离戒毒所建设标准》，根据教育矫正工作需要，设置与收治人数相适应的普通教室、计算机教室、实训教室、图书阅览室、文化活动室等功能室，有条件的地方可以设置禁毒教育基地、多功能录播室、礼堂等。要用足、用好、用活教育教学设施，增加使用频次，务求发挥实效。

1. 普通教室，用于面向戒毒人员开展课堂教学等。配备课桌椅、黑（白）板、多媒体教学设备等。

2. 计算机教室，用于开展计算机操作、办公自动化等职业技能培训，以及各科目考试。配备电脑、桌椅、黑（白）板、多媒体教学设备等。

3. 实训教室，用于开展职业技能培训。根据职业技能培训项目的实际需要配备相关设备。

4. 图书阅览室，用于戒毒人员阅览和外借图书。配备书架、报刊书籍、电脑、桌椅等。

5. 文化活动室，用于组织戒毒人员开展各项文化娱乐活动。配备桌椅、广播音响、教具柜、棋牌等。

6. 禁毒教育基地，用于开展禁毒知识教育。配备禁毒宣传知识栏、仿真毒品展示柜（含仿真毒品）、互动设备等。

7. 多功能录播室，用于小型访谈、新闻、文艺、教学等节目的声画录制及播放。配备桌椅、电脑、摄像机、麦克风等演播设备。

8. 礼堂，用于开展知识竞赛、文艺演出等大型活动。配备舞台、灯光音响、麦克风、座椅等设施设备。

通常而言，教育矫正中心的设备设施配备包括普通教室配备（见表 2-1）、互动录播教室配备（见表 2-2）、网络控制室配备（见表 2-3）、演播室配备（见表 2-4）、文化活动教室配备（见表 2-5）、图书室配备（见表 2-6）、禁毒教育基地配备（见表 2-7）等。①

表 2-1　普通教室配备

用房类别	建设规模			配置（数量为每间教室配置）		
	300 人	800 人	1500 人	设备名称	数量	单位
普通教室	1 间	1 间	1 间	多媒体教学交互一体机	1	套
				多媒体讲台	1	套
				两板式推拉黑板	1	张
				平板电脑	51	套
				通信网络接口	1	套
				课桌椅	50	套
				展示园地	1	面
				无线路由	1	台
				充电车	1	台
				立柜式空调	1	台

① 四川省戒毒管理局：《四川省司法行政强制隔离戒毒场所教育矫正中心管理规范》，2018 年。

表 2－2　互动录播教室配备

用房类别	建设规模			配置(数量为每间教室配置)		
	300 人	800 人	1500 人	设备名称	数量	单位
互动录播教室	1 间	1 间	1 间	一体机互动终端	1	套
				教师跟踪摄像机	1	台
				板书高清摄像机	1	台
				定位分析摄像机	1	台
				吊麦	6	支
				音响	1	套
				遥控器	1	支
				高拍仪	1	台
				图显电视	1	台
				硬件导播台	1	台
				辅材	1	套
				两板式推拉黑板	1	套
				多媒体讲桌	1	套
				平板电脑	50	台
				桌椅	50	套

表 2－3　网络控制室配备

用房类别	建设规模			配置(数量为每间教室配置)		
	300 人	800 人	1500 人	设备名称	数量	单位
网络控制室	1 间	1 间	1 间	存储服务器	1	台
				流媒体服务器	1	台
				平台服务器	1	台
				服务平台软件系统	1	套

表 2－4　演播室配备

用房类别	建设规模			配置(数量为每间教室配置)		
	300 人	800 人	1500 人	设备名称	数量	单位
演播室	1 间	1 间	1 间	虚拟电视台软件系统	1	套
				电视台器材套装	1	套
				演播用桌椅凳子	1	套

表 2－5　文化活动教室配备

用房类别	建设规模			配置(数量为每间教室配置)		
	300 人	800 人	1500 人	设备名称	数量	单位
文化活动教室(艺术矫治教室)	1 间	1 间	1 间	多媒体教学一体机	1	套
				教具柜	1	套
				展示园地	1	面
				广播音响	1	套

表 2－6　图书室配备

用房类别	建设规模			配置
	300 人	800 人	1500 人	
图书室	1 间	1 间	1 间	书架
				平板电脑
				电子阅览桌椅
				阅览桌椅
				电子阅览系统(戒毒局版)
				书籍

表 2 – 7　禁毒教育基地配备

用房类别	配置(数量为每间教室配置)		
	设备名称	数量	单位
禁毒教育基地	禁毒宣传知识挂图	10	幅
	禁毒宣传书籍	1000	套
	互动橱窗	1	套
	全息投影	1	套
	毒品展览柜	1	组
	仿真毒品	1	套
	虚拟翻书	1	套
	电子抢答	1	套
	幻影成像	1	套
	信息查询系统(戒毒局版)	1	套
	多点触控	1	套
	法治知识	1	套

(四)教育矫正中心经费保障

统一戒毒模式建设是一项综合性、系统性工程,各地要按照《强制隔离戒毒所建设标准》和统一戒毒模式功能布局建设要求,加大投入力度,推进教育矫正中心功能建设,配齐必要设备设施。根据《教育矫治纲要》的规定,按照财政部、司法部《强制隔离戒毒所基本支出经费标准》规定要求,制定本地教育经费标准,确保教育矫治工作经费保障足额到位,做到专款专用,为教育矫正工作开展提供良好条件。

三、大队

大队是强制隔离戒毒所依法对戒毒人员实行接受管理、教育矫治,完成各项工作任务的基础组织。统一戒毒模式以分期分区为基础,明确各区在教育矫正工作方面的内容和职责,解决好专业中心与大队职能交叉的问题,避免出现专业中心与大队之间工作配合不够紧密的现象。在教育矫正工作实施过程中，教育矫正中心提供专业化的服务和方案；大队在做好安全管理的基础上，主要负责保障整个教育矫正过程的顺利进行，利用专业中心的优势更好地推进教育矫正工作。大队的主要职责包括：建立和完善本大队戒毒人员教育矫正档案；对戒毒人员进行个别教育；在教育矫正中心的指导下，开展本大队戒毒人员各项教育矫正活动；配合教育矫正管理部门和教育矫正中心完成场所教育矫正活动；在教育矫正中心的指导下，对戒毒人员在各期区的教育矫正效果进行评估。

第二节　教育矫正的队伍建设

习近平总书记在2019年中央政法工作会议上明确要求，加快推进政法队伍革命化、正规化、专业化、职业化建设，努力打造一支党中央放心、人民群众满意的高素质政法队伍。戒毒工作是一项具有法治性、科学性和社会性等特征的专业工作。认真贯彻落实全国司法行政队伍建设工作会议精神和司法部《关于新形势下加强司法行政队伍建设的意见》《2016—2020年监狱戒毒人民警察队伍建设规划纲要》，加强教育矫正队伍建设，打造一支具有扎实理论功底和较高专业素质，能够适应教育戒治戒毒人员需要的高素质人才队伍，既是推动司法行政戒毒工作人民警察队伍革命化、正规化、职业化、专业化发展的必然要求，也是落实全国统一戒毒工作模式、提高教育戒治质量的组织保障和基础支撑。

一、教育矫正队伍建设的规范依据

根据《禁毒法》的立法精神，戒毒人员确定为集“病人、违法者、受害者”于一身的特殊群体，《戒毒工作规定》也强调司法行政机关强制隔离戒毒工作应当遵循“以人为本、科学戒毒、综合矫治、关怀救助的原则，教育和挽救吸毒成瘾人员”。2014年，为进一步规范强制隔离戒毒人员教育矫治工作，提高教育矫治质量，司法部发布的《教育矫治纲要》明确指出，要强化教育矫治队伍专业化建设，规定“强制隔离戒毒所应当按照不低于收治人数1%的比例配备专职教师，收治人数低于500人的场所，应至少配备5名专职教师，负责课堂教学、康复训练和专题教育。按照不低于0.6%的比例配备专职心理咨询师，为有需要的戒毒人员提供个体心理咨询服务。要把民警队伍的专业化建设作为一项长期的重要战略任务，努力提高队伍的专业水平和专业素质。通过开展经验交流、示范培训等多种形式提高个案矫治水平,提升个案矫治能力,打造一支个别教育能手队伍;通过改善专业知识结构,加快专业人员引进和培养,打造一支心理矫治专家队伍;通过开展教学观摩、集体备课等活动形式,不断提高教学水平,打造一支专职教师队伍。定期组织开展优秀教师、个别教育能手、优秀心理咨询师评选活动”。

为了适应国家对毒品问题治理体系和治理能力法治化的新要求,适应司法行政戒毒工作转型发展新形势与新任务的需要,就必须促进从事司法行政戒毒工作的人民警察队伍的专业化发展、全面提升他们的职业技能和综合素质。根据中共中央《关于新形势下加强政法队伍建设的意见》,司法部制定出台《关于新形势下加强司法行政队伍建设的意见》和《2016—2020 年监狱戒毒人民警察队伍建设规划纲要》等重要规范性文件。其中,该纲要强调,要全面贯彻落实党的十八大和十八届三中、四中、五中、六中全会精神,深入学习贯彻习近平总书记系列重要讲话精神和对司法行政工作重要指示,深入贯彻落实中共中央《关于新形势下加强政法队伍建设的意见》和司法部《关于新形势下加强司法行政队伍建设的意见》,紧紧围绕维护社会大局稳定、促进社会公平正义、保障人民安居乐业的总任务,按照“五个过硬”的总要求,坚持中国特色社会主义政法队伍正规化、专业化、职业化方向,深入推进思想政治建设、业务能力建设、纪律作风建设,努力建设一支信念坚定、执法为民、敢于担当、清正廉洁的戒毒人民警察队伍。

2018 年 5 月,司法部印发的《戒毒模式意见》指出,要以习近平新时代中国特色社会主义思想为指导,深入学习贯彻党的十九大和十九届二中、三中全会精神,建立全国统一的司法行政戒毒工作基本模式,持续深入推进戒毒工作规范化建设,不断提高戒毒工作科学化专业化水平,开创新时代司法行政戒毒工作的新局面。科学化、专业化的戒毒工作离不开政治坚定、执法公正、管理精细、戒治科学的戒毒民警专业化队伍。

二、教育矫正队伍建设的目标

(一)革命化

政法机关的特殊政治属性决定了政法队伍建设必须坚持革命化方向,把党的政治建设放在首位,确保绝对忠诚、绝对纯洁、绝对可靠。一是要有坚定的政治信仰。强化理论学习,筑牢信仰之基,铸就忠诚之魂。二是要锤炼政治担当。强化使命意识,把对党忠诚、为党分忧、为党尽职、为民造福作为根本政治担当,在大是大非面前旗帜鲜明、敢于亮剑,在急难险重任务面前豁得出来、顶得上去。三是要强化政治素质。加强政治理论修炼、政治生活磨炼、政治实践锻炼,提高明辨政治是非、驾驭复杂局面、防范政治风险能力。

(二)正规化

根据《2016—2020年监狱戒毒人民警察队伍建设规划纲要》的要求,正规化是指"深入推进执法规范化建设,加强执法检查和督察,健全完善重点执法岗位和关键环节工作制度,深化狱(所)务公开,充分运用现代信息技术加强执法管理,进一步规范执法行为,提高执法水平。规范编制管理和警力资源配置,改进警察值班备勤模式,推行扁平化管理。扎实推进纪律作风建设,狠抓'双六条禁令''六个一律''六个绝不允许'等铁规、禁令的贯彻执行,持之以恒贯彻中央八项规定精神,健全完善纪律作风建设长效机制,实现纪律作风建设的常态化、长效化、制度化"。

1. 规范教育矫正制度。着眼于提高教育矫正的针对性和实效性,健全完善并严格落实各项制度标准,切实规范教育矫正工作,明确教育矫正工作内容、任务和要求,创新教育矫正方式方法,形成制度标准更加健全、基层基础更加坚实、工作落实更加有力、教育质量持续提高的工作格局。

2. 完善队伍管理制度。教育矫正队伍正规化建设的核心是标准化管理,运用统一、科学、有效的标准调整和约束队伍建设。明确录用、考核、晋升管理的具体环节和操作标准,构成一个完整的标准化的流程体系。

3. 推进纪律作风建设。思想政治建设是队伍建设的根本和核心,决定了队伍建设的基础和方向。要把思想政治建设放在首要位置,使教育矫正工作者的思想意识、责任意识、纪律意识有明显的增强和提高,确保队伍政治合格、作风过硬,为推动戒毒工作奠定坚实的思想基础。

(三)专业化

根据《2016—2020年监狱戒毒人民警察队伍建设规划纲要》的要求,专业化是指"戒毒人民警察具有良好的法治意识、教育意识、改造意识,具有较高的教育人、挽救人的专业素质、职业道德和专业技能,成为胜任本职工作的专业人才"。

1. 专业理想的建立。专业理想是戒毒民警在对教育矫正事业各项工作的感受和理解基础上，所形成的关于教育矫正的本质、目的、价值和生活等的理想和信念。专业理想是每个戒毒民警的世界观和方法论，是专业行为的理性支点和专业自我的精深内核。

2. 专业知识的拓展。专业知识的拓展包括三个方面：第一，知识的量的拓展，即要不断更新知识、补充知识，扩大知识范围；第二，知识的质的深化，即从知识的理解、掌握到知识的批判，再到知识的创新；第三，知识结构的优化，以广泛的文化基础知识为背景，以精深的学科知识为主干，以相关的学科知识为必要补充，另外包括每位戒毒民警个体独到的感悟、体验和经验总结，应当成为戒毒民警在知识建构方面追求的目标。

3. 专业能力的发展。专业能力是戒毒民警综合素质中最突出的外在表现，也是评价其专业性的核心因素。一般来说，教育矫正专业能力应包括专业基础能力和专业具体能力。专业基础能力主要指通过学历教育，在大量基础性知识传授过程中培养出的能力，包括诸如语言表达能力、逻辑推理能力、批判性思维能力、人际交往能力、科学研究能力等，这些是形成专业具体能力的重要基础。戒毒民警应具备的专业具体能力包括教学设计能力、教学组织实施能力、教学检查评价能力等。

（四）职业化

职业化这一概念可以理解为将具体的一个工作进行内容的标准化、相关体系的规范化以及制度方面的健全化。根据《2016—2020年监狱戒毒人民警察队伍建设规划纲要》的要求，职业化是指健全完善职业管理制度和机制，积极推进建立具有戒毒人民警察职业特点的职务序列，健全完善警察分类管理制度。培育监狱戒毒人民警察职业精神，完善职业道德准则和职业行为规范，建立职业道德评价和惩戒机制，建立健全监狱戒毒人民警察宣誓制度和职业荣誉制度，切实提高职业荣誉感。完善职业保障制度，积极争取支持，不断加强财政经费保障。坚持从优待警，认真落实从优待警各项制度，关心警察身心健康，帮助警察解决工作、生活中的实际困难。教育矫正队伍职业化建设内涵包括：

1. 教育矫正的岗位设置。现代警务管理工作必须转变传统粗放的发展模式，以精细管理、分工协作、科技应用为核心的警务集约化改变了传统警务对人力、物力的过分依赖，其中重要的就是岗位设置。岗位设置既要体现戒毒工作的性质、特点，又要遵循司法部《戒毒模式意见》的基本要求，岗位之间要有明晰的边界。

在戒毒工作强调科学戒治的背景下,教育矫正类的岗位设置成为必然。

2. 教育矫正的职业规范。职业规范是戒毒民警在从事职业活动过程中所受到的法律、规章制度及道德约束。一是应制定相应的法律法规对教育矫正职业内涵、权利义务予以明确的界定;二是应为教育矫正职业制定具体的职业标准与运行机制并明确其法律效力;三是应结合实际合理设计教师的聘任、晋升等职业发展机制,细化操作性强的职业制度,激励戒毒民警尽职尽责。

3. 教育矫正的职业认同。即增进社会对教育矫正职业的认可与重视以及戒毒民警个体的自我认同和归属。它是戒毒民警在职业生活中创造并体现符合自身志趣、能力与个性的独特的生活方式,以及个体自身在职业生活中形成的知识、观念、价值体系与研究风格等的总和。具体包括戒毒民警自我形象的正确认识、积极的自我体验、正确的职业动机、对职业状况的满意、对未来工作情境有较高期望、对理想的职业生涯的清晰认识等。

三、教育矫正队伍建设的路径

(一)加强教育矫正队伍思想政治建设

加强教育矫正队伍思想政治建设,坚定不移贯彻执行党的路线方针政策,坚定不移贯彻执行党中央、国务院对戒毒工作的决策部署,忠诚履行司法行政戒毒工作职责使命。

1. 正确的政治方向。政治方向是否正确是检验司法行政机关人民警察为谁执法、为谁服务的根本标志。戒毒民警只有在政治上、思想上同党中央保持高度一致,保持忠于党、忠于人民、忠于祖国的政治本色,才能忠实地履行宪法、法律赋予的神圣职责。认真学习贯彻习近平总书记系列重要讲话精神和对司法行政工作的重要指示,始终坚定中国特色社会主义道路自信、理论自信、制度自信、文化自信。

2. 坚定的政治立场。立场问题是人们观察、分析和处理各种问题的根本立足点,戒毒民警要具有坚定的政治立场,才能牢固树立立党为公、执法为民的思想,在大是大非和重大原则面前,始终做到立场坚定、旗帜鲜明;在各种利益面前,始终坚持党的事业至上、人民利益至上、宪法法律至上,坚定不移地做中国特色社会主义事业的建设者、捍卫者。

3. 正确的政治观点。树立正确的政治观点是戒毒民警必须具备的政治素质。

要掌握马克思主义、毛泽东思想、中国特色社会主义理论,坚持用辩证唯物主义和历史唯物主义的立场、观点和方法,观察、分析事物和解决问题。

4. 严格的政治纪律。政治纪律是执行党的政治路线的保证,遵守政治纪律是对坚持正确的政治方向、政治立场、政治观点的检验。必须树立严格的政治纪律观念,在政治上同党中央保持高度一致,增强执行党的路线方针政策的自觉性和坚定性,保守机密,令行禁止。

5. 忠诚的政治品格。坚定理想信念,坚持绝对忠诚的政治品格,永远听党的话,跟党走,永葆忠于党、忠于国家、忠于人民、忠于法律的政治本色。

(二)明确教育矫正岗位任职资格和条件

1. 任职的基本条件。《中华人民共和国教师法》第10条第2款规定,"中国公民凡遵守宪法和法律,热爱教育事业,具有良好的思想品德,具备本法规定的学历或者经国家教师资格考试合格,有教育教学能力,经认定合格的,可以取得教师资格"。其中,教师任职的基本条件包括中华人民共和国公民身份、思想品德条件、学历条件、教育教学能力条件等。

2. 教育教学能力条件,教育部《〈教师资格条例〉实施办法》第8条规定:教师应当"具有良好的身体素质和心理素质,无传染性疾病,无精神病史,适应教育教学工作的需要";"普通话水平应当达到国家语言文字工作委员会颁布的《普通话水平测试等级标准》二级乙等以上标准"。教育教学基本素质和能力包括选择教育教学内容和方法的能力、设计教案的能力、掌握教育学与心理学知识的能力、语言文字表达能力、管理学生的能力、运用现代教育技术的能力、不断改进和提高教育教学水平的自我更新能力和教育科研能力等。

3. 特殊的专业条件。针对戒毒人员的教育矫正是一种特殊的教育实践和文化影响过程。选拔和任用教育矫正工作者,除坚持教师任职资格的一般条件及教师基本素质和能力的要求外,还要重视对戒毒民警的思想政治素质、道德素质、教育业务素质和心理素质等方面的特殊要求。

(三)加大教育矫正人才引进培养力度

司法部在《2016—2020年监狱戒毒人民警察队伍建设规划纲要》中明确指出,在当前和今后一个时期内,要"加大人才工作力度","拓宽专业人才引进渠道","健全从司法警官院校毕业生中招录人才的规范便捷机制","加强高层次人才库建设,为优秀人才施展才华创造良好条件”。

1. 拓宽专业人才引进渠道。一方面健全从司法警官院校毕业生中招录人才的规范便捷机制;另一方面从师范院校、普通高校和社会在职人员中进行招录、聘用,通过来源的广泛性实现人才综合知识、专业结构的多样性,引进一批教育矫正专业人才,为教育矫正队伍的专业化建设奠定坚实基础。

2. 加强教育矫正专家库建设。鼓励教育矫正队伍整体从转型向定型发展,从事务型向学习型和知识型转变,从能力型、经验型向研究型转变,为优秀人才施展才华创造良好条件,培养一批理论功底深、专业水平高、实战经验丰富的专家型人才。

3. 加强教育矫正教学团队建设。教学团队的建设需要紧密结合课程建设来开展,通过教学团队建设,建立有效的团队合作机制。以课程体系、教学内容、教材建设、教学资源库建设以及加强青年教师培养为改革重点,不断推进信息技术与教学的整合,更新教学手段和技术,提高教师队伍的整体教学水平。

(四)强化教育矫正业务培训

1. 提高培训针对性。分类分级开展培训以提高培训的针对性和实效,培训主要包括以下两类:一是针对新上岗人员的入职辅导。20 世纪 70 年代以来,普通教育领域中的新教师入职辅导制度逐渐被人们广泛接受,并成为一种促进教师专业发展的指导措施。戒毒民警的新手入职辅导,应借鉴新教师的入职辅导制度,为刚刚走上工作岗位的戒毒民警安排一个系统的入职辅导计划,在有经验的民警带领下,熟悉情况,开展工作。二是为在职人员提供的适应教育矫正专业发展不同阶段需要的继续教育。教育矫正专业技能是一种实践性能力,要在理论知识的基础上通过实践环节方能得以培养和提升,强调“实践中的学习”。要采取“理论学习、联系实践、反省探究”三结合的方式,掌握不断涌现的新理论,培养科学研究的意识和能力。可通过观摩评课、集体磨课、讲课大赛、课件评比、撰写教改论文等不断提高教学能力和水平。

2. 创新培训的形式。传统教育矫正领域的培训主要表现为邀请专家授课、专题讲座等形式,多受时间和地域的限制。在互联网时代背景下,各领域的培训逐渐从单一面授知识向交互式知识分享转变。可以尝试“互联网 + 教育矫正业务培训”的形式,借助网络媒体,以微课、慕课、翻转课堂、手机课堂等方式弥补传统业务培训的不足。

（五）完善教育矫正人才使用机制

1. 配置教育矫正专业岗位。坚持从职业视角审视教育矫正工作，按照需求科学配置岗位，明确不同岗位的工作职责和任职条件。合理安排专业分工，逐步优化队伍专业结构，提升专业技能，力求培养出在教育矫正领域具有一定影响力的行家里手。

2. 健全人才考核机制。一是要结合岗位特点确定科学合理的量化评价标准；二是要有严密的评价程序，由专门的考核评价小组，坚持“公开、平等、竞争、择优”的原则，探索教育矫正选人用人方法；三是要坚持动态考核，根据考核对象岗位职责的不同特点和不同阶段岗位任务的不同，确定具体的考核内容和方法，增强考评工作的针对性和实效性。

3. 完善教育矫正人才激励机制。《2016—2020 年监狱戒毒人民警察队伍建设规划纲要》提出，“完善职业保障制度，积极争取支持，不断加强财政经费保障。坚持从优待警，认真落实从优待警各项制度，关心警察身心健康，帮助警察解决工作、生活中的实际困难”。在教育矫正队伍建设过程中，应通过建立完善规范的人才激励机制贯彻执行从优待警。注重综合运用政治激励和物质激励措施，形成以效能为导向的戒毒民警绩效考核体系，严格按制度兑现奖罚，确保绩效考核激励在政策和制度规范下运行。不断改善人才工作、生活环境，为优秀人才施展才华创造良好条件。

第三节　教育矫正的工作流程

教育是人类有意识的促进自身发展的实践，这种实践主要通过教育者的知识传授、思想灌输、技能培养、行为训练与受教育者的学习和发展来完成。对于戒毒人员这个特殊群体的教育，是在他们背离社会准则、发生违法行为以后，为改变他们的认识结构、思想观念、价值准则、行为习惯和心理结构而进行的再社会化过程。在教育矫正工作中，戒毒民警通过综合运用各种教育矫正方法和手段，提高戒毒人员思想政治素质和文化素质，使他们树立正确的世界观、人生观和价值观，增强法治观念和道德意识，逐步提高拒毒能力和社会适应能力，回归社会后能保持操守，不再复吸，过上正常的生活。①

一、教育矫正工作流程概述

为了高效实现教育矫正的目标，加强教育矫正工作的规范化运行，使教育矫正工作有序开展，明确教育矫正工作流程非常必要。教育矫正工作流程，是指教育矫正活动的流向顺序，包括教育矫正工作过程中的工作环节、步骤和程序等。它是为了实现教育矫正目的而采取的一系列前后相继的行动组合，即多个活动组成的工作程序。工作流程的主要作用是实现工作条理的规范性，增加工作流程的透明度、提升管理水平，从而实现整体效率的提升。这就要求在设计工作流程时要充分理解流程的三要素：任务流向，指明任务的传递方向和次序；任务交接，指明任务交接标准与过程；推动力量，指明流程内在协调与控制。它是各项教育矫正活动之间形成的联系密切、相互作用的一种动态关系。

这种动态关系可以采用工作流程图的方式体现（见图2－1）。工作流程图可以帮助戒毒民警了解实际工作活动，流程图不仅直观、清晰地展现出教育矫正工作活动的主要环节、内容、步骤，而且勾画出整个工作过程的运行程序，帮助戒毒民警合理、简便、高效工作。

二、教育矫正工作环节

教育矫正工作环节主要包括编制教育矫正计划、开展教育矫正活动、教育矫正考核评估、记录归档等。各个环节紧密联系、相互渗透、相互促进。它们一环接一环，共同构成一个有序、统一的教育矫正过程。

（一）教育矫正计划的编制

1. 所级教育矫正计划的编制。戒毒场所教育矫正职能部门即教育矫正中心根据《教育矫治纲要》《教育矫正指南》的要求和本所的实际情况，编写所级的教育矫正计划，主要内容包括指导思想、基本原则、目标任务、教育内容和有关要求等。

2. 专项教育计划的编制。教育矫正中心和专兼职教师根据不同的目标要求，结合教育矫正内容，制订专项教育计划，主要内容包括教学目的、教学内容、课时

① 余德刚：《我国戒毒人员思想教育矫治研究》，西南财经大学2019年博士学位论文，第5页。

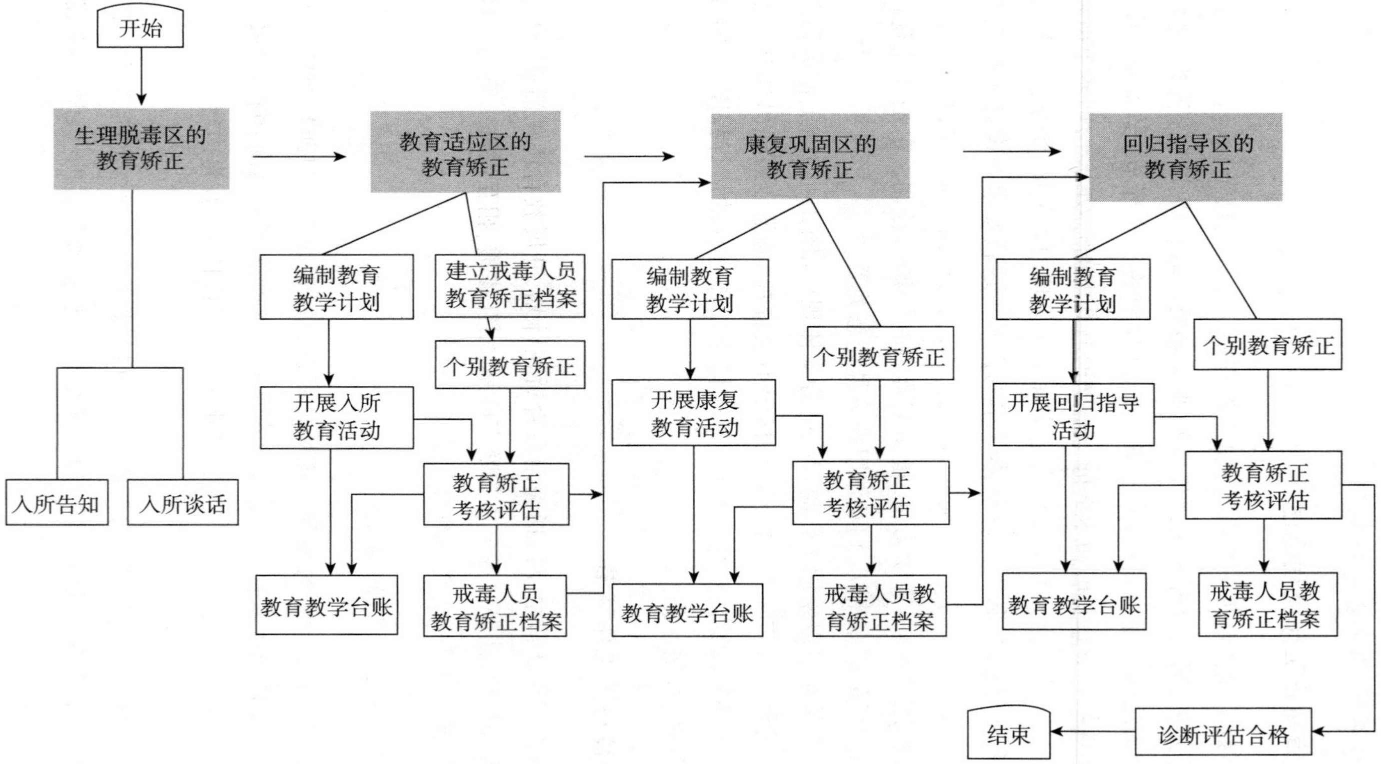

图2-1　教育矫正工作流程

安排、课时分配、教学形式、教学要求等,如“安全月”教育专项计划、国学教育专项计划等。

3. 课程教学计划的编制。戒毒场所专兼职教师根据自己所讲课程的教学要求、教学内容,结合戒毒人员的文化水平和接受能力,编写具体课程的教学计划,主要内容包括学情分析、教材分析、教学目标、教学方法、教学内容、教学进度、考核与评价等,如法律常识教学计划、所规所纪教育计划。

4. 教案(课时计划)的编写。上课之前,任课教师应对每一节课进行缜密的设计,教案(课时计划)是教师讲课的依据,直接关系到讲课的质量,主要内容包括教学目的、教学方法、教学内容、时间分配等。

5. 个别教育计划的制订。个别教育是在尊重学生个性的基础上,将以教材、教师为中心的教育转变为以学生为中心、真切关照每个学生潜能开发、个性发展的教育。个别教育计划是从教育对象的个别差异出发,以满足特殊教育对象需要为特征,以规定的相应教学内容为主线,而制订的单一或综合内容的教育教学计划或措施。为了提高教育矫正效果,有针对性地教育矫正戒毒人员,戒毒民警根据戒毒人员的不同具体情况,如不同吸毒原因、吸食不同毒品、不同现实表现等情况,制订个别教育矫正计划。主要内容包括戒毒人员目前状况、戒毒人员应达到的目标、实施本计划的预定日期和期限、相关的教育矫正措施或辅助手段等。

(二)教育矫正活动的开展

1. 根据教育矫正计划的安排开展规定的教育教学活动。戒毒人员的教育教学活动一般是编班进行的,原则上是小班授课,每班不超过 50 人。教育内容主要包括入所教育、法律常识教育、思想道德教育、戒毒常识教育、心理健康教育、文化素质教育、安全教育、劳动与职业技能教育、拒毒能力培养、戒毒康复训练等。

2. 进行个别教育矫正。戒毒民警根据戒毒人员的不同具体情况,如不同吸毒原因、吸食不同毒品、不同现实表现等情况,有针对性地教育矫正戒毒人员。

(三)教育矫正考核评估

从评估对象来划分,教育矫正的考核评估包括对教育矫正工作者的考核评估和对戒毒人员的考核评估。本书所指的教育矫正考核评估是对戒毒人员的考核评估。教育矫正考核评估是一种依据戒毒人员的知识、技能、态度等变量来有意识地判断戒毒人员状况的评价。教育矫正考核评估有一套系统的评价方法。实践中教育矫正常用的考核评估方法有：

1. 笔试。笔试是以纸笔考试的方式考核测定戒毒人员成绩的最基本方法。最常用的就是笔试。

2. 现场考核。现场考核是根据一定标准，通过现场观看的方式，观察戒毒人员的行为，考察他们将知识和理解转化为实际行动能力情况的方法。

3. 个别访谈法。个别访谈法是通过与戒毒人员面对面的、一对一的访谈获取相关信息，从而进行评估的方法。首先，给戒毒人员提供说明或扩展问题的机会。其次，戒毒民警可以对戒毒人员进行观察，注意与他们回答相联系的感情、他们要回避的主题以及他们最感兴趣的话题或领域。最后，访谈不仅可以收集来自戒毒人员的信息，而且可以与戒毒人员分享某些信息。这是教育矫正常用的评估方法。

4. 观察法。观察法是依据对戒毒人员平日的接触与观察，由戒毒民警凭主观判断进行评估的方法。

5. 调查法。调查法是戒毒民警通过多方了解戒毒人员接受教育矫正的情况，在总结资料的基础上进行评估的一种方法。

（四）教育矫正的记录存档

教育矫正中心和专兼职教师要对戒毒人员的教育矫正活动过程和考核结果进行记录并留存，形成教育矫正档案。教育矫正档案是戒毒场所教育矫正整体工作的记录和经验的总结，它能够准确、真实地反映教育的全过程。做好教育矫正工作的记录和存档对强化戒毒场所的教育矫正管理、促进教学改革、提高教育矫正工作的质量，发挥着重要的作用。

1. 教育教学档案。教育教学档案是戒毒场所教育教学活动的真实记录，是教育教学活动、教育教学管理、教育教学研究和戒毒人员学习等过程中形成的具有保存价值的文字、图表、音像等文件材料，主要包括教育工作日志、编班花名册、课程表、教学计划、教案、教学日志、考试卷、成绩册、课后作业等。

2. 戒毒人员教育矫正档案。戒毒人员教育矫正档案是记载和反映戒毒人员学习情况和接受教育矫正情况的归档材料，主要包括戒毒人员的基本情况、矫正阶段与时间安排、阶段性矫正目标与措施、矫正过程与结果等记录、参加课堂教学、参加职业培训和参加各种考试等情况。教育矫正档案随戒毒人员转区流转，出所时流转到相关职能部门，统一收存和保管。

三、教育矫正工作步骤

根据戒毒人员从入所到出所全过程的不同时间期段，统一设置生理脱毒区、教育适应区、康复巩固区和回归指导区，实现不同期段之间的区域分设。随之完成强制隔离戒毒教育矫正工作也就需要四大步骤，即生理脱毒区的教育矫正、教育适应区的教育矫正、康复巩固区的教育矫正、回归指导区的教育矫正。

（一）生理脱毒区的教育矫正

生理脱毒区是对新收治的强制隔离戒毒人员脱离有毒环境后，进行急性脱瘾工作的区域，以医疗戒护为主，教育矫正、心理矫治为辅。《教育矫正指南》明确提出，生理脱毒区的教育矫正目标是帮助戒毒人员正确认识自我，积极接受生理脱毒，安全度过急性脱瘾期，顺利流转到教育适应区；生理脱毒区的教育矫正内容涉及身份意识教育、戒毒常识教育。生理脱毒区的相关工作要求包括两点：第一，戒毒人员进入生理脱毒区，戒毒民警应当及时与其进行个别谈话，谈话率应当达到100%。第二，戒毒人员在生理脱毒过程中遇到困难和问题，戒毒民警应有针对性地开展教育矫正工作。

（二）教育适应区的教育矫正

教育适应区是完成生理脱毒治疗的戒毒人员，戒除了生理上对毒品的依赖后转入的区域。《教育矫正指南》指出，教育适应区的教育矫正目标是对戒毒人员开展入所适应性教育，帮助其尽快熟悉场所环境和所规所纪，树立戒毒人员身份意识，顺利适应戒毒生活；教育适应区的教育矫正内容涉及戒毒法律法规与所规所纪教育、认知教育、卫生知识教育、行为养成教育等。教育适应区的相关工作要求包括四点：第一，戒毒民警与每名戒毒人员至少进行一次个别谈话。第二，大队民警要参照戒毒人员基本信息，进行个性化分析诊断，对重点人员应当制订个案化教育矫正方案，并在后续的教育矫正过程中根据情况变化随时调整。第三，入所教育完成后，应当采用笔试、队列考核、量表测试或结构化面谈等方式，分别考查戒毒人员的所规所纪、队列训练和戒毒动机激发情况，并将考核结果存档。对于聋哑、老病残等戒毒人员，确实无法以上述方式进行考核的，可以采取其他替代方式进行考核。第四，教育矫正中心应当指导大队建立戒毒人员教育矫正档案，作为戒毒人员在所戒治期间参加教育矫正轨迹和效果的记录文本，同时倡导建设教育矫正平台,使用电子档案。

(三)康复巩固区的教育矫正

康复巩固区是教育适应区的戒毒人员经诊断评估合格后流转的区域。《教育矫正指南》指出,康复巩固区的教育矫正目标是通过丰富的教育内容、多样化的教育形式,对戒毒人员开展全方位的教育矫正,帮助其改变错误认知,提升整体素质,增强防毒拒毒能力,有效戒除毒瘾;康复巩固区的教育矫正内容涉及思想政治教育、法律常识教育、思想道德教育、文化素质教育、戒毒常识教育、戒毒康复教育、劳动教育、安全生产知识教育、职业技能培训等。康复巩固区的相关工作要求包括四点:第一,戒毒民警要对戒毒人员进行全方位综合性的教育矫正,应涵盖以上所列的全部内容。第二,戒毒人员进入康复巩固区后,戒毒民警应当及时与其进行个别谈话,以后每个月至少安排一次个别谈话。第三,戒毒人员接受法律常识、思想道德、戒毒常识等课程教育的时间均不得少于30课时,文化素质教育不得少于20课时。第四,年度获得国家职业技能培训合格证书的戒毒人员应当达到参加职业技能培训人员人数的80%(含)以上。

(四)回归指导区的教育矫正

戒毒人员在解除或提请提前解除强制隔离戒毒前1个月,诊断评估合格后,由康复巩固区转入回归指导区。《教育矫正指南》指出,回归指导期的主要任务是对戒毒人员开展回归社会指导教育,帮助戒毒人员做好回归社会前的准备和出所衔接;回归指导区的教育矫正内容涉及形势政策教育、拒毒教育、重建社会支持系统教育、后续照管宣传教育、就业指导等。回归指导区的相关工作要求包括三点:第一,戒毒民警与戒毒人员至少进行一次个别谈话,了解其出所前的思想状态,并进行有针对性的教育指导,帮助戒毒人员做好出所前的思想准备。第二,戒毒民警应当结合戒毒人员的戒治表现,对其出所后的职业规划、家庭支持、社会融入等提出建议。第三,戒毒场所每年度至少举办一次戒毒回归人员就业推介会。

四、教育矫正工作的具体流程

(一)生理脱毒区教育矫正工作的流程

1. 进行权利与义务的告知。由生理脱毒区主管民警根据《强制隔离戒毒人员入所告知书》中权利与义务的内容对戒毒人员本人进行当面告知,并由本人在告知书上签字,装档留存。戒毒人员进入强制隔离戒毒所,就意味着其从普通的社会公民转变为戒毒人员,从相对自由的社会生活环境转变为严格的戒治训练生活环境,生活方式以及角色责任都会发生重大的变化。

2. 开展初始阶段教育。生理脱毒区的教育矫正内容主要包括:(1)身份意识教育。宣传《禁毒法》对吸毒者具有“病人、违法者、受害者”三重属性的定位,帮助戒毒人员正确认识自己的身份,放下思想包袱,消除疑虑,顺利地投入戒治生活。(2)戒毒常识教育。简要介绍戒毒基本知识,帮助戒毒人员了解场所戒治过程,明确自己要承担的戒治任务和努力方向。

3. 了解戒毒人员的基本情况。生理脱毒区主管民警通过对每名戒毒人员进行个别谈话,了解戒毒人员的个人信息、家庭社会关系、现实思想状况、吸毒史等有关情况,为后续的教育矫正工作积累资料。

在生理脱毒区,通常不开展具体的教学活动,也不进行教育矫正评估。

(二)教育适应区教育矫正工作的流程

1. 编制实施教育教学计划。教育适应区的教学工作实行班主任负责制,由教育适应区的专(兼)职教师担任班主任。教学班的班主任根据教育适应区的教学任务,结合戒毒人员的情况,运用课堂教学法、个别谈话法等适合的教学方式、方法,在明确教育适应区的教学内容、教学重点的基础上,制订本班具体实施的教育教学计划即课程表,主要包括教育适应区教育教学内容、时间安排、课时分配及进度等。

2. 开展入所适应性教育。教育适应区的教育矫正内容主要包括:(1)戒毒法律法规与所规所纪教育。组织戒毒人员学习《禁毒法》、《戒毒条例》、《戒毒工作规定》、《司法行政强制隔离戒毒所戒毒人员守则(试行)》(以下简称《戒毒人员守则》)、《司法行政强制隔离戒毒所强制隔离戒毒人员行为规范》(以下简称《行为规范》)等,学习强制隔离戒毒所的所规所纪,增强戒毒人员的守法意识,教育他们要知法、懂法、尊法、守法,明白违法必然付出代价,从而引导他们做知法、守法的合格公民。(2)认知教育。组织戒毒人员学习禁毒戒毒的基础知识,引导他们正确认识毒品危害,了解强制隔离戒毒的性质、目的、内容、法律效力,激发戒毒动机,明确戒治目标和方向。(3)卫生知识教育。组织戒毒人员学习肝炎、肺结核、艾滋病、性病等常见传染病预防知识,学习所内集体生活所需要的卫生常识,帮助戒毒人员养成良好的卫生习惯。(4)行为养成教育。组织队列训练,开展内务卫生和所内文明礼仪习惯养成教育,增强戒毒人员组织纪律观念、集体观念,培养自觉遵守文明礼仪的意识和习惯。

3.实施个别教育矫正。教育适应区的个别教育矫正工作主要包括:(1)一般性个别教育矫正。戒毒民警根据每一名戒毒人员各自的吸毒原因、出身经历、文化程度、思想特点和现实表现等不同情况,制订适合戒毒人员本人的教育矫正方案,采取思想教育、行为引导、法律释疑和知识技能传授等有计划的活动,有针对性地进行教育矫正等工作。(2)特殊性个别教育矫正。教育适应区大队通过召开思想动态分析会,摸排大队及所级重点人员,建立重点人员矫治手册,并安排分管民警实施教育矫正,矫正情况在《重点人员矫治手册》中予以记载。将排查出的所级重点人员报送到教育矫正中心,教育矫正中心指导各大队对所级重点人员制订教育矫正方案,协助开展教育转化工作。

4.教育矫正考核评估。教育适应区的教育矫正考核评估主要包括:(1)笔试。进行应知应会的知识类卷面测试,适用于戒毒法律法规教育、所规所纪教育、卫生知识教育等。(2)现场考核。适用于所规所纪教育、行为养成教育、卫生知识教育,如队列训练、广播体操、个人卫生、内务卫生等。(3)个别访谈法、观察法、调查法。适用于个别教育矫正。

5.教育矫正活动记录归档。教育适应区的教育矫正活动记录归档工作主要包括:(1)建立戒毒人员教育矫正档案。戒毒人员进入教育适应区后,要建立《强制隔离戒毒人员教育矫正档案》,一人一档。(2)记录归档。在戒毒人员教育矫正档案中,首先记录戒毒人员的基本情况,如个人、家庭、社会关系、吸毒史等,做好基础工作;其次记录本区个别化矫正实施情况,包括戒毒人员在本区接受教育矫正的目标与措施、教育矫正时间安排、教育矫正过程与结果;最后记录参加课堂教学、参加考试等情况。戒毒人员在教育适应区期满合格,记录的教育矫正资料归档,教育矫正档案随戒毒人员流转到康复巩固区。编班花名册、教育教学计划、课程表、教案、教学日志、考试卷、成绩册、课后作业等教育教学台账,留存本区。

(三)康复巩固区教育矫正工作的流程

1.编制实施教育教学计划。康复巩固区的教学工作实行班主任负责制,由康复巩固区的专(兼)职教师担任班主任。教学班的班主任根据康复巩固区的教学任务,结合戒毒人员的情况,运用课堂教学法、个别教育法、亲情帮教与社会帮教、文化建设等适合的教学方式、方法，在明确康复巩固区的教学内容、教学重点的基础上，制定本班具体实施的教育教学计划即课程表，主要包括康复巩固区教育教学内容、时间安排、课时分配及进度等。

2. 开展身心康复教育活动。康复巩固区的教育矫正内容主要包括：(1)思想政治教育。组织戒毒人员学习习近平新时代中国特色社会主义思想，了解国际国内发展趋势和社会形势，教育他们热爱祖国、拥护中国共产党的领导。(2)法律常识教育。组织戒毒人员学习宪法、民法典、刑法、治安管理处罚法、劳动法等与戒毒人员生活息息相关的法律法规，帮助戒毒人员了解相关法律知识，树立法治观念，自觉遵纪守法。(3)思想道德教育。把社会主义核心价值观和《新时代公民道德建设实施纲要》教育贯穿始终，强化社会公德、职业道德、家庭美德和个人品德教育，弘扬民族精神和时代精神，帮助戒毒人员确立正确的世界观、人生观和价值观，引导他们自觉抵制拜金主义、享乐主义和极端个人主义，提倡文明礼貌、助人为乐、诚实守信、尊老爱幼、艰苦奋斗的社会主义新风尚。(4)文化素质教育。举办文学、历史、音乐、书法、绘画、科技知识等讲座，以优秀传统文化和现代文化提高戒毒人员文化素养，激发生活热情，树立健康生活态度。鼓励戒毒人员参加开放大学、函授、高等教育自学考试。对未完成九年制义务教育的未成年戒毒人员，应当为其提供相应的义务教育教学。(5)戒毒常识教育。传授禁毒戒毒基本知识，帮助戒毒人员了解毒品的特性和危害，了解我国的戒毒体系、戒毒基本流程，树立戒毒信心，提高参与戒毒的自觉性和主动性。(6)戒毒康复教育。介绍戒毒康复项目和要求，传授增强戒毒意愿、修复个性缺陷、恢复正常社会情感、拒绝毒品的知识和方法，开展防复吸训练，增强抵制毒品的能力。(7)劳动教育。充分发挥劳动的教育矫治功能，帮助戒毒人员树立正确的劳动态度，改变好逸恶劳的思想和习惯。(8)安全生产知识教育。组织戒毒人员学习习近平总书记关于安全生产重要论述、安全生产法律法规、安全生产常识、劳动保护知识，提高戒毒人员安全生产意识和能力。(9)开展职业技能培训。根据戒毒人员的特点和社会需求，设置两个以上的职业技能培训项目，举办创业培训班，帮助戒毒人员考取职业技能培训合格证书或等级证书，为就业创造条件。

3. 实施个别教育矫正。康复巩固区的个别教育矫正工作主要包括：(1)一般性个别教育矫正。戒毒民警对流转到本区的戒毒人员进行了解熟悉，在教育适应区民警个别化教育矫正方案的基础上，根据戒毒人员的矫正情况继续开展矫正工作。大队主管戒毒民警需对戒毒人员开展经常性个别谈话，每名戒毒人员每月至少接受一次主管民警谈话教育。对变更大(中)队的,必须当日进行个别谈话;对因违法违纪受处分的、外出探视前后或者家庭发生变故的、长时间无人探访或者家人不与其联系的、情绪和行为明显异常的、变更执行方式的、所外就医的、延长或临近解除强制隔离戒毒的,应当及时进行个别谈话,掌握戒毒人员动向,及时调整、完善矫正方案。个别谈话内容要在教育矫正档案中予以记载。(2)特殊性个别教育矫正。继续对由教育适应区流转而来的重点人员进行矫正工作,适时调整和完善矫正方案。同时康复巩固区各大队,通过召开思想动态分析会,摸排大队及所级重点人员,建立《重点人员矫治手册》,并安排分管民警实施教育矫正,矫正情况在《重点人员矫治手册》中予以记载。将排查出的所级重点人员报送到教育矫正中心,教育矫正中心指导各大队对所级重点人员制订教育矫正方案,协助开展教育转化工作。

4. 教育矫正考核评估。康复巩固区的教育矫正考核评估主要包括:(1)笔试。进行应知应会的知识类卷面测试,适用于法律常识教育、思想道德教育、戒毒常识教育、安全生产知识教育等。(2)现场考核。适用于职业技能培训、安全生产知识教育等,如上机操作、技能操作、产品加工、灭火器的使用等。(3)个别访谈法、观察法、调查法。适用于个别教育矫正。

5. 教育矫正活动的记录归档。在戒毒人员教育矫正档案中,首先记录戒毒人员在本区的表现情况;其次记录本区个别化矫正实施情况,包括戒毒人员在本区接受教育矫正的目标与措施、教育矫正时间安排、矫正过程与结果;最后记录参加课堂教学、参加职业培训、参加考试等情况。戒毒人员在康复巩固区诊断评估合格后,记录的教育矫正资料归档,教育矫正档案随戒毒人员流转到回归指导区。编班花名册、教育教学计划、课程表、教案、教学日志、考试卷、成绩册、课后作业等教育教学台账,留存本区。

(四)回归指导区教育矫正工作的流程

1. 编制实施教育教学计划。回归指导区的教学工作实行班主任负责制,由回归指导区的专(兼)职教师担任班主任。教学班的班主任根据回归指导区的教学任务,结合戒毒人员的情况,运用课堂教学法、专题讲座、现场指导、情景模拟等适合的教学方式、方法,在明确回归指导区的教学内容、教学重点的基础上制定本班具体实施的教育教学计划即课程表,主要包括回归指导区教育教学内容、时间安排、课时分配及进度等。

2. 开展回归指导活动。回归指导区的教育矫正内容主要包括：(1)形势政策教育。帮助戒毒人员了解当前的社会形势、人们的生活方式、衣食住行等方面发生的新变化以及出所后办理相关手续的方法和途径等。(2)拒毒教育。通过个别教育的方式，再次向戒毒人员强调毒品的危害，预想出所后可能接触毒品的情形，传授拒绝毒品的方法，帮助戒毒人员增强抵抗诱惑的意志品质，客观认识个性缺陷与吸毒的关系，引导戒毒人员通过自我体验和自我反省，塑造积极人格，增强抗复吸的能力，强化戒毒效果。(3)重建社会支持系统教育。做好与戒毒人员亲属、所在社区基层组织的衔接，建立与社区、社会志愿者组织、回归人员家庭相互协作的社会支持系统，教育引导戒毒人员建立健康的朋友圈，正确处理与家庭成员的关系，积极参与社会交往。(4)后续照管宣传教育。向戒毒人员宣传后续照管的内容和方式，鼓励其接受后续照管，签订后续照管协议。帮助戒毒人员了解社区戒毒、社区康复的机构和流程，鼓励被责令社区康复的人员到戒毒康复场所进行社区康复。帮助戒毒人员了解美沙酮维持治疗等社会公益项目的参与方法，使他们出所后能够及时寻求支持和帮助。(5)开展就业指导。帮助戒毒人员分析当前就业形势，传授就业技巧。(6)举办就业推介会。配合教育职能部门和教育矫正中心，每年举办一次针对戒毒人员的就业推介会。(7)定期对解除强制隔离戒毒回归人员开展后续回访、后续照管工作，进行必要的心理辅导、法律援助、就业指导、就业推荐等，协调地方相关部门，解决回归人员实际的生活困难。

3. 实施个别教育矫正。针对回归指导区戒毒人员的特点，进行回归个别谈话，指导每名戒毒人员写出个人总结。

4. 教育矫正考核评估。回归指导区的考核评估主要通过民警采用个别访谈法、观察法等进行。

5. 教育矫正活动的记录归档。在戒毒人员教育矫正档案中，首先记录戒毒人员在本区的表现情况；其次记录本区个别化矫正情况；最后记录参加回归指导教育的情况，并将所有资料包括戒毒人员个人总结归档。编班花名册、教育教学计划、课程表、教案、教学日志、课后作业等教育教学台账，留存本区。

6. 期满回归诊断评估。戒毒人员期满解除强制隔离戒毒，教育矫正评估由教育矫正中心每月组织开展，根据《诊断评估办法》，由教育矫正档案提供参考数据记录，对戒毒人员在其强制隔离戒毒期间的教育矫正情况进行评估，出具评估意见，交诊断评估中心汇总。

复习思考题

1. 简述教育矫正中心的岗位设置与主要职能。
2. 简述教育矫正中心的主要任务。
3. 教育矫正队伍专业化建设的内涵是什么?
4. 强制隔离戒毒教育矫正工作流程与一般学校的教育工作流程有何异同之处?
5. 你对强制隔离戒毒教育矫正各区开展的教学活动有什么看法?你认为怎样设置更为合理?

本章主要参考文献

1. 司法部戒毒管理局组编:《司法行政强制隔离戒毒教育矫正实务》,法律出版社 2021 年版。
2. 四川省戒毒管理局:《四川省司法行政强制隔离戒毒场所教育矫正中心管理规范》,2018 年。
3. 余德刚:《我国戒毒人员思想教育矫治研究》,西南财经大学 2019 年博士学位论文。
4. 高莹主编:《矫正教育学》,教育科学出版社 2007 年版。
5. 宋秋英、王晓朴:《新常态下戒毒民警专业化队伍建设的长效机制》,司法行政戒毒工作队伍建设理论与实践研究,2019 年。
6. 陈超:《全国统一戒毒模式大背景下加强戒毒工作专业中心建设的思考》,司法行政戒毒工作队伍建设理论与实践研究,2019 年。
7. 蔡燕强主编:《戒毒矫治康复手册》,暨南大学出版社 2006 年版。
8. 四川省资阳强制隔离戒毒所:《全国统一的司法行政戒毒工作基本模式工作手册》,2019 年。
9. 山西省永济董村强制隔离戒毒所:《以人为本　科学戒治　精心打造司法行政戒毒工作模式》,2019 年。
10. 山东鲁中强制隔离戒毒所:《强制隔离戒毒规范化建设工作手册之二管理体系》,2017 年。
11. 张国祥:《用流程解放管理者 2:中小企业规范化管理》,电子工业出版社 2013 年版。
12. 靖国平、邓银城主编:《课程与教学论教程》,华中科技大学出版社 2012 年版。
13. 郑志辉主编:《简明教育学教程》,华东师范大学出版社 2017 年版。

第三章　法律常识教育

本章摘要

法律常识教育是戒毒场所教育矫正工作的基础内容，也是戒毒人员接受教育的必修科目。随着全面依法治国方略的深入推进，对戒毒人员开展法律常识教育显得尤为重要。通过本章的学习，了解法律常识教育的概念，理解法律常识教育的教学目标及其有关规定，领会法律常识教育的主要教学内容，灵活运用适当的教学方法，有效地组织实施法律常识教育活动。

重点问题

本章的重点是戒毒场所法律常识教育的概念、教学目标、教学内容、教学方法与组织实施。

第一节　法律常识教育的教学目标

法律常识是人们在日常生活中自然运用的具有法律意义的普通而浅显的经验知识、共同而朴素的情感态度和大众化而自明性的基本道理。① 法律常识教育，是指按照社会主义法治国家的要求，有目的、有计划地培养戒毒人员法治观念、规则意识、守法行为习惯的系统影响活动。② 戒毒人员普遍存在遵纪守法观念相对淡薄、行为规范意识差、吸毒违法行为频发等问题。因此，法律常识教育既是戒毒场所教育矫正工作的基础内容，又是戒毒人员接受教育的必修科目。

---

① 姚建宗：《法律常识的意义阐释》，载《当代法学》2022 年第 1 期。

② 姜祖桢等：《戒毒学》，法律出版社 2022 年版，第 270 页。

一、法律常识教育目标的有关规定及理解

教学目标作为教学方向的指引，是判断教学活动效果的标尺，对教学内容构建、教学方法选择以及教学组织运行等工作都有重要的影响。戒毒场所的法律常识教育既要遵循法治宣传教育的一般要求，也要体现戒毒场所教学的特色；既要符合普通人群学习教育的一般规律，也要遵循戒毒人员学习改变的内在规律。具体而言，在制定法律常识教育的教学目标时，需要考虑以下三个方面的因素。

（一）中央政府层面的精神要求

中国特色社会主义的法治精神是戒毒场所开展法律常识教育的根本遵循与行动指南。党的十八大以来，以习近平同志为核心的党中央对全面依法治国作出了重要部署，对法治宣传教育提出了新的更高要求。依据《中央宣传部、司法部关于开展法治宣传教育的第八个五年规划（2021—2025 年）》的指示精神，“全民普法是全面依法治国的长期基础性工作”，因此“八五”普法的工作目标是“到 2025 年，公民法治素养和社会治理法治化水平显著提升，全民普法工作体系更加健全。公民对法律法规的知晓度、法治精神的认同度、法治实践的参与度显著提高，全社会尊法学法守法用法的自觉性和主动性显著增强。多层次多领域依法治理深入推进，全社会办事依法、遇事找法、解决问题用法、化解矛盾靠法的法治环境显著改善。全民普法制度完备、实施精准、评价科学、责任落实的工作体系基本形成”。[①] 中央顶层设计为戒毒场所的法律常识教育确定了总基调，强调法律思维的树立，并将守法光荣、违法可耻作为自觉守法的具体要求。在全面依法治国基本方略的指引下，戒毒场所的法律常识教育重点是法治意识的培养和树立，促使戒毒人员“不想违法、不能违法、不敢违法”，回归社会后自觉做守法公民。

（二）不同教育机构的参考借鉴

在对青少年的法治教育方面，以社会主义核心价值观为引领，普及法治知识，养成守法意识，使青少年了解、掌握个人成长和参与社会生活必需的法律常识和制度、明晰行为规则，自觉遵法、守法，成为社会主义法治的忠实崇尚者、自觉遵守

---

① 《中央宣传部、司法部关于开展法治宣传教育的第八个五年规划（2021—2025 年）》，载中国政府网 2021 年 6 月 15 日，http://www.gov.cn/gongbao/content/2021/content_5621190.htm。

者、坚定捍卫者。此目标主要针对青少年这一特殊群体,但不拘泥于校园法律文化建设。戒毒民警在制定戒毒人员法律常识教育目标时,也要针对戒毒场所的特殊性,在向戒毒人员讲授法律法规基础知识的同时,着力培养戒毒人员尊法、守法、用法意识,提高他们学法、守法、用法的自觉性,降低复吸风险,为回归社会、做守法公民打下良好基础。

(三)司法行政戒毒工作主管部门的相关规定

司法部在2014年7月印发的《教育矫治纲要》对教育矫治的总体目标进行了规定,即"通过综合运用各种教育矫治方法和手段,帮助戒毒人员认清毒品危害,树立法制观念,提升道德情操和文化素养,改善不良心理,掌握就业谋生技能,增强社会适应能力,戒除毒瘾,成功融入社会"。其中,与法律常识教育密切相关的目标主要包括"树立法制观念""成功融入社会"。在《中华人民共和国民法典》(以下简称《民法典》)颁布实施之后,司法部戒毒管理局在2022年9月制定的《教育矫正指南》把教育矫正的总体目标规定为"综合运用各种教育矫正方法和手段,帮助戒毒人员认清毒品危害,增强法治观念和道德意识,提高拒毒能力和社会适应能力,促进戒毒人员顺利回归社会,长时间保持操守"。其中,与法律常识教育密切相关的目标是"增强法治观念""促进戒毒人员顺利回归社会"。

《教育矫治纲要》在具体内容部分对法律常识教育进行了规定,即"组织戒毒人员学习刑法、治安管理处罚法、劳动法、合同法、婚姻法、继承法、社会保障法等与戒毒人员生活息息相关的法律法规,帮助戒毒人员了解相关法律知识,树立法制观念,自觉遵纪守法"。《教育矫正指南》在具体内容部分对法律常识教育进行了规定,即"组织戒毒人员学习宪法、民法典、刑法、治安管理处罚法、劳动法等与戒毒人员生活息息相关的法律法规,帮助戒毒人员了解相关法律知识,树立法治观念,自觉遵纪守法"。可见,《教育矫治纲要》《教育矫正指南》在阐述法律常识教育的教学内容时都提出了具有递进关系的教学目标,即了解相关法律知识、树立法治观念、自觉遵纪守法。

根据《教育矫治纲要》《教育矫正指南》的相关要求,各地在戒毒人员中已经广泛开展法律常识教育。由于受到地区差异等因素的影响,各个地区在具体组织实施时,教学内容、教学形式、教学组织等方面存在一定的偏差。在统一戒毒模式纵深推广、全面覆盖的背景下,有必要结合有关规定要求以及戒毒人员的群体特征,进一步明确法律常识教育的教学目标,更好地指引法律法规的教育教学工作。

二、法律常识教育的教学目标分析

教育活动是一系列连续的、渐进的过程，呈现出一定的阶段性。因此，教育目标除了涵盖总体目标之外，还包括课程教学目标(以下简称课程目标)、单元教学目标(以下简称单元目标)与课时教学目标(以下简称课时目标)等多维度、多因素的分解目标。其中，课程目标是课程的准则和指引，直接影响教学内容安排、教学方法选择以及教学组织运行等工作。如前所述，影响课程目标的因素很多，如中央政府及主管部门的方针政策、课程的学科特色、教育对象的思想认知特点，需要统筹考虑。

戒毒场所法律常识教育的课程目标是：通过开展法律常识教育，从“学法”“尊法”“守法”“用法”四个维度，帮助戒毒人员了解日常生活法律知识，树立和增强法治观念，自觉遵守国家法律法规，远离吸毒违法行为，善于运用法律手段维护自身的合法权益，为顺利回归社会、做守法公民打下良好的基础。①

根据法律常识教育的课程目标，具体设置了“掌握法律知识”“尊重法律权威”“增强守法意识”“提升用法能力”等四个单元目标。其中，第一单元“掌握法律知识”具体包括四个子目标，即理解社会主义法律本质；掌握宪法是国家根本法；运用中国特色社会主义法治建设基本原理解释相关的具体问题；树立宪法法律至上、法律面前人人平等法治理念。第二单元“尊重法律权威”具体包括三个子目标，即懂得法律与公民生活的密切联系，明确法律在社会生活中的作用力、影响力和公信力；能够正确处理权利与义务的关系；树立初步的适应现代生活所必需的法律意识。第三单元“增强守法意识”具体包括四个子目标，即知道罪与非罪的区别；掌握禁毒戒毒方面的法律规定；能够判断违法与犯罪行为；增强守法的自觉意识。第四单元“提升用法能力”具体包括四个子目标，即了解与生活相关的法律法规；掌握解决问题的法律途径；能够运用学到的知识解答生活中的个体问题；养成社会主义法律思维方式。法律常识教育的教学目标如表3-1所示。

① 司法部戒毒管理局组编：《司法行政强制隔离戒毒教育矫正实务》，法律出版社2021年版，第50~51页。

表 3－1　法律常识教育教学目标一览

单元主题	一级目标	二级目标
单元一 学法	掌握法律知识	1. 理解社会主义法律本质 2. 掌握宪法是国家根本法 3. 运用中国特色社会主义法治建设基本原理解释相关的具体问题 4. 树立宪法法律至上、法律面前人人平等法治理念
单元二 尊法	尊重法律权威	1. 懂得法律与公民生活的密切联系，明确法律在社会生活中的作用力、影响力和公信力 2. 能够正确处理权利与义务的关系 3. 树立初步的适应现代生活所必需的法律意识
单元三 守法	增强守法意识	1. 知道罪与非罪的区别 2. 掌握禁毒戒毒方面的法律规定 3. 能够判断违法与犯罪行为 4. 增强守法的自觉意识
单元四 用法	提升用法能力	1. 了解与生活相关的法律法规 2. 掌握解决问题的法律途径 3. 能够运用学到的知识解答生活中的个体问题 4. 养成社会主义法律思维方式

三、课时目标的制定要求

课时目标即每一节课具体的教学目标，是对总的教学目标的进一步细化。在制定课时目标时，需要注意以下五个方面。

（一）要明确具体

课时目标要明确具体。对于知识目标以及能力目标，更容易用看得见、摸得着，情感、态度与价值观目标的衡量就相对困难一些。例如，授课民警在设计“公民权利与义务”教学方案时，提出“了解宪法对公民权利与义务的规定，能够正确行使权利，自觉履行义务”的教学目标。这其中不仅包括认知方面的目标即了解法律规定，而且包括能力目标即正确行使权利、自觉履行义务。这种目标在教学设计中更为常见。然而，如果进一步推敲“什么情况可以认为是了解”“如何把握正确行使权利、自觉履行义务”等问题时，大多数人恐怕说不太清楚。因此，这样的教学目标还不能说明确具体。如果将教学目标调整为“能够说出或写出三条以上公民的基本权利与义务,并能够用自己的语言进行解释”,则会更加明确具体。

(二)要便于操作

课时目标要具有可操作性。例如,“正确行使权利、自觉履行义务”的表述相对而言比较抽象和主观。倘若把它调整为“当出现矛盾纠纷时,知道有协商、调解、仲裁、诉讼等理性解决途径,并能够通过上述方法理性解决”的表述,就更具有可操作性。当然,这种目标的衡量评估具有一定的难度,也比较费时间和精力,但这也是指引教学的方向。

(三)要易于理解

课时目标要易于理解。例如,有些戒毒人员对法律的本质了解存在偏颇,单独强调法律规定就是义务,且对义务的理解也有较强的局限性,强调自己不会杀人、放火、偷盗等;还有的戒毒人员认为法律是高深的,自己文化水平有限,理解不了,这次犯法了,下次不犯就是了。针对可能出现的动机问题,戒毒民警在授课时要有所侧重,将提升学习动机纳入教学目标中。

(四)要贴近需求

课时目标要贴近需求。戒毒民警所制定的目标要贴近戒毒人员的所内戒治生活以及回归社会后的现实生活。在全面依法治国的总体要求下,要体现实用性。戒毒人员法治意识的培养,重点要落脚于公民守法意识方面,既区别于法律研究与法律职业需要,也区别于一般的社会普法教育。主要体现在以下三点:一是毒品本身可能导致的违法犯罪概率高,教学目标侧重于对与毒品有关的法律法规的掌握,提升戒毒人员的自觉守法意识;二是场所的安全稳定需要戒毒人员掌握戒毒场所规章制度,侧重于促使其正确行使权利,自觉维护戒治秩序;三是吸毒行为一定程度上影响了家庭和工作,需要了解与生活息息相关的婚姻家庭、继承、社会保障等相关内容,侧重于掌握法律救济途径,提升用法律维护合法权益的能力。

(五)要有所侧重

课时目标要有所侧重。戒毒人员在所内时间有限,需要学习的戒治知识、掌握的戒治技术、提升的戒治能力相对较多,要完成《教育矫正指南》规定的法律常识课程教育时间“不得少于30课时”的总要求,就要对教学目标进行细化,在有限的教学课时内,有所侧重,有所取舍。

案例3－1

一、案例介绍

下面是某位民警制定的涉及劳动与就业方面法律常识教育的课时安排与具体目标:

(一)课时安排

本课教学计划需要3课时。

(二)具体目标

1. 能够说出劳动者享有的主要权利和应承担的主要义务,了解依法维权的主要途径。

2. 能够阐述运用法律手段解决劳动纠纷的途径和形式。

3. 强化尊重规则、依法维权的意识。

二、案例评析

该目标从了解哪些知识、提高哪些能力到培养哪些意识,表述相对明确,可衡量,同时与戒毒人员出所后的生活相关联,将掌握的知识进行实际应用,具有可实现性。课时安排明确,体现时限性。如果对“强化尊重规则、依法维权的意识”再进一步明确,指导性会更强。

第二节　法律常识教育的教学内容

一、教学内容框架与知识大纲

教学内容是实现教学目标的载体和支撑,对教学目标的达成起着关键作用。根据前面对法律常识教育的教学目标分析,结合《教育矫治纲要》《教育矫正指南》对有关内容的表述,本节以法律常识课程中“学法”“尊法”“守法”“用法”四个单元主题为横向坐标,基础知识和基本意识两个方面为纵向坐标,构建法律常识教育内容体系。法律常识教育的基本内容框架如表3-2所示,法律常识教育的知识大纲如表3-3所示。

表3-2　法律常识教育的基本内容框架

单元主题	学法	尊法	守法	用法
基础知识	1. 法的价值 2. 法的作用 3. 法与社会、道德、经济等方面的关系 4. 公民权利与义务 5. 戒毒人员权利与义务	1. 法律的起源 2. 社会主义法的本质 3. 宪法概念、精神 4. 全面依法治国理论	1. 刑法相关知识 2. 治安管理处罚法相关知识 3. 禁毒戒毒法律法规 4. 场所规章制度	1. 与生活相关的法律法规部分内容 2. 法律救济途径
基本意识	1. 规则意识 2. 正确行使权利意识	1. 尊重法律 2. 崇尚宪法 3. 法律面前人人平等	1. 判断违法与犯罪行为 2. 自觉守法意识	1. 法律思维 2. 依法解决矛盾纠纷,维护自身合法权益

表3-3　法律常识教育的知识大纲

单元主题	章节内容
单元一 学法	第一章　法律价值与作用 　　第一节　法的价值 　　第二节　法的作用 第二章　法与社会、道德、经济等方面的关系 第三章　公民权利与义务关系 　　第一节　公民权利与义务 　　第二节　戒毒人员权利与义务 第四章　法律意识培养 　　第一节　规则意识 　　第二节　正确行使权利意识
单元二 尊法	第一章　法律的起源 第二章　社会主义法的本质 第三章　宪法知识 第四章　全面依法治国理论

续表

单元主题	章节内容
单元三 守法	第一章　刑法概述 第二章　刑事诉讼法概述 第三章　治安管理处罚法概述 第四章　禁毒戒毒法律法规
单元四 用法	第一章　民法典概述 　　第一节　自然人 　　第二节　物权概述 　　第三节　合同概述 　　第四节　人格权概述 　　第五节　婚姻家庭概述 　　第六节　继承概述 　　第七章　侵权责任概述 第二章　劳动法概述 第三章　社会保障法概述 第四章　民事诉讼法概述 第五章　非诉程序法概述 第六章　法律救济途径

二、教学内容安排与选用

从上述知识大纲不难看出，法律常识教育内容庞杂、覆盖面广，而30课时的教学计划安排，需要戒毒民警在认真研究教材、阅读相关参考资料的基础上，对教学内容进行合理安排和精心组织。尤其是在讲解“用法”章节时，不可能对每个部门法进行详细阐述，否则就容易头重脚轻、舍本逐末，背离了教学的初衷。在选用教学内容时，应重点把握以下三个方面。

（一）明确课程教学的目标设定

戒毒民警在选用教学内容时，应明确课程教学的目标设定。法律常识内容虽涉及面广泛、内容甚多，但对于戒毒人员来讲并不需要面面俱到。在课程目标的指引下，戒毒民警需要进一步设定单元目标、课时目标，不仅明确每个章节的具体课时安排，而且明确每节课的教学重点、难点。对于重点内容、难点知识，需要系统讲解、深入剖析；对于一般内容，可以简单介绍，也可以通过分组阅读资料、集体观看视频等方式完成。例如，帮助戒毒人员“增强守法意识”是法律常识教育的单元目标之一,而"守法"章节的内容也相对庞杂,可以从戒毒人员触法风险较高的相关知识入手,重点讲解治安管理处罚法、禁毒戒毒法律法规,从而逐步达成课时目标,充分发挥课堂教学的积极作用。

(二)考虑教学对象的实际情况

戒毒民警在选用教学内容时,应考虑教学对象的实际情况。在讲授法律常识内容之前,戒毒民警需要考虑以下几点问题:戒毒人员吸毒的原因有哪些?戒毒人员除了吸食毒品之外是否还有其他违法甚至犯罪行为?每位戒毒人员有怎样的文化程度、学习态度、个性特点?戒毒人员的家庭关系、社会交往情况如何?戒毒人员对法律法规的知晓度如何?如何提升戒毒人员对法治精神的认同度和法治实践的参与度?采用哪些易于被戒毒人员接受的知识材料?戒毒民警只有全面深入地了解教学对象的基本情况,才能恰当地精选教学内容,科学地组织教学活动。

(三)关注学科知识的发展动态

戒毒民警在选用教学内容时,应明确学科知识的发展动态。法律具有稳定性、连续性,但由于法律的制定须遵守严格的立法程序,因而法律也具有相对的滞后性。随着时代的变迁、社会的发展,法律变化也是存在的。例如,自2021年1月1日起施行的《民法典》共分为总则、物权、合同、人格权、婚姻家庭、继承、侵权责任七编,相应的物权法、合同法、婚姻法、继承法、民法通则、收养法、担保法、侵权责任法、民法总则等民事单行法律同时废止。总体而言,每隔一段时间就需要制定、修改或废止部分法律和规范性法律文件。学科知识则随之不断更新,教学内容也需要与时俱进,加之戒毒人员参与法律常识教育的落脚点在于实践应用,所以戒毒民警在选取教学内容时要紧跟时代发展步伐,及时关注相关法律内容的调整,明确教学的阶段性重点,有效地开展教学活动。

案例3-2

一、案例介绍

某位民警围绕继承的基本知识与原理设计了1课时的教案,教学目标及教学内容如下:

（一）教学目标

1. 能够在具体案例中说出哪些人享有继承权。

2. 能够辨别哪些情形将导致继承人丧失继承权。

3. 初步树立依法继承的意识，在遇到继承纠纷时能够运用法律手段加以解决。

（二）教学内容

1. 法定继承，主要包括第一顺序、第二顺序继承人，代位继承人，丧偶儿媳、女婿的继承权。

2. 遗嘱继承中的继承人，遗嘱有效的条件。

3. 继承权丧失的概念与性质，继承权丧失的几种情形。

二、案例评析

该教学设计的目标清晰具体、可衡量、可实现，具有较好的指导意义；构建的教学内容紧紧围绕教学目标，匹配度比较高，内容逻辑关系也比较严谨。需要指出的是，对戒毒人员而言，在1课时的学习时间内理解并接受上述内容可能会比较困难，可以考虑适度延长时间，或者加强预习或复习的要求。

第三节　法律常识教育的教学方法

一、教学方法的选择

教学方法，是指在一定的教育思想指导下形成的实现教学目标、完善教学任务的具体措施、手段和行动方式。教学方法的选择服从教学目标与教学内容，有什么样的目标和内容，就应该选择与之相适应的方法。除此之外，在选择教学方法时，应该考虑戒毒人员的特点、课程特色、教法与学法的关系等因素。

（一）戒毒人员的特点

一方面，戒毒人员群体对法律知识了解掌握有限，尊法、守法、用法意识不强，侥幸心理严重，法律意识淡薄；另一方面，曾经的违法行为让他们与法律之间的关系更紧密，对有关毒品犯罪的关注度明显高于一般群体，对预防犯罪的法律需求相对较强，加之他们的婚姻家庭问题明显多于一般群体，对运用法律解决现实问题的需求相对较强。

（二）法律常识课程的特色

法律常识课程与其他课程相比更强调实践性，更强调知与行的统一，学与用的统一。首先，要理解法律知识，强化法律思维，提升法律意识；其次，要在戒治生活以及回归生活中主动运用法律思维和法律知识；最后，还要强化守法意识，做合格的守法公民。

（三）教法与学法的关系

虽然教法与学法相互联系、相互影响，在一定程度上学法决定了教法，但在传统教学中，常常注重教师的言行，强调教法的选择，如讲授、案例分析或者活动体验。随着场所教育教学工作的深入推进，学法受到越来越多的关注，以学定教、以学促教等理念逐渐受到重视和认可，所以在选择教学方法的过程中，戒毒民警要将更多的精力投入戒毒人员的学习状态中，充分调动戒毒人员多感官参与的意识，充分发挥其主观能动性，引导戒毒人员在合作、体验、探究中深入学习。

二、常用的教学方法

（一）案例分析法

案例分析法是将案例讨论的方法运用到教学活动中，在戒毒民警的指导下，根据教学目标和教学内容的需要，运用典型案例，将戒毒人员带入特定事件的现场，深入角色，分析案例，以提高戒毒人员分析和解决实际问题能力的教学方法。

案例分析法是法律常识教育课程教学中最为常见的一种方法。在运用此方法时，需要注意以下四个方面：一是案例选取要适宜。既要贴近戒毒人员的生活实际，具有典型意义，也要与讲授主题有关联，甚至是密切联系。二是案例分析要精练。研讨问题的创设要由浅入深、由表及里，围绕教学目标创设有层次、有梯度的问题。三是案例归纳要自然。先由戒毒人员进行个体或者集体形式的分析讨论，戒毒民警根据学习讨论情况及时点评，调动戒毒人员参与的积极性和讨论的深入性，再对已有学习成果进行查漏补缺、提炼升华。四是案例成果要及时运用。学以致用是教育的落脚点，及时对案例分析中得出的成果经验、知识原理进行练习巩固，促使学用结合，强化法律思维。

案例3-3

下面是某位民警设计的一个案例分析活动,主要流程如下:

一、提出案例:容留他人吸毒的案例。贴近生活,具有代表性。活动方式就是让戒毒人员现场讲述案例。(为保护戒毒人员隐私,具体案例情节略)

二、问题创设:民警将戒毒人员分成5组,每组6人,分组讨论,集中总结发言。讨论题主要包括:听完案例有什么感受?容留他人吸毒的原因?你觉得容留他人吸毒该不该受到刑事处罚,理由是什么?如何才能避免容留他人吸毒?

三、总结归纳:讲解此行为的危害、犯罪构成要件,提出自我约束与拒绝的重要性。

四、具体应用:通过小组演习的形式,完成"拒绝他人共同吸毒邀请"的任务。

(二)情景模拟法

情景模拟法是根据教学目标和教学内容的需要,有针对性地设计情景,并让戒毒人员扮演情景角色,模拟情景过程,使其在高度仿真的情景中获取知识和提高能力的教学方法。

法律法规来源于生活,又规范生活,因此法律课堂可以重新回到生活。将戒毒人员在所内或所外身边曾经发生的事情在课堂上进行演绎,可以让他们有更深刻的认识。需要注意以下四个方面:一是情景设计要真实。戒毒民警要在课前结合本课目标进行情景的创设,要求设置与生活相关、与知识点相关的情景。二是情景再现要生动。戒毒民警可以通过视频、音乐、实物展示、生活事件再现、语言表达等方式进行情景再现,也可以要求戒毒人员以组为单位进行排练、表演。三是情景体验要深刻。参与者认真观看,不要过多干预,不做评价,保证课程的开放性,但要控制场面,确保不跑题和现场秩序正常。四是情景总结要及时。各小组结合表演情况进行介绍,分析总结,戒毒民警要对各组的情况进行点评,及时表扬,同时发现问题与不足,启发思考。

案例3-4

下面是某位民警设计的情景教学法的一个片段,主要流程如下:

一、创设情景:讲解规则的重要性,并由规则引出法律。结合戒毒人员中近期发生的考试作弊问题进行情景的创设。

二、呈现情景:作弊——明天要考试了,但小王没有复习好,担心自己不及格,为此会被扣分,而自己想晋级,所以制作了小纸条,方便作弊。小李发现小王在写小纸条,之后发生了什么?

三、课堂呈现:各小组选出两个人分别扮演小王和小李,将剧情编排下去,给大家排练时间为5分钟(剧情较简单,所以可以少用一些时间)。

四、分析总结:各小组就自己的故事设计理由进行说明,并分享感受,以及对自己的启发。民警评价各小组的编排、表演情况,并对个别小组出现的作弊成功问题进行启发,引导戒毒人员思考并回答"一次次的侥幸成功会助长什么"。通过讨论,进一步提升大家自觉遵守规则的重要性。

三、运用教法的注意事项

戒毒民警在授课时需要根据实际情况,针对具体的教学目标和内容,选用适宜的教学方法,从而实现"教学有法、教无定法、贵在得法",更好地完成教学任务。在法律常识教育中,常用的教学方法除了案例分析法、情景模拟法,还有讲授法、讨论法、练习法、启发诱导法、读书指导法等。在运用这些教学方法时,戒毒民警要促使戒毒人员达成以下三个方面的改变。

(一)变被动接受者为主动学习者

戒毒民警要促使戒毒人员变被动接受者为主动学习者。首先,戒毒民警要注重激发戒毒人员的主体意识,使他们明确学习目标,明白目标达成的积极意义;其次,要从与戒毒人员密切相关的生活实践和经验背景出发,拉近他们与法律法规的关系;再次,要将课前测试与课后测试、戒毒民警评价与戒毒人员自评有机结合,加强学习过程和效果的评估;最后,要布置有利于戒毒人员学习法律的环境,营造浓厚的学习氛围,促使他们主动参与到学习之中。

案例3-5

某位民警在讲授"公民权利与义务关系"一课时,课前组织戒毒人员就公民权利与义务的基础知识、基本价值观进行了测试。

判断对错：

1. 权利是天生的，从我出生开始就有权利，不在于法律是否规定。（　）

2. 既然法律规定了我有这项权利，就应该保障我行使这项权利。（　）

3. 如果我的权利是可以放弃的，那么我的义务也是可以放弃的。（　）

4. 当今中国，没有无权利的义务，也没有无义务的权利，二者不可分割。（　）

5. 法律的核心是义务。（　）

在课后，组织戒毒人员再次练习，并说明理由。这样既对学习成效进行了检测，也让戒毒人员在前后测试的对比中看到学习的效果。

（二）变个体学习为集体学习

戒毒民警要促使戒毒人员变个体学习为集体学习。戒毒民警要避免简单枯燥地讲授、留作业，可以通过课前调查、课堂互动、课后实践等形式充分利用集体的教育力量，营造整体学习的氛围。比如，布置难易程度适宜的学习任务，将戒毒人员分成若干学习小组，在规定时间内完成学习任务；专门安排时间分享小组研讨成果，引导其对研讨主题、研讨过程及研讨成果进行反思，达到双赢乃至多赢的目的。

（三）变知识学习为方法学习

戒毒民警要促使戒毒人员变知识学习为方法学习。法律常识教育的基本目标在于帮助戒毒人员掌握法律知识，更重要的目标是使他们自觉学法、尊法、守法、用法。因此，戒毒民警在教学过程中要以问题为导向，在讲解具体知识的基础上，通过有效的教学方法，引导戒毒人员树立法治意识、增强法治观念、强化法治思维。

案例3－6

某位民警在讲解“法律面前人人平等”时，要求戒毒人员按照以下模块进行逐层讨论，促使戒毒人员既学习了法律知识，又掌握了事实（Objective）—反应（Reflective）—诠释（Interpretive）—决定（Decisional）的焦点讨论法（ORID 学习法）。

O 事实(感悟)层面: 要求:请说出一个你所知道的名人或者明星吸毒的案例。	R 反应(反思)层面: 讨论:当你听到或者看到该案件时,你的第一反应是什么?
I 诠释(归纳)层面: 讨论:对于这个案例,你是怎么看的?如果案例中的主人公没有被抓,最好、最坏、最有可能的结果是什么情况?这个案例对你有什么启示?	D 决定(行动)层面: 讨论:这个案例对你有什么影响?下一步你有什么打算或者行动计划?

第四节　法律常识教育的组织实施

在教学活动的组织与实施过程中,对于课时、班组人数、资料积累等要求,《教育矫治纲要》及有关教学制度已经有了详细规定,在此不做赘述。考虑到戒毒人员个体、群体的特殊性,在组织实施课堂教学时,需要注意以下三个方面。

一、建立信任关系

在学生群体中常常会出现“因为喜欢教师而喜欢课程”的现象,在戒毒场所的教学中也是如此。承担教学任务的民警,尤其是教育矫正中心的民警,并不直接管理戒毒人员,不宜在第一节课就直接进入讲授环节,可以在课初开展一些热身活动,使戒毒民警与戒毒人员之间相互了解、相互认识,建立信任关系,进而为以后的教学活动营造良好的课堂互动氛围。

二、及时沟通回应

沟通的效果往往取决于对方的反应。在课堂教学的具体组织过程中,戒毒民警要及时关注戒毒人员在语言、非语言等方面的反应,并作出积极回应。当然,这种回应是建立在尊重、接纳、平等的基础上。对课堂表现的肯定、对讨论分享的认可以及对课后作业的批改等,都会进一步影响戒毒人员的学习积极性。

三、关注个体情况

戒毒人员群体文化程度、年龄差异很大,理解接受能力、思想认识情况非常复杂,戒毒民警要有意识地调整教学内容和教学方法,但不排除个别戒毒人员仍然一知半解，也可能有个别戒毒人员存在抵触、消极对抗、挑战权威等现象。对于这些情况，戒毒民警在课堂上要及时引导，阻断其消极影响面。同时，加强课后的个别谈话、个别辅导，了解其思想动态，做好教育转化工作。

当然，在教学组织时，戒毒民警还可以提出班训口号、学习公约、励志格言等，进一步营造积极向上的学习氛围，让戒毒人员有意愿参与到教学活动之中。

案例3－7

一、案例介绍

下面是某单位教育矫正中心民警撰写的一份法律常识教学设计，阅读后请对该案例进行评述。

推开法律之门

（一）教学目标

通过90分钟教学，了解规则的重要性，对法的概念有基本了解，理解体会到生活离不开法，法律是实现公民权利的重要保障，懂得学习法律知识的必要性与重要性。

（二）教学方法

主要运用讲授法、情景活动、体验法。

（三）教学步骤

步骤一：活动导入，感受规则

1. 活动目标：通过设计一场队列比赛，使戒毒人员体会到制定规则的重要意义，理解生活需要秩序，秩序来自规则，体会“无规矩不成方圆”的道理。

2. 体验规则：将本班人员进行分组，每组6人，共4个小组。要求各组在5分钟内以组织者的身份设计一场队列比赛。

3. 分享讨论：首先，各小组分别就自己的设计方案进行简要介绍；其次，找到共性——规则；最后，讨论制定比赛规则的重要性，列举出生活中的规则，并由戒毒民警把列举出的规则写在黑板上。

步骤二：知识讲解，规矩成方圆

1. 知识讲解：（1）规则的概念：一定的标准、法则或习惯；（2）社会生活中的规矩，是人们说话、做事所依据的标准，也就是社会成员都应遵守的行为规则。

2. 思想引导:规则在生活中无处不在,它是我们能够在戒毒场所完成戒毒康复的保障,也是我们在社会中健康生活的保障。

步骤三:规则分类,发现法律的特殊性

1. 活动目标:了解规则的种类,理解法律的不同之处,增强自觉守法的意识。

2. 互动规则:组织班级成员将黑板上各类规则依据的强制力进行分类。

3. 小结提升:规则包括自然法则、道德规范、社会规则等,法律是以国家强制力保障实施的社会规范,其国家强制力区别于其他规范。

步骤四:"头脑风暴",寻找生活中的法律

1. 活动目标:通过大家对生活中法律的了解,对中国的法律体系进行简要的概述,使戒毒人员对法律体系有最基本的了解,为下一步具体学习相关法律知识打下基础。

2. 具体讲解:中国当代的法律体系由七个部门法构成,为人们依法行使权利提供法律保障。

步骤五:案例分析,理解法律的作用

1. 提问:小王借给了小李 2 万元钱,并收到了小李出具的借条,还款日期已到,经小王多次催要,小李均以各种理由拒绝归还。小王可以通过什么方式解决纠纷?

2. 讨论:可能采取的纠纷解决途径有哪些?它们的优势分别是什么?

3. 小结提升:法律以其国家强制力来保障公民的合法权益,同时约束人们的行为,今后我们应自觉提升守法、用法意识。

步骤六:本课小结,鼓励迁移

1. 戒毒人员分享:用一句话谈一谈本课学习的感悟和体会。

2. 小结:通过本课学习,重点提升了大家自觉遵规守法的意识,旨在帮助大家推开法律的大门,为做守法公民打下基础。

步骤七:布置作业

梳理身边的规则,并对自己的规则掌握程度、规则意识进行打分(0~10 分),对自身规则意识进行评估,找出需要提高的部分。

二、案例思考

(一)如果教学设计满分是 100 分,你给上面的教学设计打多少分?

(二)简要叙述自己的评分标准,请说明你的打分理由。

提示:可以从教学目标是否合理、教学内容是否科学、教学方法是否灵活等维度进行评价。

三、案例评析

本课的教学设计主要是针对其教学目标是否可行、教学内容是否科学严谨、教学方法是否得当等方面进行评价。由此可以看出，此教学设计目标明确具体、可操作性强且与戒毒人员关联度大，是法律学习的启蒙。在内容上体现了法律的严谨性，方法参与性强。如果增加国家强制力的体验，对戒毒人员法律意识的培养效果会更明显。

■ 复习思考题

1. 简述戒毒场所法律常识教育的课程目标。
2. 简述法律常识课时目标的制定要求。
3. 试析法律常识教育“用法”单元的主要内容。
4. 运用案例教学法时需要注意哪些方面？
5. 如何有效地组织进行法律常识教育活动？

■ 本章主要参考文献

1. 姚建宗：《法律常识的意义阐释》，载《当代法学》2022 年第 1 期。
2. 姜祖桢等：《戒毒学》，法律出版社 2022 年版。
3. 新华社北京：《中央宣传部、司法部关于开展法治宣传教育的第八个五年规划（2021—2025 年）》，载中国政府网 2021 年 6 月 15 日，http://www.gov.cn/gongbao/content/2021/content_5621190.htm。
4. 司法部戒毒管理局组编：《司法行政强制隔离戒毒教育矫正实务》，法律出版社 2021 年版。
5. 全国人大常委会办公厅供稿：《中华人民共和国民法典》，中国民主法制出版社 2021 年版。
6. 郑金洲编著：《教学方法应用指导》，华东师范大学出版社 2006 年版。
7. 司法部戒毒管理局主编：《法律常识》，法律出版社 2012 年版。
8. 谢利民主编：《教学设计应用指导》，华东师范大学出版社 2007 年版。
9. 张华：《课程与教学论》，上海教育出版社 2000 年版。
10. 徐继存等：《教学论研究》，福建教育出版社 2020 年版。

第四章　思想道德教育

——| 本章摘要 |——

戒毒场所作为提高戒毒人员思想觉悟、增强戒毒人员道德意识的重要阵地，应该深入贯彻新时代公民道德建设的核心精神与基本要求。通过本章的学习，了解思想道德教育的概念，理解思想道德教育的教学目标及有关规定，领会思想道德教育的主要教学内容，灵活运用适当的教学方法，有效地组织实施思想道德教育活动。

——| 重点问题 |——

本章的重点是戒毒场所思想道德教育的概念、教学目标、教学内容、教学方法与组织实施。

第一节　思想道德教育的教学目标

法律作为"成文的道德"，是一种底线伦理；道德作为"内心的法律"，以社会舆论、风俗习惯、社会价值观念、内心信念的形式发挥约束作用。[①] 因此，法律常识教育与思想道德教育是相辅相成的关系，而戒毒场所应将两者有机结合起来，有条不紊地交错推进，使它们共同发挥育人功能。其中，思想道德教育是教育矫正工作的核心内容。思想道德教育，是指依据社会主义核心价值观要求和戒毒人员身心发展特点，有目的、有计划地提高戒毒人员思想觉悟、道德意识的系统影响

① 王秉中主编：《新编伦理学》，中国市场出版社2005年版，第260页。

活动。①

一、思想道德教育目标的有关规定及理解

大量案例研究表明，戒毒人员普遍存在人生观和价值观错位、道德情感缺失、规则意识淡薄、家庭和社会责任低下等问题，②而开展思想道德教育能够有效地帮助他们正确认识社会道德生活的规律和原则，逐渐提高思想觉悟和道德意识，强化道德自律，在某种程度上可以为社会减少不利因素、增加和谐因素。在戒毒场所中，思想道德教育是落实立德树人根本任务的关键课程，其教学目标的制定一般要考虑以下三个方面的因素。

（一）中央政府层面对公民道德的规范要求

2019 年 10 月，中共中央、国务院印发的《新时代公民道德建设实施纲要》在总体要求中明确指出，"要以习近平新时代中国特色社会主义思想为指导，紧紧围绕进行伟大斗争、建设伟大工程、推进伟大事业、实现伟大梦想，着眼构筑中国精神、中国价值、中国力量，促进全体人民在理想信念、价值理念、道德观念上紧密团结在一起，在全民族牢固树立中国特色社会主义共同理想，在全社会大力弘扬社会主义核心价值观，积极倡导富强民主文明和谐、自由平等公正法治、爱国敬业诚信友善，全面推进社会公德、职业道德、家庭美德、个人品德建设，持续强化教育引导、实践养成、制度保障，不断提升公民道德素质，促进人的全面发展，培养和造就担当民族复兴大任的时代新人"。

《新时代公民道德建设实施纲要》是对全体公民提出的道德规范要求，其中还指出要发挥各类阵地道德教育作用。因此，戒毒场所作为提高戒毒人员思想觉悟、增强戒毒人员道德意识的重要阵地，应该深入贯彻《新时代公民道德建设实施纲要》的精神和要求。

（二）司法行政戒毒工作主管部门的相关规定

《教育矫治纲要》《教育矫正指南》的相关规定是制定思想道德教育课程目标

---

① 姜祖桢等：《戒毒学》，法律出版社 2022 年版，第 271 页。

② 司法部戒毒管理局组编：《司法行政强制隔离戒毒教育矫正实务》，法律出版社 2021 年版，第 63 页。

的重要依据。在教育矫治的总体目标中,涉及思想道德教育方面的目标主要包括提升道德情操、增强社会适应能力、成功融入社会等;在教育矫正的总体目标中,涉及思想道德教育方面的目标主要包括增强道德意识、提高社会适应能力、顺利回归社会等。

《教育矫治纲要》《教育矫正指南》在具体内容部分都对思想道德教育进行了规定,即突出社会主义核心价值观等主流价值导向,“强化社会公德、职业道德和家庭美德教育,弘扬民族精神和时代精神,帮助戒毒人员确立正确的世界观、人生观和价值观,引导他们自觉抵制拜金主义、享乐主义和极端个人主义”,提倡文明礼貌、助人为乐、诚实守信、尊老爱幼、艰苦奋斗的社会主义新风尚。这些规定既是对教学内容的阐述,也隐含了若干教学目标的设定。

(三)戒毒人员的群体特征与戒治需求

大部分戒毒人员在吸毒成瘾之前,在道德意识、观念、行为等方面存在一定偏差。之后,受成瘾物质的影响,绝大部分戒毒人员存在得过且过、自制力差、责任感缺失等问题。这便导致思想道德教育成为戒毒人员康复进程中一个非常棘手的任务。倘若教学目标设定得过高,不仅戒毒人员认为遥不可及,而且从事教育矫正工作的民警也会觉得不太现实;倘若教学目标设定得过低,既不容易激发戒毒人员的学习兴趣,又不利于教育教学的组织实施。

二、思想道德教育的教学目标分析

基于上述对中央规定、主管部门、戒毒人员群体的分析,思想道德教育课程的定位是:帮助戒毒人员觉察缺失或扭曲的道德观念,逐步形成与中国特色社会主义相协调、与中华传统美德相承接、与积极健康生活相适应的思想道德观念和意识。据此,思想道德教育的课程目标是:培养戒毒人员积极健康的道德认知、道德情感、道德品质及道德行为,逐步改变消极的、偏执的、错误的道德认知与行为倾向,为戒毒康复以及正常健康生活打下良好基础。

根据戒毒场所思想道德教育目标的有关规定,为了把国家、社会、个人层面的价值要求贯穿到思想道德教育的各方面,该课程以社会公德、职业道德、家庭美德、个人品德作为着力点,引导戒毒人员确立正确的世界观、人生观和价值观。具体设置了“明大德”“守公德”“严私德”三个单元,主要教学目标如表4-1所示。

表4-1　思想道德教育教学目标一览

单元主题	教学目标
单元一 明大德	1.知识目标:了解中国道路、中国精神、中国力量的内涵;掌握“四个自信”“五大发展理念”“五位一体”总体布局、“四个全面”战略布局、“两个一百年”奋斗目标、中国特色社会主义本质特征、社会主义核心价值观的具体内容
	2.能力目标:在日常工作和社会生活中坚决拥护中国共产党领导,坚定中国特色社会主义道路,弘扬以爱国主义为核心的民族精神和以改革创新为核心的时代精神,以实际行动践行爱国主义;能够主动抵制损害社会、国家利益的行为;在日常生活中能够用公序良俗约束自己
	3.情感、态度与价值观目标:逐步把个人理想融入实现国家富强、民族振兴、人民幸福的伟大梦想之中;强化是非、善恶、美丑的辨别意识;逐步把社会主义核心价值观作为明德修身、立德树人的根本遵循
单元二 守公德	1.知识目标:理解社会公德在维护公众利益、公共秩序,维护社会稳定方面的作用;领会社会公德、职业道德的内涵
	2.能力目标:能够遵守职业道德与人际交往的基本要求,逐步提升职业素养,以公序良俗约束自己的行为,不断提升人际交往中的品行
	3.情感、态度与价值观目标:强化道德自律,自觉遵守社会规则,社会责任感不断提升;逐步摒弃好逸恶劳的陋习,追求健康向上的生活
单元三 严私德	1.知识目标:知道家庭美德和个人品德的重要性;了解家庭美德、个人品德的内涵
	2.能力目标:能够逐步正确对待和处理家庭问题;尝试通过一定的方式提高自身的道德修养,在日常生活中养成良好的品行
	3.情感、态度与价值观目标:能够尝试让美德在家庭中生根、在亲情中升华;逐步树立自尊、自信、自强、自立的观念,培养道德情感

课程目标需要通过单元目标来实现,单元目标需要每一节课来实现。因此,课时目标是最小的目标设定,其不仅直接关乎一节课的效果,也间接影响整个课程目标的达成。

案例4-1

一、案例介绍

下面是两位从事教育矫正工作的民警分别就“诚实守信”这一课时制定的课

时目标。

（一）民警甲制定的课时目标

1. 使戒毒人员明确诚信的含义，理解诚信对于自身发展和为人处世的重要意义。

2. 使戒毒人员崇尚诚信，远离虚伪欺诈，把诚信作为人与人之间相处的基本原则。

（二）民警乙制定的课时目标

1. 知识目标：知道诚实守信是中华民族的美德，能够结合生活中的具体事例和戒毒人员的生活经验，理解诚信的重要意义。

2. 能力目标：对自身或他人的行为及社会现象的诚信度具有评判能力。

3. 情感、态度与价值观目标：激发戒毒人员的诚信意识，从我做起，从小事做起，从现在做起。

二、案例思考

尝试对两位民警制定的课程目标进行评议，并从 1～10 分进行打分。1 分表示非常差，10 分表示非常好。

三、案例评析

甲、乙两位民警制定的课程目标，相对而言，民警乙的更为全面、具体、可衡量、可实现。民警甲在制定课时目标时，多用概括的词，如明确、理解、崇尚等，这些词的主观色彩比较强，在衡量性、可测性等方面比较弱。民警乙对教学目标进行了三维分类，有利于更好地把握理解，但仍可以进一步推敲和商榷。

第一，知识目标中的“知道诚实守信是中华民族的美德”，对成人而言，这个目标显得较为肤浅，因为在观念层面几乎尽人皆知；另外，知识目标中的“理解诚信的重要意义”，其实也不难，诚信是安身立命之本。

第二，能力目标中的“对自身或他人的行为及社会现象的诚信度具有评判能力”，就戒毒人员的诚信能力建设而言，反思觉察能力可能会更现实、更有针对性。换言之，戒毒人员能够对照诚信原则检视过往以及当前生活中的不诚信现象是更重要和急需的。

第三，情感、态度与价值观目标中的“从我做起，从小事做起，从现在做起”，太过笼统，大多数道德教育的内容都可以适用。如果把它调整为“在日常戒治生活中能够说真话、说实话、说到做到”的表述，可能会更有现实意义。

第二节　思想道德教育的教学内容

一、教学内容框架与知识大纲

司法部戒毒管理局统编的思想道德教材为教学内容设定提供了很好的蓝本和参考，各地在思想道德教育实践中也有很多好做法、好经验可以参考。根据之前对思想道德教育的教学目标分析，结合《教育矫治纲要》《教育矫正指南》有关内容表述、全国统编教材以及各地的成熟做法，本节对思想道德教育的内容进行了梳理，主要设置“明大德”“守公德”“严私德”三个单元。思想道德教育的基本内容框架如表4－2所示，思想道德教育的知识大纲如表4－3所示。

表4－2　思想道德教育的基本内容框架

单元主题	明大德	守公德	严私德
具体内容	实现中华民族伟大复兴的中国梦	社会公德	家庭美德
	社会主义核心价值观	职业道德	个人品德

表4－3　思想道德教育的知识大纲

单元主题	学习主题	章节内容
单元一 明大德	实现中华民族伟大复兴的中国梦	第一章　中国梦的内涵 第二章　中国梦的实现路径 第一节　走中国道路 第二节　弘扬中国精神 第三节　凝聚中国力量 第三章　中国梦　我的梦
	社会主义核心价值观	第一章　社会主义核心价值观的基本内容 第二章　社会主义核心价值观的历史底蕴 第三章　社会主义核心价值观的现实基础 第四章　社会主义核心价值观的道义力量 第五章　践行社会主义核心价值观

续表

单元主题	学习主题	章节内容
单元二 守公德	社会公德	第一章　公共生活与公共秩序 第二章　社会公德的内容与要求 　第一节　文明礼貌 　第二节　助人为乐 　第三节　爱护公物 　第四节　保护环境 　第五节　遵纪守法 第三章　自觉遵守社会公德
	职业道德	第一章　职业生活与劳动观念 第二章　职业道德的内容与要求 　第一节　爱岗敬业 　第二节　诚实守信 　第三节　办事公道 　第四节　热情服务 　第五节　奉献社会 第三章　树立正确的择业观和创业观
单元三 严私德	家庭美德	第一章　注重家庭、家教、家风 第二章　家庭美德的内容与要求 　第一节　尊老爱幼 　第二节　男女平等 　第三节　夫妻和睦 　第四节　勤俭持家 　第五节　邻里互助 第三章　树立正确的恋爱观与婚姻观
	个人品德	第一章　个人品德及其作用 第二章　个人品德的内容与要求 　第一节　爱国奉献 　第二节　明礼遵规 　第三节　勤劳善良 　第四节　宽厚正直 　第五节　自强自律 第三章　不断提升个人道德修养

二、教学内容安排与选用

教学内容是教学活动开展的重要基础。具体到某一课或某个主题的教学内容设计时，还需要戒毒民警“用教材”而不是“教教材”。一方面，戒毒民警要根据具体的教学目标、戒毒人员特点以及戒毒民警的专业积累等因素统筹考虑；另一方面，要突出思政元素、强调“三观”教育，不断激发戒毒人员内生动力，唤醒他们的道德情感，使其增强社会责任、规制社会行为。

（一）坚持思想性与政治性的统一，突出思政元素

在安排与选用教学内容时，要坚持思想性与政治性的统一，突出思政元素。思想政治教育是“一定的阶级、政党、社会群体遵循人们思想品德形成发展规律，用一定的思想观念、政治观点、道德规范，对其成员施加有目的、有计划、有组织的影响，使他们形成符合一定社会、一定阶级所需要的思想品德的社会实践活动”。[①]戒毒人员来自社会不同阶层，出生在不同的年代，文化背景各异，思想的异质性凸显。思想政治教育的实效性在于矫正戒毒人员不同的思想，通过思想教育实现政治上的统一与共识，是让不同思想在政治上达成统一的桥梁。[②] 因此，戒毒民警要组织戒毒人员学习习近平新时代中国特色社会主义思想，了解国际国内发展趋势和社会形势，引导他们厚植爱党爱国情怀，把爱国主义精神转化为积极戒治、重塑新生的动力，积极树立面对今后生活的乐观精神。

（二）坚持理论性与实践性的统一，强调“三观”教育

在安排与选用教学内容时，要坚持理论性与实践性的统一，强调“三观”教育。就本质而言，思想道德教育是帮助戒毒人员重塑正确的世界观、人生观、价值观的过程。戒毒民警要把社会主义核心价值体系融入思想道德教育教学的全过程，在方向上以社会主义核心价值体系为主导，在内容上以社会主义核心价值体系为统领，[③]不断加强马克思主义中国化最新成果教育，深入开展理想信念教育，引导戒毒人员正确认识吸毒行为，纠正“不以为耻、反以为荣”的错误思想，能够对社会现象进行善、恶、美、丑等价值评价，使其形成正确的世界观、人生观、价值观，重新规范自己的道德行为，逐渐回归到正常的人生轨道。

---

① 张耀灿等：《现代思想政治教育学》（第2版），人民出版社2006年版，第50～51页。

② 余德刚：《我国戒毒人员思想教育矫治研究》，西南财经大学2019年博士学位论文，第65页。

③ 司法部戒毒管理局组编：《司法行政强制隔离戒毒教育矫正实务》，法律出版社2021年版，第6页。

案例 4－2

一、案例介绍

下面是某戒毒场所的民警设定的“诚实守信”课时的教学内容：

（一）诚实守信的重要性及要求

1. 正确看待社会生活中的不诚信行为。

2. 真诚待人、以诚立身。

（二）诚实、隐私与“善意的谎言”

1. 诚实与隐私。

2. 诚实与“善意的谎言”。

（三）坚守诚信的绿洲

1. 坚守诚信美德。

2. 践行诚信。

二、案例思考

请简要评价该民警设定的“诚实守信”课时教学内容。

三、案例评析

如果就教学内容评析，该民警设定的教学内容似乎没有太大的问题，而且内容也比较全面，既有诚信的重要性及要求，也有对现实生活中“善意谎言”的进一步分析，还有践行承诺的内容。如果再仔细推敲，你会发现如果离开教学目标谈教学内容，很可能会“公说公有理、婆说婆有理”，因为缺乏教学目标这个标杆，很难对教学内容的优劣进行评议。如前所述，教学内容是为教学目标服务，离开服务对象谈产品很可能“空对空”，而且如果狭义地理解课时教学内容就是一节课的教学内容，那么所设定的内容给人感觉明显偏多，面面俱到很可能变成知识讲授，而“蜻蜓点水”则不会让戒毒人员产生深刻印象。因此，在安排“诚实守信”这一课的教学内容之前，需要比较全面地掌握戒毒人员在诚信方面的问题、困惑和认识，深入分析这些现象的原因和根源，制定具体明确的教学目标，这样教学内容的选择与安排才会有的放矢，才会有教育、矫正、感化的价值。

第三节　思想道德教育的教学方法

一、教学方法的选择

思想道德教育以课堂教学为主战场、主阵地，同时也包括现场讲评、个别教育、文化建设、社会帮教等形式。许多戒毒场所在开展思想道德教育活动时，都能够在统筹各类教育矫正资源的同时选择并整合多种教学方法。在此过程中，需要注意做到以下几个结合。

（一）“破”与“立”相结合

重构戒毒人员的思想道德体系，必须以破为先，以立为本，先破后立，破立结合。“破”即破除戒毒人员因吸食毒品形成的成瘾性人格、以毒品为中心的道德认知与行为习惯。“立”即通过思想道德教育，帮助戒毒人员了解中国梦的内涵，树立社会主义核心价值观理念，树立正确的人生观、世界观和价值观，树立戒毒信念，矫正偏差的认知结构，重构思想道德体系。

（二）他人案例与自身经历相结合

他人案例可以作为戒毒人员进行思想道德学习的“镜子”“手杖”“引子”。这些案例虽然源于真实事件，是戒毒人员熟悉的、感兴趣的、有参考价值的素材，但也应该进行精心设计，使之更好地为教学目标、教学内容服务。同时，也要注重从戒毒人员经历中去挖掘，引导戒毒人员分享自身的真实案例，使案例素材更加贴近生活，更具感染力和影响力，不断提高其觉察问题、分析问题、解决问题的能力。

（三）学、思、践、悟相结合

学习、思考、实践、感悟是一个有机统一、循环提升的有机整体，不断促进戒毒人员从知到行的转变提升。如中国梦我的梦、践行社会主义核心价值观、遵守社会公德、不断提升道德修养等内容，如果仅仅停留在认知层面而没有运用，几乎不会产生实际效果，关键是将这些道德要求延伸到生活中的每时每地。例如，在思想道德教学中可以结合教学周期，制定“1＋7＋N”训练计划，其中“1”是指1次集中学习，“7”是指 7 天对所学的内容进行学、思、践、悟，“N”指的是延伸到生活中的每时每地。通过学、思、践、悟的系列活动，帮助戒毒人员觉察自身存在的不足，每天看到自己的成长进步，学习动机不断被激发，思想觉悟和道德修养也持续提升。

二、单节课的教学方法

在单节课的教学中，戒毒民警要充分尊重戒毒人员的主体地位，根据不同的教学内容，灵活调整教学方法，提高教学效果。具体而言，可以安排“情境 · 问题”“体验 · 探究”“知识 · 观点”“感悟 · 启示”“践行 · 评价”等教学环节，为戒毒人员思想道德学习提供体验探究、行动实践、感悟提升的平台。

（一）情境 · 问题

戒毒民警可以选取有意义的案例来呈现戒毒人员生活中遇到的问题，通过提供问题发生的情境或生活事实，引导戒毒人员走进问题情境，激起体验和探究欲望，激发学习兴趣。

（二）体验 · 探究

针对前一个环节的情境，提出易于启发思维的问题，提示体验、探究的活动建议。此环节意在围绕学习目标，为戒毒人员展开体验、探究活动提供示例，促使戒毒人员在情感体验和主动探究的过程中，重构自己的道德人格。

（三）知识 · 观点

针对前一个环节的体验、探究，引导戒毒人员得出相应的观点和内容要点。这些基本的知识观点要体现社会主义核心价值观的导向，旨在为戒毒人员树立正确的价值观、道德观提供支持，实现知识、能力以及情感、态度与价值观的统一。

（四）感悟 · 启示

“感悟 · 启示”是为了使戒毒人员对相应内容的学习进一步升华而设置的环节。此环节鼓励戒毒人员总结自己在学习活动中的道德感悟或启示，促使戒毒人员情感、态度与价值观的升华，体现了思想道德课的开放性。

(五)践行·评价

“践行·评价”是为了使戒毒人员在学习过程中做到知行统一并培养自我评价能力而设置的环节。在这一环节中,设计与戒毒人员生活密切相关的有意义的道德践行活动和多种形式的评价内容和项目。将践行与评价放在一起,强调过程性评价和发展性评价,为戒毒人员的道德内化提供实践的依据。

上述教学环节紧密联系、相互支撑、有机连接,共同构成一个相对独立的思想道德课时教学方法体系。

第四节　思想道德教育的组织实施

从狭义层面而言,思想道德教育的组织实施是在课堂教学中,戒毒民警按照既定教学计划、教学内容,对教学运行的各个环节进行统筹协调,保障教学工作顺利进行的过程。这一工作主要由教育矫正中心负责,以课堂教学的形式进行。更宽泛的思想道德教育内容可以结合实际情况,采取专题教育、讲评教育、文化建设等形式,在各区由教育矫正中心、大队具体落实,在此不做赘述。考虑到思想道德课程的特殊性以及戒毒场所思想道德教育的艰巨性,在具体教学组织实施时要把握好以下四个要点。

一、正面导向

一方面,不回避现实生活中不道德现象甚至是丑恶行为,深入浅出地分析,旗帜鲜明地批判,帮助戒毒人员明是非、辨真伪;另一方面,坚持正面教育,积极弘扬社会主义主旋律,用先进人物、成功戒毒榜样激励戒毒人员,引导戒毒人员做负责任的公民,过积极健康的生活。

二、尊重接纳

接纳戒毒人员过往经历,引导戒毒人员坦诚自身的真实想法,营造温暖和谐的课堂氛围,让思想道德课触及戒毒人员的情绪和意志,触及内心的真实需要,进而走进戒毒人员心灵深处,达到道德教化的最终目的。

三、以人为本

要围绕戒毒人员在实际生活中存在的问题,帮助其理解和掌握社会生活的基本规范,提高社会适应能力;要分析戒毒人员心理特点,关注他们的学习兴趣、学习习惯和生活体验;要开发和利用戒毒人员的自身资源,激发他们的学习积极性;要准确定位教学起点,兼顾个体差异,注重情感体验,避免灌输说教,让戒毒人员在活动中抒发真情实感,提高道德认识水平。

四、不断优化

学无止境,教亦无止境。从事思想道德教育的民警要不断提升教学设计、课堂组织、教学反思等能力,不断提升自身的道德品德和道德修养,使思想道德教育达到"生命影响生命"的美好境界。

案例4-3

一、案例介绍

下面是某戒毒场所民警撰写的一份思想道德教学设计,阅读后请对该案例进行评述。

自　　律

(一)教学目标

1. 通过45分钟的学习,帮助戒毒人员理解自律的内涵,知道自律的重要意义。

2. 在自我认知的基础上,逐渐增强自律的能力。

3. 能够进行自我约束、自我教育,学会战胜自己,不断提高自身修养。

(二)教学方法

主要运用讲授法、讨论法、体验法。

(三)教学步骤

步骤一:走进生活,触摸心灵

1. 社会实事:"神奇"ATM,175元竟取出17.5万元。

2. 小组讨论:许霆的做法是对是错?

3. 全班交流后民警小结:在现实生活中,我们要提高自我控制的能力,抵抗不良的诱惑。

4. 知识讲解:自律的含义、具体要求、表现。

步骤二:认识自己,助我成长

1. 引导:在大家的成瘾历程中,大部分人都经历过偶吸、持续使用、滥用依赖以及戒断复吸,再戒再吸等过程,这也验证了自律不是容易的事情。而要战胜自我,就需要了解自我,知道自己的长处和不足。

2. 思考练习:写出下列思考题的答案。

(1)自己吸毒前后有哪些变化?

(2)这些变化是否导致你的思维方式、情感状态以及行为应对与吸毒前有所不同?

(3)这些变化给自己带来的影响是积极的还是消极的?

(4)这些变化对自己成功戒毒有影响吗?

(5)这是自己存在的问题吗?

3. 总结归纳:自律的前提首先是觉察、认识到问题,然后再想办法去控制它。通过分析,戒毒人员对自己存在的问题有了进一步的认识。

步骤三:战胜自我,辨析导行

1. 练习活动:小小卡片的旅行。

(1)发给每人一张卡片。

(2)每人在卡片上分别写出(要求越具体越好):

当我……的时候,需要战胜……

当我……的时候,需要战胜……

当我……的时候,需要战胜……

(3)写好以后,让每个戒毒人员的卡片一个接一个地传阅上去,收到卡片的戒毒人员有什么想说的话也可以写在卡片上。

(4)活动的过程中让自律的想法碰撞出美的火花。

2. 活动引导:活动中每个戒毒人员写出了自己需要战胜的弱点,同时看到了其他戒毒人员需要战胜的弱点。这样能够使大家更好地严格要求自己,克服和纠正自己的不足,养成良好的行为习惯。

步骤四:朗诵名言,升华情感

1. 名言:近朱者赤,近墨者黑。欲虽不可去,求其节也。出淤泥而不染。人有不为也,而后可以有为。

2. 思考:每个戒毒人员在小组内说一说自己是怎样理解这些名言的,并选派小组代表在全班发言交流。

3. 引导:培养良好的道德情操,必须注重自己的修养,增强自律的自觉性,提高自律能力。

步骤五:践行宣言,自律永伴

我的自律宣言

宣言内容	保证措施

步骤六:真诚分享,课堂小结

1. 戒毒人员分享:用一句话谈一谈本课学习的感悟和体会。

2. 小结:本节课使我们认识和了解自律,好的修养是美好生活的开端,相信我们明确了目标,树立了榜样,在亲身经历时,一定会作出正确的选择。

步骤七:布置作业,拓展延伸

作业:按照“1+7+N”训练计划。其中“1”是指本次集中学习,“7”是指用7天对所学的自律内容进行学、思、践、悟,“N”指的是延伸到生活中的每时每地。

二、案例思考

(一)如果教学设计满分是100分,你给上面的教学设计打多少分?

(二)简要叙述自己的评分标准,请说明你的打分理由。

提示:可以从教学目标是否合理、教学内容是否科学、教学方法是否灵活等维度进行评价。

三、案例评析

对于衡量思想道德教学设计优劣的标准,不同民警、不同群体可能会有所不同,但一般离不开以下几个方面:教学目标合理可行,教学内容科学严谨,教学方法新颖灵活等。根据以上标准,我们认为该教学设计的目标比较清晰,内容有梯度,教学方法体验参与性强。当然,本课的教学设计也有几个值得商榷的地方:

第一,教学目标制定方面。第2条教学目标,即“在自我认知的基础上,逐渐增强自律的能力”过于笼统:一是自我认知本身内涵非常深刻,内容也很丰富,不太可能通过一课时就实现了自我认知；二是自律的能力仍需要进一步分解，概括地表达为“提高自律能力”相对难以衡量。此外，第3条教学目标，即“能够进行自我约束、自我教育”的设定显然过高，难以在一课时中实现。

第二，教学内容安排方面。从教学设计中看到了解自我的方法步骤，但自律能力提升方面缺乏预设的内容和方法。如果自律方法仅靠戒毒人员讨论而获得，很可能会不全面、不深入。这也会导致第七个教学步骤难以达到预期效果，因为在本次集中学习期间戒毒人员可能没有理解并掌握新方法。

第三，教学环节设计方面。步骤四“朗诵名言”与步骤五“践行宣言”，与前后的知识联系不够密切，且显得比较生硬。

四、教学建议

第一，对教学目标进行再推敲，比如可以设定“参训戒毒人员理解自律在戒毒康复中的重要意义，能够归纳自身不自律的表现，学习掌握暗示法、提示卡等加强自律的方法”。

第二，在教学内容安排时，民警需要对自律在康复中的意义进行梳理，对戒毒人员不自律的表现进行归纳，对自律方法进行提炼，进而构建起层层递进的教学内容体系。

第三，在教学方法选择时，需要留出足够的时间供戒毒人员思考、讨论以及分享，进而更加全面地觉察不自律的表现，并根据个人情况运用好暗示法、提示卡等方法。

复习思考题

1. 试比较法律常识教育与思想道德教育的关系。
2. 简述思想道德教育课程目标的制定依据。
3. 简述思想道德教育的课程目标。
4. 试析思想道德教育“守公德”单元的主要内容。
5. 在选择思想道德教育的教学方法时，应注意哪几个方面的结合？
6. 思想道德教育教学活动的组织实施要点是什么？

本章主要参考文献

1. 王秉中主编：《新编伦理学》，中国市场出版社2005年版。

2. 姜祖桢等:《戒毒学》,法律出版社 2022 年版。

3. 司法部戒毒管理局组编:《司法行政强制隔离戒毒教育矫正实务》,法律出版社 2021 年版。

4. 张耀灿等:《现代思想政治教育学》(第 2 版),人民出版社 2006 年版。

5. 余德刚:《我国戒毒人员思想教育矫治研究》,西南财经大学 2019 年博士学位论文。

6. 红旗东方编辑部主编:《道德的力量》,红旗出版社 2020 年版。

7. 王瑾、丁开杰:《社会建设与和谐社会》,浙江人民出版社 2007 年版。

第五章　戒毒常识教育

本章摘要

戒毒常识教育既是激发戒毒人员内在戒毒动力的先决条件，又是戒毒康复工作深入开展的必然要求。通过本章的学习，了解戒毒常识教育的概念，理解戒毒常识教育的教学目标及有关规定，领会戒毒常识教育的主要教学内容，灵活运用适当的教学方法，有效地组织实施戒毒常识教育活动。

重点问题

本章的重点是戒毒常识教育的概念、教学目标、教学内容、教学方法与组织实施。

第一节　戒毒常识教育的教学目标

戒毒常识教育，是指根据国家关于禁毒戒毒工作的指示精神、主管部门的相关规定以及戒毒人员的实际情况，有目的、有计划地帮助戒毒人员认清毒品的基本特点和危害、切实掌握禁毒戒毒基本知识、强化戒毒动机、坚定戒毒信念的系统影响活动。[①] 很多入所初期的戒毒人员对毒品的认识主要停留在感觉经验上，对戒毒康复基本依靠主观判断，对禁毒戒毒的法律法规还存在一定的误解。如果这些偏差的感受和错误的判断得不到及时扭转，将直接导致戒毒治疗效果大打折扣，甚至会阻碍后续康复工作的开展。[②] 因此，戒毒常识教育既是激发戒毒人员内

---

① 姜祖桢等：《戒毒学》，法律出版社 2022 年版，第 273 页。

② 司法部戒毒管理局组编：《司法行政强制隔离戒毒教育矫正实务》，法律出版社 2021 年版，第 77 页。

在戒毒动力的先决条件,又是戒毒康复工作深入开展的必然要求。

一、戒毒常识教育目标的有关规定及理解

《教育矫治纲要》《教育矫正指南》的相关规定是制定戒毒常识教育课程目标的重要依据。在教育矫治的总体目标中,与戒毒常识教育密切相关的目标主要包括认清毒品危害、戒除毒瘾等;在教育矫正的总体目标中,与戒毒常识教育密切相关的日标主要包括认清毒品危害、提高拒毒能力、长时间保持操守。当然,戒除毒瘾、长时间保持操守的目标需要不同教育课程的通力合作,而不仅仅是戒毒常识一门课程的任务,且单一课程也难以胜任该任务。

《教育矫治纲要》《教育矫正指南》在具体内容部分都对戒毒常识教育进行了介绍,即“传授禁毒戒毒基本知识,帮助戒毒人员了解毒品的特性和危害,了解我国的戒毒体系、戒毒基本流程,树立戒毒信心,提高参与戒毒的自觉性和主动性”。上述规定既有对戒毒常识教育内容的阐述,也在一定程度上对戒毒常识教育的目标进行了设定,其中知识方面的目标是戒毒人员了解禁毒戒毒的基本知识、毒品的特性和危害、我国的戒毒工作体系、戒毒基本流程;情感、态度与价值观方面的目标是树立戒毒信心,提高参与戒毒的自觉性和主动性。至于能力方面并没有明确的要求。

司法部戒毒管理局统编教材《戒毒常识教育》(2012 年版)在“前言”中提到,教材以《禁毒法》《戒毒条例》为依据,通过对禁毒戒毒法规和禁毒戒毒知识的系统讲述,帮助戒毒人员进一步认清毒品的基本特点和危害,切实学会和掌握戒毒的基本常识,从而自觉接受强制隔离戒毒期间戒毒康复项目活动的安排,坚定戒毒信念,顺利戒除毒瘾,回归阳光和谐的正常生活,做一名遵纪守法、身心健康、自食其力的好公民。这里增加了“自觉接受强制隔离戒毒期间戒毒康复项目活动的安排”的目标,同样也属于情感、态度方面的目标。

近年来,戒毒场所基本上是以司法部戒毒管理局统编教材《戒毒常识教育》为蓝本开展戒毒常识教育。各地在系统开展戒毒常识教育的过程中,虽然在内容上有共同的地方,但在目标选定、内容安排、方法应用以及组织实施等方面都有一定的差异。在全面贯彻落实统一戒毒模式的大背景下,有必要厘清戒毒常识教育的教学目标,进而更好地确定戒毒常识教育内容的广度和深度,优化教学方法,规范组织实施。

二、戒毒常识教育的教学目标分析

教学目标是教学活动所要达成的预期效果与质量标准，而能否设计出有效、合理、可行的教学目标是实施有效教学的先决条件。① 虽然《教育矫治纲要》、《教育矫正指南》与《戒毒常识教育》教材以及相关文件对戒毒常识教育目标进行了规定和解读，但总体来看还不够清晰和系统。如何准确地设定好戒毒常识教育课程的教学目标呢？戒毒民警可以从戒毒常识教育时间、教育空间、教育内容等角度进行分析，进而制定戒毒常识教育的教学目标。

从教育时间来看，根据司法部印发的《戒毒模式意见》，在教育适应期，应当对戒毒人员开展认知教育，引导他们正确认识毒品的危害；在康复巩固期，也要开展戒毒知识教育。各地在开展戒毒常识教育时也大多安排在教育适应期或者康复巩固期的开始阶段，旨在为后续的戒毒治疗和矫正打下良好的基础。《教育矫正指南》提出，生理脱毒期的教育矫正内容包括身份意识教育和戒毒常识教育。这一期段的戒毒常识教育旨在“帮助戒毒人员了解戒治过程及其权利义务，明确自己要承担的戒治任务和努力方向”。在新的工作要求中，戒毒常识教育的实施时间始自戒毒人员进入强制隔离戒毒所的初期，一直延续到康复巩固期。由此可见，戒毒常识教育被视为一项长期性、基础性、持续性的工作。

从教育空间来看，不仅戒毒场所有禁毒知识的教育，在中小学、大学及社区也有禁毒知识的教育，甚至可以说整个社会都有禁毒知识的宣传和教育。中小学、大学、社区等场所开展的禁毒知识教育面向的是学生或普通大众，主要目标是普及毒品预防知识，使公民真正了解毒品对人体健康的危害，树立远离毒品的意识，提高抵制毒品的能力，培养同毒品违法犯罪行为作斗争的自觉性，侧重点是“预防”和“拒毒”。强制隔离戒毒所戒毒常识的教育对象是正在接受强制隔离戒毒的人员，他们都有或长或短的吸毒经历，因为吸毒也受到了惩罚，所以戒毒场所的戒毒常识教育更加侧重“康复治疗”和“预防复吸”。

从教育内容来看，与戒毒常识教育有所关联的主要是入所教育、法律常识教育、戒毒康复教育。入所教育涉及戒毒法律法规、所规所纪教育，其中包括学习《禁毒法》、《戒毒条例》以及《戒毒工作规定》、《戒毒人员守则》，学习强制隔离戒毒所的所规所纪；法律常识教育中也涉及吸毒行为违法性方面的讲解，戒毒康复

① 陈晓端、张立昌主编：《课程与教学通论》，陕西师范大学出版社 2017 年版，第 221 页。

教育主要讲授增强戒毒意愿、修复个性缺陷、恢复正常社会情感、拒绝毒品的知识和方法。那么,如何找出戒毒常识教育的侧重点呢?这需要抓住两个关键词——“戒毒”和“常识”,即戒毒常识教育更强调戒毒的基本知识,更侧重于毒品危害性教育和戒毒流程方法的整体性介绍。

基于上述对比分析,戒毒常识教育课程的定位是;戒毒场所在生理脱毒期、教育适应期或者康复巩固期,对戒毒人员开展的戒毒基础知识的普及性教育。其主要目标是:通过开展毒品认知教育,促使戒毒人员认识到毒品对个人、家庭和社会造成的危害,帮助戒毒人员掌握戒毒基本知识,了解我国的戒毒工作体系和基本流程,树立戒毒信心,提高参与戒毒的自觉性和主动性。具体而言,主要包括三个方面的目标:全面认识毒品的危害性;系统了解毒品的违法性;初步理解戒毒康复的基本方法。戒毒常识教育课程的目标架构如表 5－1 所示。

表 5－1　戒毒常识教育课程的目标架构

戒毒常识教育总体目标	戒毒常识教育具体目标
讲授禁毒戒毒基本知识,使戒毒人员了解毒品的特性和危害,了解我国的戒毒工作体系和基本流程,树立戒毒信心,提高参与戒毒的自觉性和主动性	毒品危害教育目标: 了解毒品的定义、类型;理解毒品的特性;理解毒品成瘾的机制;了解毒品的危害;戒毒人员改变对毒品尤其是新型合成毒品“成瘾性不强、危害性不大”等方面的错误认知;戒毒人员认同毒品成瘾者和毒品受害者的身份,激发参与戒毒的主动性
	禁毒戒毒法律教育目标: 了解我国《禁毒法》《戒毒条例》相关法律法规;了解我国禁毒戒毒政策与措施、戒毒工作体系;戒毒人员认同自身违法者的身份,转变对强制隔离措施的抵触情绪,树立戒毒的自觉性
	戒毒方法教育目标: 了解戒毒基本流程、基本治疗方法;理解戒毒的目标;知晓戒毒的资源;帮助戒毒人员树立“毒难戒,但能戒”的信心

作为戒毒康复方面的入门知识和基础内容,戒毒常识教育需要通过知识目标的实现,进而实现情感、态度与价值观目标,引导戒毒人员从“要我戒毒”到“我要戒毒”“我能戒毒”。然而,如果缺少能力目标的支撑与导向,不仅无法达到巩固知识的目标,也不能真正促进情感、态度与价值观目标的落实。因此,在戒毒常识教

育课程中,应设定以下几个方面的能力目标:戒毒人员能够结合所学的知识对吸毒的危害性有所觉察;能够对自身成瘾程度进行初步的诊断评估;能够初步制订符合个人情况的戒毒康复计划等。这些能力目标的设定,不仅对知识性的教学提出了更高要求,同时也为情感、态度与价值观的实现提供了平台。基于这样的考虑,戒毒常识教育的教学目标可以在原来基础上进一步丰富,具体教学目标如表5-2所示。

表5-2　戒毒常识教育的教学目标一览

总体目标	一级目标	二级目标	三级目标
帮助戒毒人员认清毒品危害,提升戒毒的自觉性和主动性	帮助戒毒人员明确“为什么要戒毒”	了解吸毒行为的违法性	1. 了解我国的戒毒举措和工作体系,认识吸毒行为的违法性 2. 了解强制隔离戒毒及工作流程,提升戒毒自觉性
		了解毒品特性和危害	1. 了解毒品的概念、类型、特性 2. 理解毒品成瘾的机制和过程 3. 了解毒品成瘾的症状,反思评估毒品成瘾的危害
	帮助戒毒人员明确“如何戒毒”	了解戒毒治疗的目标、方法、资源等	1. 正确认识戒毒治疗的目标 2. 了解戒毒治疗的方法 3. 寻找戒毒治疗的资源,树立戒毒信心

第二节　戒毒常识教育的教学内容

一、统编教材的内容框架

司法部戒毒管理局统编教材《戒毒常识教育》(2012年版)选取了毒品特性、毒品危害、禁毒斗争等方面的材料,设置了10课40个专题的内容(见表5-3)。从内容设置上看,戒毒常识教育内容可以分为四个部分,即毒品危害教育(第一课:毒品特性;第二课:毒品危害)、禁毒戒毒相关历史(第三课:禁毒斗争;第四课:禁毒名士)、禁毒戒毒举措(第五课:禁毒方略;第六课:戒毒举措)和戒毒的方法(第七课:生理脱毒;第八课:心理戒瘾;第九课:戒毒范例;第十课:走向新生)。这四个部分既有专题讲座的特点,又是一个有机联系的整体,对场所教育具有很好的参考价值。

表 5 – 3　《戒毒常识教育》的教材内容框架

第一部分 毒品危害教育	第一课　毒品特性	一、毒品的界定
		二、毒品类型、特性及常见的毒品
		三、传统毒品与新型毒品
		四、毒品致瘾的机理
		五、吸食毒品的生理和心理表象
	第二课　毒品危害	一、毒品的严重危害性
		二、吸毒引发感染艾滋病等传染性疾病
		三、毒品泛滥趋势
第二部分 禁毒戒毒相关历史	第三课　禁毒斗争	一、我国历史上的禁毒斗争
		二、当代禁毒战争
		三、世界禁毒现状
	第四课　禁毒名士	一、我国清代的禁毒英雄——林则徐
		二、近代禁毒志士——冯玉祥
		三、当代民间禁毒名士——李继东、贺元英、孟进生
		四、身边的禁毒人士
第三部分 禁毒戒毒举措	第五课　禁毒方略	一、从古到今对吸毒行为的惩戒
		二、对毒品犯罪的惩处
		三、禁毒国策方略
	第六课　戒毒举措	一、开展戒毒工作的重要性
		二、我国戒毒举措和工作体系
		三、戒毒工作基本格局和强制隔离戒毒
		四、戒毒人员的权利和义务

续表

第四部分 戒毒的方法	第七课　生理脱毒	一、毒瘾的形成
		二、生理脱毒
		三、生理脱毒的基本方法
		四、生理脱毒方法的选择和治疗时间的把握
		五、树立正确的生理脱毒戒毒理念
		六、脱毒期间的体能康复训练
	第八课　心理戒瘾	一、何为心瘾
		二、心瘾特征
		三、心瘾治疗和心理康复的主要方式
		四、戒除心瘾心理康复的训练方法
		五、心瘾治疗和心理康复效果的评估
	第九课　戒瘾范例	一、强制隔离戒毒自我诊断评估
		二、戒毒成功范例
	第十课　走向新生	一、走向成功戒毒的因素
		二、拒毒和抗击复吸技巧的掌握与运用
		三、要主动争取家庭、社区的接纳和信任
		四、融入社会，阳光、和谐、快乐地生活

二、教学内容的完善要点

随着形势发展，特别是司法部《教育矫治纲要》《戒毒模式意见》《教育矫正指南》的相继出台，原有教材的内容已不能完全满足当前戒毒治疗的需要，有必要对原有的教材进行重新梳理和完善。在具体的教育教学实践中，可以在参考统编教材的基础上，根据场所特点和戒治需求，对教学内容进行调整、补充和完善。戒毒常识教育的教学内容完善要点如表 5－4 所示。

表 5－4 戒毒常识教育的教学内容完善要点

单元主题	内容完善要点
毒品危害教育	1. 在毒品基本知识方面，增加如何区分毒品和药品方面的内容；常见毒品介绍方面，适当增加新型合成毒品的介绍，涉及最新的毒品类型、新精神活性物质、多药滥用等方面的知识内容 2. 毒品危害性方面，根据不同毒品的情况加以区别，增加新型合成毒品的危害性内容（目前大多是传统毒品危害的图片）；增加科学实证的内容，更具有说服力。比如，增加吸毒对大脑的伤害、毒驾及其危害等方面的案例 3. 成瘾机制方面的内容比较专业，也尚未有定论，适当介绍即可，可适当增加成瘾过程及规律、毒品成瘾诊断和成瘾症状评估等方面的内容，有利于帮助戒毒人员深入了解毒品对自身的危害性
禁毒历史教育	1. 当前中国禁毒形势和世界禁毒形势都已经发生了比较大的变化，可以根据最新的情况更新内容 2. 对于部分戒毒人员提出的某些国家放松毒品管制、毒品合法化倾向和行动，要有明确的反对态度和相应的佐证理由；增加新的禁毒技术发展内容，如毛发验毒、污水验毒技术等 3. 关于禁毒名士的知识内容，可以适当调整，增加对当代社会禁毒战线涌现的先进人物以及身边的禁毒人士的介绍
禁毒戒毒法律教育	1. 在介绍强制隔离戒毒工作流程等方面的知识时，要与时俱进，注重内容更新，强调当前全国统一司法行政戒毒工作基本模式的介绍，突出四期四区、五大专业中心、科学戒治理念方面的内容 2. 在讲解《禁毒法》《戒毒条例》《戒毒工作规定》的基础上，可以介绍本地区颁布执行的禁毒条例。例如，2016 年 3 月 1 日起施行的《广东省禁毒条例》，2021 年 10 月 1 日起施行的《北京市禁毒条例》，2022 年 5 月 1 日起施行的《浙江省禁毒条例》等，帮助戒毒人员系统了解从国家到地方层面的禁毒戒毒法律法规
戒毒方法教育	1. 增加统一戒毒模式背景下四期四区的戒治基本流程和方法；增加戒毒场所自身的优势戒治项目、内容与方法 2. 在科学性、准确性的前提下，适当介绍通用的、公认的戒毒方法

在教育矫正总体目标的指引下，戒毒常识教育的内容也可以从不同角度或者根据不同逻辑关系进行构建。比如，从“为什么要戒毒”和“如何戒毒”两个模块进行设计。“为什么要戒毒”主要从毒品的违法性、危害性、成瘾性和耐受性四个方面的特性切入，匹配毒品基础知识、毒品的成瘾机制和过程、禁毒戒毒政策法规、强制隔离戒毒工作流程等内容，帮助戒毒人员结合自身吸毒经历理解毒品的危害，从物质使用状况、生理状况、心理症状、社会功能等多方面评估吸毒行为给

自身、他人、社会带来的伤害，初步激发他们的戒毒动机和自觉性。在此基础上，引入“如何戒毒”的思考，匹配戒毒治疗的目标、方法路径和资源，帮助戒毒人员理解戒毒治疗的具体目标，认识到戒毒需要科学的方法，戒毒需要调动内外资源，从而明确戒毒的方向，树立戒毒信心。戒毒常识教育的基本内容框架如表 5－5 所示。

表 5－5　戒毒常识教育的基本内容框架

为什么要戒毒?	第一章　毒品概述	第一节　毒品的概念、类型、特性
		第二节　毒品的成瘾机制和过程
		第三节　毒品成瘾的诊断和评估
	第二章　戒毒举措	第一节　我国的禁毒戒毒政策和戒毒工作体系
		第二节　强制隔离戒毒概述和工作流程
如何戒毒?	第三章　戒毒治疗	第一节　戒毒治疗的目标
		第二节　戒毒治疗的路径和方法
		第三节　戒毒治疗的资源

当然，依据《教育矫正指南》的相关规定，结合戒毒人员特点和场所工作实际，戒毒民警需要在生理脱毒期、教育适应期或者康复巩固期开展不同内容的戒毒常识教育，从而达成不同戒治阶段的教学目标。戒毒常识教育的期段教学内容安排如表 5－6 所示。

表 5－6　戒毒常识教育的期段教学内容安排

戒治阶段	教学目标	教学内容
生理脱毒期	帮助戒毒人员了解戒治过程及其权利义务，明确自己要承担的戒治任务和努力方向	1. 强制隔离戒毒相关制度 2. 强制隔离戒毒工作流程
教育适应期	引导戒毒人员正确认识毒品危害，了解强制隔离戒毒的性质、目的、内容、法律效力，激发戒毒动机，明确戒毒目标和方向	1. 毒品危害教育 2. 禁毒戒毒法律法规教育
康复巩固期	传授禁毒戒毒基本知识，帮助戒毒人员了解毒品的特性和危害，了解我国的戒毒体系、戒毒基本流程，树立戒毒信心，提高参与戒毒的自觉性和主动性	1. 毒品危害教育 2. 禁毒历史教育 3. 禁毒戒毒法律教育 4. 戒毒方法教育

随着对毒品科学研究的不断深入,尤其是对新型合成毒品认识的不断深化,戒毒治疗体系也在不断完善。戒毒民警要关注其中的进展和变化,不断丰富教育教学内容。当然,戒毒常识教育中有些不变的“常识”,像毒品危害性、成瘾机制、戒毒治疗的规律等属于“常理”,要注意把握住基础性、规律性的内容。在开展戒毒常识教育过程中,可以根据本所戒毒人员构成情况、吸食毒品类型等,科学安排教育内容,进一步增加教育矫正的针对性。

第三节　戒毒常识教育的教学方法

教学方法是实现教学目标、提高教学质量的重要途径,而选择恰当的教学方法,优化教学结构,是戒毒民警课前必须做好的一项工作。在开展戒毒常识教育过程中,课堂教学是传播知识、提升能力、转变价值观念的主渠道,教学方法也更加多样丰富。就戒毒常识课程而言,常用的教学方法主要有讲授法、案例分析法、讨论法。

一、讲授法

讲授法是最基本的教学方法之一,根据不同情境和目的可以分为讲述、讲解、讲演等不同形式。讲述侧重于教学内容的描述;讲解主要针对一些复杂的问题、概念、定理和原则进行解释、说明、分析;讲演主要是就教材中的某个专题进行有理有据的论说。戒毒常识教育在内容方面涉及大量的毒品知识、禁毒戒毒方面的法律法规。在学习这些内容时,戒毒民警要注意将概念讲清楚、说明白,讲述的事实或者案例要简明扼要。对于毒品成瘾的概念、原理、诊断和评估等较为抽象的概念,讲解时注意与戒毒人员的已有经验进行联结,针对其偏激观念、偏差认识进行阐述和纠正。

二、案例分析法

案例分析法不仅在法律常识课程中经常使用,在戒毒常识课程中也有重要的地位。一方面,教育教学过程中讲述他人的吸毒戒毒案例,促使戒毒人员积极思考“要不要戒、能不能戒、如何去戒”等问题,进而理解毒品的违法性、危害性、成瘾性和耐受性。另一方面,培养戒毒人员开放心态,促使他们积极挖掘自身资源,将自己的过往经历以及今后的设想打算作为讨论分享的案例,在感悟体验、思考分享、练习运用的过程中,不断坚定戒毒决心,找准戒毒方向,走好康复之路。

三、讨论法

讨论法是学生在教师指导下为解决某个问题而进行讨论,辨明是非真伪以获取知识的方法。在教学实践中,很多民警常常把戒毒常识的教学视为单向的知识传授,把自己认为正确或者教材上介绍的内容进行高密度的输出。从表面上看,这种模式似乎比较高效,但实际的学习效果往往不太理想。讨论法不像传统的讲授法那样直接给出知识,而是引导戒毒人员在思考讨论问题的基础上去探索、感悟,以便充分发挥他们参与教学活动的积极性,取得良好的教学效果。但需要注意的是,在组织教学过程中讨论的问题要具有吸引力,讨论时要善于启发戒毒人员自由发表意见,讨论结束后戒毒民警应及时进行小结与评价,把所讨论的知识点条理化、系统化,对戒毒人员后续学习提出针对性建议。

案例 5－1

一、案例分析

帮助戒毒人员认清毒品的危害,不仅需要民警讲授有关知识,更为重要的是引导戒毒人员回顾成瘾历程,促使其觉察、感悟、认同。为此,某戒毒场所民警准备以“我有瘾吗”为主题,开展一次集体授课,帮助戒毒人员进一步认识毒品的危害。主要设计如下:

步骤一:情况介绍

1. 案例情况:一名成瘾者的心路历程(具体案例略)。

2. 讨论:案例的当事人有没有毒品成瘾,你的判断依据是什么?

3. 小结:判断毒品成瘾的主要标准和依据。

步骤二:自我评估

1. 过程:发放《酒精、烟草和精神活性物质使用相关问题筛查量表》《阿片类物质依赖诊断标准》《苯丙胺类物质依赖诊断标准》,引导戒毒人员根据强戒前三个月内自己的实际情况进行判断评估,发现自身因使用毒品而存在的危险行为及问题。

2. 讨论:对照诊断评估标准,你认为自己有瘾吗?为什么?

3. 小结：不同物质成瘾的诊断标准及测评量表。

步骤三：问卷调查

组织戒毒人员填写个人吸毒史调查问卷表，主要调查问题如下：

1. 吸毒前个人的工作生活。

2. 第一次接触毒品的情况。

3. 第一次使用毒品后，持续使用的情况。

4. 什么时候发现自己有瘾？

5. 自己是否主动戒毒？当时是怎么做的？保持了多长时间？

6. 保持一段时间操守后，因为什么事情或者原因偶吸了一次？偶吸以后你怎么想的，怎么做的？

7. 被强制隔离戒毒前，你的物质成瘾情况？

步骤四：进行症状评估

主要评估表如下：

1. 生理症状评估

<table>
<tr><td>项目</td><td>有或无</td><td colspan="2">具体情况</td></tr>
<tr><td>耐受性</td><td></td><td colspan="2"></td></tr>
<tr><td>戒断综合征</td><td></td><td colspan="2"></td></tr>
<tr><td>稽延性症状</td><td></td><td colspan="2"></td></tr>
<tr><td colspan="2">吸毒前身体健康状况自评</td><td colspan="2"></td></tr>
<tr><td colspan="2">吸毒后身体健康状况自评</td><td colspan="2"></td></tr>
<tr><td>项目</td><td>有或无</td><td>如有，是什么情况或症状</td><td>备注</td></tr>
<tr><td>急性中毒</td><td></td><td></td><td></td></tr>
<tr><td>慢性中毒</td><td></td><td></td><td></td></tr>
<tr><td>躯体并发症</td><td></td><td></td><td></td></tr>
</table>

2. 心理症状评估

项目	有或无	如有，具体是什么情况
心理依赖		
想法的变化		

续表

项目	有或无	如有,具体是什么情况
情绪的变化		
行为的变化		

3. 社会功能评估(以1~10打分,1分表示非常差,10分表示非常好)

项目	吸毒前的分值(1~10分)	吸毒后的分值(1~10分)	简述理由
家庭关系			
人际关系			
经济收入			

步骤五:反馈与总结

1. 讨论:分享自己的评估情况,其他戒毒人员及民警作出反馈。

2. 小结:自我诊断评估的要点和注意事项。

二、案例思考

请简要评价上述教学设计,并简述理由。

三、案例评析

先用案例引导戒毒人员认识毒品成瘾,再将筛查量表引入课堂,增强了教学的科学性;针对使用不同类型毒品的戒毒人员,分别使用阿片类和苯丙胺类药物依赖诊断标准,增强了针对性;症状评估表引导戒毒人员全方位、多维度评估吸毒上瘾行为对自身的影响,将毒品危害性落实到具体个人的身上,认识会更深刻。需要推敲和值得商榷的三点在于:一是可以把第三步问卷调查放在诊断评估之前,使课程内容依次为通过他人案例理解药物成瘾、问卷调查分析自身成瘾情况、对照标准诊断评估,这样逻辑关系更严谨,戒毒人员也更好理解。二是本教学设计没有具体的课时安排,考虑到本课知识的重点与难点较多,建议要保证足够的课时量,至少要保证2个课时以上。三是民警事先要进行充分的准备,戒毒人员的讨论和互动绝不是“放羊”,必须把整个讨论的步骤环节设计清楚,把每个环节的注意事项想明白,对戒毒人员学习过程中可能出现的困惑、问题要有充分预案,进而保证教学活动顺利进行。

第四节　戒毒常识教育的组织实施

《教育矫治纲要》对戒毒常识教育课程的组织实施进行了原则性的规定，如不少于30个课时；实行小班教学，每班不超过50人；合格率达到80%以上。在具体组织实施的环节上，需要从教育对象选择、教育组织管理、教育活动形式等诸多方面加以考虑，因地制宜。

一、教育对象选择

在教育对象选择方面，原则上说，所有戒毒人员均应参加戒毒常识教育，除非患有严重疾病等不能正常参加的情况。参加学习的戒毒人员都应参加戒毒常识教育考试，当然也应根据具体情况，如文盲可以不安排考试或者是安排进行口试。

二、教育组织管理

在教育组织管理方面，戒毒常识教育以禁毒戒毒基本知识、戒毒工作体系与戒毒流程、戒毒动机与戒毒方法教育等为基本内容。戒毒场所可以针对本单位戒毒人员的特点，自编或购买补充教材，供戒毒人员学习使用。根据实际情况，教育矫正中心通常组织戒毒人员在教育适应期或康复巩固期系统接受戒毒常识教育，以戒毒人员进入教育适应期或康复巩固期的时间编班。课程结束后，由教育矫正中心统一组织考试，试卷由教育矫正中心命题、分发与批阅。考试合格率要求达到80%以上。

三、教育活动形式

在教育活动形式方面，戒毒民警经常通过课堂教学、讲评教育、分类教育、个别教育、专题教育、文化建设、亲情帮教、社会帮教等方式，不断深化教育矫正内容。戒毒常识教育当然也需要综合运用多种方式、方法。其中，教育矫正中心主要通过课堂教学的形式开展工作，既有课前教学计划、课中组织实施、课后考核评估，也有教学时间、场地、内容、师资的落实。大队民警可以在班组活动中开展戒毒常识教育，也可以从毒品知识、禁毒戒毒法律法规等方面开展个性化的戒毒常识教育。戒毒场所从文化建设的角度，围绕戒毒文化主题，在设施建设、环境营造中开展禁毒戒毒教育,力求体现戒毒工作理念和特色,充分发挥环境育人的功能。此外,通过邀请戒毒专家、戒毒成功人士来所帮教,举办报告会、演讲会、座谈会、辅导讲座、知识竞赛、作品展示等形式开展戒毒常识教育,不断为戒毒人员强化戒毒动机、坚定戒毒信念提供精神动力和智力支持。

案例 5-2

一、案例思考

下面是某单位教育矫正中心的民警撰写的一份戒毒常识教学设计,阅读后请对该案例进行评述。

初识药物成瘾

(一)教学目标

1. 通过45分钟的学习,大部分戒毒人员能够了解“瘾”的含义、毒品与精神活性物质的区别、毒品的概念,科学认识药物成瘾。

2. 通过课堂学习,大部分戒毒人员能够说出药物成瘾给自己带来的感受,体会成瘾的危害性和违法性。

(二)教学方法

主要运用讲授法、讨论法。

(三)教学流程

步骤一:新课导入

1. 看一看:十大糟糕的瘾。民警展示10张图片,分别是:10. 消极情绪;9. 科技;8. 赌博;7. 网络;6. 食物;5. 购物;4. 烟草;3. 工作;2. 酒精;1. 毒品。

2. 提问:大家看到这10张图片,它们有什么内在的联系吗?

3. 小结:对,不管是科技、网络抑或是赌博、烟酒,都是容易让我们上瘾的事物。今天我们就一起走进和瘾相关的话题:《初识药物成瘾》。

步骤二:瘾是什么

1. 想一想:你所知道的“瘾”有哪些?

2. 小结:广义上的瘾,是指对某个人、事、物的特殊兴趣和癖好。广义上的瘾,泛指程度较深的兴趣爱好,既包括积极健康的兴趣爱好,也包括消极不良的嗜好。狭义上的瘾,一般指不良的、消极的甚至是病态的嗜好,在成瘾医学上也称为依赖,一般会表现出一组认知、行为和生理症状群,明知有问题但仍继续使用。其主要包括两类:一类是物质成瘾,也称为药物成瘾,如烟、酒、麻醉药品、精神药品等;另一类是行为成瘾,如赌博、暴食、上网、购物等,甚至包括工作、运动等活动。

步骤三:哪些物质容易“上瘾”

1. 贴一贴

(1)活动:就你所知,容易“上瘾”的物质有哪些?每组写出自己的答案,贴在成瘾物质的框中。

(2)小结:容易成瘾的物质统称为精神活性物质,简称成瘾物质或药物,是指源于体外、能够影响人类精神活动(如思维、情绪、行为)并能使用药者产生依赖的所有化学物质。根据精神活性物质的药理特性,主要分为以下几类:中枢神经系统抑制剂、中枢神经系统兴奋剂、阿片类物质、致幻剂、挥发性溶剂、烟草等。

2. 想一想

(1)思考讨论:你觉得下面观点对吗?说一说你的理由。

观点一:精神活性物质都是毒品。

观点二:毒品都是精神活性物质。

(2)小结:我们常说的毒品基本上都是精神活性物质,但精神活性物质不一定都是毒品。毒品是一个社会学的概念,是指法律规定的具有很强成瘾性,并禁止使用的精神活性物质。

3. 选一选

(1)活动:从刚才贴出来的成瘾物质中,你认为哪些是毒品,请选出来?

(2)小结:分析我国《刑法》第357条关于毒品的概念。这个概念表明了毒品的三大特征:一是物质特征,它具有成瘾性;二是本质特征,它具有危害性;三是法律特征,它具有违法性。那么,如何区分这些药品与毒品呢?一是使用目的不同;二是使用程度不同;三是对人体的结果不同。可见,大多数精神活性物质,用于医疗则为精神活性药品,用于非医疗则可转化为毒品。

步骤四:药物成瘾是什么

1. 练习

(1)以“药物成瘾是____”造句,谈谈你对药物成瘾的观点。

(2)如果将毒瘾比喻成一种“动物”,你认为是什么?简要说明理由。

2. 小结

(1)成瘾相关的药物使用行为是违法行为。

(2)药物成瘾是一种慢性的脑部疾病,主要表现在:成瘾的核心症状是失控;药物成瘾导致各种不良心理社会问题;成瘾与其他精神障碍共病率高。

总之,滥用药物的行为本身是违法行为,往往会导致严重的脑部疾病。由此导致成瘾者也会具有双重身份,一方面是违法者,另一方面是特殊病人。

步骤五:本课总结

1. 戒毒人员分享:谈谈对本课学习的感悟和体会。

2. 总结:通过学习,我们较为科学、全面地认识了毒品和药物成瘾,这为我们之后了解药物成瘾原因、机制及其危害奠定了认识基础,迈开了科学戒瘾的第一步。

步骤六:课后作业

戒毒人员围绕"药物成瘾是什么"这个主题画一幅简笔画,可以附文字简要说明。

二、案例思考

(一)如果教学设计满分是100分,你给上面的教学设计打多少分?

(二)简要叙述自己的评分标准,请说明你的打分理由。

提示:可以从教学目标是否合理、教学内容是否科学、教学方法是否灵活等维度进行评价。

三、案例评析

从教学目标看,两个目标明确具体,对教学内容起到了较好的指向作用;教学内容之间比较连贯。教学内容的呈现方式灵活生动,通过"看一看""想一想""贴一贴""选一选"等活动,一方面可以让戒毒人员参与进来,增强了民警与戒毒人员之间的互动;另一方面调动了戒毒人员自身的经验和体验,这些经验和体验与知识性的内容互为补充,形成良性的互动。需要注意的是,民警在教学中要把握戒毒常识中基础性的、规律性的内容。在戒毒人员分享的基础上要正确引导,保证科学性。

■ 复习思考题

1. 简述戒毒常识教育的概念。

2. 列举强制隔离戒毒所中开展戒毒常识教育的期段。

3. 简析戒毒常识教育的课程目标。

4. 试述戒毒常识教育的期段教学内容安排。

5. 试述戒毒常识教育课堂中常用的教学方法。

■ 本章主要参考文献

1. 姜祖桢等:《戒毒学》,法律出版社 2022 年版。

2. 司法部戒毒管理局组编:《司法行政强制隔离戒毒教育矫正实务》,法律出版社 2021 年版。

3. 陈晓端、张立昌主编:《课程与教学通论》,陕西师范大学出版社 2017 年版。

4. 司法部戒毒管理局组编:《戒毒常识教育》,法律出版社 2012 年版。

5. 胡庆芳:《优化课堂教学:方法与实践》,中国人民大学出版社 2014 年版。

6. 李政涛:《教育的常识》,华东师范大学出版社 2016 年版。

7. 郑金洲编著:《教学方法应用指导》,华东师范大学出版社 2006 年版。

8. 朱丽:《如何运用教学方法》,华东师范大学出版社 2014 年版。

第六章　心理健康教育

本章摘要

心理健康教育是戒毒场所课堂教学的重要内容，对帮助戒毒人员戒毒康复起着重要的作用。通过本章的学习，了解心理健康教育的概念、戒毒人员心理健康的基本标准，理解心理健康教育的教学目标及其有关规定、课程内容设置的原则要求，领会心理健康教育的主要教学内容，灵活运用适当的教学方法，有效地组织实施心理健康教育活动。

重点问题

本章的重点是戒毒场所心理健康教育的概念、教学目标、教学内容、教学方法与组织实施。

第一节　心理健康教育的教学目标

心理健康是健康不可分割的重要方面，主要指心理的各个方面及活动过程处于一种良好或正常的状态。在这种状态下，个体能够良好地适应外部环境，充分发挥身心潜能。心理健康教育，是指根据戒毒人员心理活动的特点和规律，有目的、有计划地帮助戒毒人员改善不良情绪、克服心理障碍、恢复心理健康、增强社会适应能力的系统影响活动。① 众多调查显示，戒毒人员群体普遍存在心理健康水平低、心理调节能力弱、心理健康意识差等问题。这些既是心理健康教育过程

---

① 姜祖桢等：《戒毒学》，法律出版社2022年版，第274页。

中的困难和不利因素,也为心理健康教育提供了实践平台和发展空间。①

一、戒毒人员心理健康的基本标准

心理健康标准作为心理健康概念的具体化,是心理健康量表制定、心理健康评估、心理健康教育目标以及内容体系构建的前提和基础。

心理健康不同于身体健康,很难有统一的、精确的、易于度量的指标。国内外学者从各自不同的社会文化背景、立场观点、研究方法出发,对心理健康标准进行了不同的归纳与分析。例如,第三届国际心理卫生大会的标准:第一,身体、智力、情绪十分协调;第二,适应环境,人际关系中能彼此谦让;第三,有幸福感;第四,在职业工作中,能充分发挥自己的能力,过有效率的生活。② 美国心理学家马斯洛与密特尔曼的心理健康标准:第一,有足够的自我安全感;第二,能充分了解自己,并对自己的能力作出恰当的评价;第三,生活目标切合实际;第四,不脱离周围现实环境;第五,能保持人格的完整与和谐;第六,具备从经验中学习的能力;第七,能保持良好的人际关系;第八,能适度地表达和控制自己的情绪;第九,在符合团体要求的情况下,能适度地发挥自己的个性;第十,在不违背社会规范的前提下,能适度地满足个人的基本需要。③ 王登峰与张伯源的心理健康标准:第一,了解自我,悦纳自我;第二,接受他人,善与人处;第三,正视现实,接受现实;第四,热爱生活,乐于工作;第五,能协调与控制情绪,心境良好;第六,人格完整和谐;第七,智力正常,智商在 80 分以上;第八,心理行为符合年龄特征。④

根据国内外学者关于心理健康标准的研究成果,结合戒毒人员的特殊性,在衡量戒毒人员个体心理状态是否健康、心理功能是否正常时,需要考虑以下五项基本标准:第一,有正确的自我认知,思维方式理性正常;第二,能够调节和控制自己的情绪,情感表达恰如其分;第三,行为协调,言行表里一致,有完整的人格;第四,有一定的社交能力,与人交往适度,能理性地认识和处理人际关系;第五,正确认识和评价社会,能够适应戒毒场所环境,具有一定的耐受力和抗挫力。

---

① 司法部戒毒管理局组编:《司法行政强制隔离戒毒教育矫正实务》,法律出版社 2021 年版,第 91 页。

② 余毅震主编:《医学心理学》,华中科技大学出版社 2020 年版,第 139 页。

③ 卢文学、姜红娟、罗尔曼:《新世纪青少年心理健康教育新概念》,西藏人民出版社 2001 年版,第 29 ~ 30 页。

④ 王登峰、张伯源主编:《大学生心理卫生与咨询》,北京大学出版社 1992 年版,第 4 ~ 6 页。

二、心理健康教育目标的有关规定

在《教育矫治纲要》中，与心理健康教育密切相关的目标主要包括改善不良心理、增强社会适应能力、戒除毒瘾、成功融入社会等。然而，《教育矫治纲要》对心理健康教育在内的诸多课程目标并未进行专门阐述，仅在具体内容部分对心理健康教育进行了规定，即“组织戒毒人员学习心理健康基本知识，了解场所心理咨询工作的基本流程，帮助戒毒人员分析吸毒的心理根源，掌握调控情绪的方法，改变错误认知，学会正确归因，提高应对压力和挫折的能力，学会与人沟通，建立和谐的人际关系”。当然，这样的规定既是对教学内容的阐述，也隐含了若干教学目标的设定。

目前，各地开展的心理健康教育在内容上有共通之处，但在教学目标设定、内容取舍、方法选择以及组织实施等方面都有一定的差异，各有侧重。在全面贯彻落实统一戒毒模式的大背景下，有必要界定、厘清心理健康教育的教学目标，进而为教学组织考评、师资培养等工作提供指引和参考。

三、心理健康教育的教学目标分析

戒毒场所的心理健康教育是在特殊场所、针对特定人群组织的教育活动。如要找准它的特殊目标，需要从教育时间、教育空间、教育内容等多个维度进行比较分析，进而给心理健康教育进行定位。

从时间角度看，戒毒场所的心理健康教育可以在教育适应期、康复巩固期、回归指导期开展。在教育适应期，心理健康教育的主要目标是帮助戒毒人员适应场所环境以及戒毒生活。在回归指导期，心理健康教育的主要目标是帮助戒毒人员做好回归前的心理准备，如个体调适、家庭关系修复、积极适应社会等。鉴于目前司法部戒毒管理局统编的入所教育教材以及回归社会指导教材已经阐述了教育适应期、回归指导期两个特殊时段的心理调适知识与技能，所以心理健康教育对上述内容不再赘述，重点突出康复巩固期心理健康方面的教育引导。

从空间角度看，戒毒场所有心理健康教育，中小学、职高乃至大学、成人教育等教育机构也都有心理健康教育。这些机构对心理健康教育目标的设定，主要根据国家的教育方针、部门的任务性质以及教育对象群体的特征需求等因素进行设定。例如，中学心理健康教育的主要目标是“培养学生健康的心理素质，使学生具有良好的个性心理品质，适应复杂多变的现代社会环境，成为时代新人”。因此，戒毒场所的心理健康教育也应根据戒毒场所的特殊任务(帮助戒毒)、戒毒人员的特殊情况(药物成瘾者)设定有针对性的教育目标,即帮助戒毒人员树立心理健康意识、觉察心理问题、掌握心理调适的方法,最大限度地预防复吸。

从教育内容看,与心理健康教育几乎同时开展的还有诸多的教育课程、康复训练项目,与心理健康教育关系比较密切的课程内容主要是戒毒康复教育和心理康复训练。《教育矫治纲要》规定,戒毒康复教育的主要内容包括"传授增强戒毒意愿、修复个性缺陷、恢复正常社会情感、拒绝毒品的知识和方法,为开展戒毒康复训练奠定基础。"《教育矫治纲要》还指出,心理康复训练主要包括"对戒毒人员进行情绪管理、意志力训练、个性修复、情感重建、人际交往、抗复吸训练、拓展训练等专题团体心理辅导"。从上述规定看,戒毒康复教育以及心理康复训练都包含了心理健康教育的内容。通常而言,戒毒康复教育以及心理康复训练主要针对戒毒人员心理行为等方面的缺陷、问题或复吸倾向进行干预,侧重矫治、治疗等方面的心理知识与方法;心理健康教育更强调普适性的心理健康基础知识及心理健康基本技能。

基于上述对比分析,心理健康教育课程的定位是:戒毒场所在康复巩固期,对戒毒人员进行的心理健康基础知识及基本技能的普及性教育。其主要目标是:帮助戒毒人员理解基础的心理健康知识,掌握基本的心理健康技能,不断提升心理健康意识,提高心理健康水平,为有针对性的康复训练打下良好基础。如果对目标再进行细化,可以从"个体的我""我与他人""我与社会"三个逐步扩大的生活场景进行目标设定,即帮助戒毒人员认识接纳自我、学会沟通交往、适应社会生活三个子目标,并围绕这些教学目标安排适合戒毒人员的教学内容,选择灵活的教学方法及组织形式。心理健康教育的教学目标如表6-1所示。

表6-1　心理健康教育的教学目标一览

总目标	一级目标	二级目标
提升戒毒人员心理健康意识与心理健康水平	了解自身心理状况	1. 认识心理健康的一般标准 2. 反思成瘾行为对心理的影响 3. 准确评估自身的心理健康状况
	认识接纳自我	1. 能够全面客观认识自我 2. 能够积极接纳自我 3. 提升觉察与管理情绪的能力

续表

总目标	一级目标	二级目标
	学会沟通交往	1. 提升沟通交往的能力 2. 增强与家人沟通的意识及技能
	适应社会生活	1. 正确认识生活的压力挫折 2. 提升应对压力挫折的技能 3. 掌握问题解决的一般技巧 4. 增强心理成长的意识与能力

心理健康教育目标再细分，最后将延伸至某节课或某个主题。单节课的教学目标一般会包括知识、能力和情感态度价值观三个方面的内容。例如，在某位民警撰写的“管理情绪的金钥匙——ABC 理论”一课中，教学目标包括三个方面：第一，知识方面的教学目标是，掌握情绪 ABC 理论的概念，理解想法为什么影响情绪；第二，能力方面的教学目标是，能够运用 ABC 理论的对话工具对不合理的想法进行质证；第三，情感态度价值观方面的教学目标是，初步树立积极心态和积极的思维方式。需要注意的是，在教学实践中容易出现教学目标过多、过大的现象，常常导致教学内容过多、目标难以达成等问题。

第二节　心理健康教育的教学内容

一、教学内容框架

在实际的教学活动中，首先要确定教学要达到的预期效果，这是教学目标；为了达到预期效果，需要确定学生掌握哪些特定的事实、观点、原理或问题，这就是教学内容。[①] 在设置心理健康教育的课程内容时，要把握好以下三个方面的原则：一是坚持目标导向的原则，围绕帮助戒毒人员树立心理健康意识、觉察心理问题并掌握心理调适方法的目标，从个人认知、个人与家庭、个人与社会等关键因素入手，构建教学内容，以期更好地达成教学目标。二是坚持问题导向的原则，深入分析戒毒人员在不同生活场景的心理问题或劣势不足，设计系统化的解决策略，提

① 郑金洲主编：《新编教学工作技能训练》，华东师范大学出版社 2007 年版，第 9 页。

供可操作性强的流程方法，以帮助戒毒人员提升心理健康水平，解决其心理困惑，使其获得心理素质提升。三是坚持能力导向的原则，着力构建通俗易懂、好学好用的心理健康基础知识和心理调适基本方法，通过示范、模仿、练习等教学措施，引导戒毒人员在理解中练习，在练习中感悟，不断增强心理调适的能力。

根据心理健康教育的教学目标，结合《教育矫治纲要》对有关内容的表述，戒毒场所的心理健康教育内容可以“个体的我”“我与他人”“我与社会”三个主题为横向坐标，基础知识和基本技能两个方面为纵向坐标，构建心理健康教育内容体系。心理健康教育的基本内容框架如表 6 – 2 所示。

表 6 – 2　心理健康教育的基本内容框架

	个体的我	我与他人	我与社会
基础知识	1. 心理与心理健康 2. 药物成瘾对心理健康的影响 3. 自我意识的概念 4. 情绪及情绪管理的内涵	1. 和谐人际关系 2. 和谐家庭生活	1. 压力与挫折概述 2. 心理咨询与求助
基本技能	1. 自我接纳技能 2. 情绪调控方法	1. 人际沟通技巧 2. 家人间沟通技巧	1. 压力应对 2. 问题解决技能 3. 心理成长策略

内容框架是课程教学的“四梁八柱”，其构建主要基于目标导向的原则。在此基础上，还要深入分析戒毒人员在不同主题中的现状与期望，坚持以问题为导向，在内容框架的基础上不断丰富完善。具体而言，每个教学主题都包含了若干关键问题，对这些关键问题的思考以及回答，也是构建下一级教学内容的必由之路。

“个体的我”主题中的关键问题主要包括：戒毒人员对心理健康的意义认识到什么程度？戒毒人员是否了解心理健康的标准？戒毒人员对当前个人的心理健康状态能否客观评价？戒毒人员能否对自己进行全面而准确的评价？戒毒人员能否较好地接纳自己？戒毒人员能否觉察自己的情绪？戒毒人员是否可以调适自己的消极情绪？

“我与他人”主题中的关键问题主要包括：戒毒人员对自己的人际关系是否有比较客观的评价？戒毒人员是否能够认识到人际关系的重要性？戒毒人员是否掌握调适人际关系的方法？

“我与社会”主题中的关键问题主要包括：戒毒人员是否能够较好地觉察生活

中的压力事件？戒毒人员是否掌握了调节压力的方法？戒毒人员是否了解心理咨询或者心理求助的途径与方法？

上述问题不仅是构建课程教学内容的发力点，也是戒毒民警在授课前需要考虑的着力点。只有对戒毒人员心理健康现状及其认知水平有清晰的认识，才能设计出符合实际情况、能够解决戒毒人员问题的教学内容。

二、知识要点与大纲解析

基于心理健康教育的内容框架以及关键问题的探索，在具体的课程教学内容构建时，需要突出一系列知识要点。心理健康教育的知识大纲如表6－3所示。

表6－3　心理健康教育的知识大纲

单元主题	学习主题	知识要点
单元一 个体的我	心理和心理健康	1. 心理的一般概念 2. 心理健康的一般标准 3. 影响心理健康的因素 4. 心理健康自我检查等
	药物成瘾对心理健康的影响	1. 药物成瘾对个体心理的影响 2. 药物成瘾对个体人际关系的影响 3. 药物成瘾对个体社会功能的影响
	自我意识	1. 认识自我 2. 接纳自我 3. 发展自我
	情绪管理	1. 了解情绪 2. 觉察情绪 3. 分析情绪 4. 接纳情绪 5. 管理情绪的一般方法 6. 走出消极情绪的策略
单元二 我与他人	和谐人际关系	1. 沟通的一般技巧 2. 与同戒人员的沟通 3. 与民警的沟通 4. 与家人的沟通 5. 与朋友的沟通

续表

单元主题	学习主题	知识要点
单元三 我与社会	压力管理	1. 直面压力事件 2. 换个视角看压力 3. 压力应对策略 4. 预防消极的应对方式
	心理咨询与求助	1. 心理咨询的种类与资源 2. 获得帮助的路径与方法 3. 心理成长的目标与策略

(一)单元一“个体的我”的知识要点

该单元主要分为心理和心理健康、药物成瘾对心理健康的影响、自我意识、情绪管理四个主题。其中,前两个主题是心理健康教育的课程入门和基础内容,旨在帮助戒毒人员认识到心理健康对戒毒康复、健康生活的重要意义,为接下来的学习训练打下基础、指明方向。

主题一“心理和心理健康”的主要目的是促使戒毒人员意识到心理健康的重要性,初步激发他们的学习兴趣,因此设置了心理健康的相关概念、标准、影响因素、自我检查等知识点。

主题二“药物成瘾对心理健康的影响”的主要目的是促使戒毒人员意识到心理健康的必要性,帮助他们强化学习兴趣、明确学习方向,因此设置了药物成瘾对个体心理、个体人际关系、个体社会功能的影响等知识点。

主题三“自我意识”设置了认识自我、接纳自我、发展自我等知识点,其中还穿插讲授自我训练的策略。在认识自我中,引导戒毒人员通过自我反省、他人的态度和评价来认识自己,在设计教学方案时可以考虑“20个我是谁”“沟通视窗”等活动。在悦纳自我中,引导戒毒人员从感恩过去、专注当下、憧憬未来三个方面积极接纳自己,发展良好的个人体验,在设计教学方案时可以考虑“正念吃葡萄干”“书画未来”等体验活动。在发展自我中,从设定戒治康复目标、培养积极心理品质、增强行动力等方面,不断提升戒毒人员个体内在的正能量。

主题四“情绪管理”设计了觉察情绪、分析情绪、接纳情绪、管理情绪等知识点,这也是有效调解情绪的基本环节。在觉察情绪环节,可以设置写情绪日志、关注非语言信息、正念技术等提高觉察的技巧。在分析情绪环节,通过引导戒毒人员探索、反思自身不良情绪的原因，看到不良情绪背后的信念、需求和诉求。在接纳情绪环节，引导戒毒人员从不同角度看待情绪，认识到每一种情绪都有一定的积极作用。在管理情绪环节，可以从改变偏差认知、尝试表达情绪两个方面设计内容，改变偏差认识的方法有合理情绪疗法、暗示疗法、自我指导法等，表达情绪的方法有绘画疗法、音乐疗法、叙事疗法等。

（二）单元二“我与他人”的知识要点

该单元主要包括一般的沟通原理和不同场景的沟通技巧两部分内容。

在一般的沟通原理中，主要包括人际沟通的基本原理、主要策略和一般技巧。其中，人际沟通的基本原理涉及沟通风格、理解他人、表达自己、争取有效沟通、反馈不良交往等知识点。在不同场景的沟通技巧中，设计了与同戒人员、民警、家人以及朋友的沟通。这些场景贴近戒毒人员的戒治生活，力求促使戒毒人员将课堂上学到的沟通方法迁移到实际生活中，在内容设置上还可以根据实际情况讲授不同场景的沟通原则、注意事项，以便帮助戒毒人员更好地提高人际沟通能力、建立和谐的人际关系。

（三）单元三“我与社会”的知识要点

该单元主要分为压力管理、心理咨询与求助两个主题。

主题一“压力管理”的主要目的是帮助戒毒人员理性解决压力事件，预防习惯性的成瘾应对模式，因此设计了直面压力事件、换个视角看压力、压力应对策略以及预防消极的应对方式等知识点。其中，直面压力事件，主要从态度方面进行阐述；换个视角看压力，侧重对压力的积极认知；压力应对策略，可以从消除压力源、合理宣泄、深呼吸、适当运动等方面提供常用的缓解应对方法，也可以阐述压力事件的理性解决步骤，促使戒毒人员从心烦意乱的压力事件中摆脱出来；预防消极的应对方式，主要是帮助戒毒人员觉察压力事件所导致的想法、情绪，并对不良心理活动进行矫正和有效管理。

主题二“心理咨询与求助”的主要目的是引导戒毒人员树立主动求助的意识，了解心理咨询以及获得帮助的路径，最终实现不断的心理成长，因此设计了心理咨询的种类与资源、获得帮助的路径与方法、心理成长的目标与策略等知识点。其中，心理咨询的种类与资源，主要介绍个体咨询、团体咨询两种形式；获得帮助的路径和方法，主要从戒治期间、回归社会两个方面加以讲述、训练；心理成长的目标与策略，主要介绍心理成长的目标设定、策略选择与活动实施等内容，尤其结合戒毒人员的心理特点以及戒毒康复规律进行阐述，并根据他们不同改变阶段的心理特点加以有针对性的引导。

一般而言，单节课的教学内容要根据课程大纲以及教学目标来选定，通常先想清楚目标再选内容。需要注意的是，在教学实践中很多民警会先想好教学内容再思考目标，或者同时考虑教学内容和目标，这样也未尝不可。因为教学设计过程中目标与内容会相互影响，不容易将两者划出清晰的思考界限。

案例 6-1

一、案例介绍

自我认识是心理健康教育中一个非常重要的课题，也是帮助戒毒人员培养健康心理的重要载体。甲、乙、丙三位民警围绕“认识自我”这个主题分别设计教学方案，主要教学目标、内容及课时如下：

民警甲的教学方案

教学主题：认识自我　　教学课时：1 课时	
教学目标	教学内容（活动）
引导戒毒人员主要通过个人视角，比较全面客观地认识自己	活动一：我是谁。要求用“我是______人”造句，不少于 15 句 活动二：镜中我。戒毒人员通过镜子观察自己，找出 3 个最满意、2 个最不满意的地方 活动三：自画像。用水彩笔在 A4 纸上画出最能代表自己的画像

民警乙的教学方案

教学主题：认识自我　　教学课时：1 课时	
教学目标	教学内容（活动）
帮助戒毒人员正确认识自我、积极悦纳自我	活动一：我是谁。要求用“我是______人”造句，不少于 15 句 活动二：优点大轰炸。戒毒人员围成圈，每个人轮流坐到圆心，其他戒毒人员赞扬他的优点 活动三：我的尖峰时刻。每人写出过往经历中最幸福、最有成就感的三件事

民警丙的教学方案

教学主题:认识自我　　教学课时:2 课时	
教学目标	教学内容(活动)
引导戒毒人员借助他人视角,更加全面客观地认识自己	活动一:传话游戏。戒毒人员分成 6~8 个小组,民警告知第一位戒毒人员某个信息(一句话、一件事或其他),戒毒人员之间一对一依次传递,最后一名戒毒人员展示接收到的信息 活动二:他人眼中的我。在 A4 纸上写出不同人对自己的评价,评价内容包括身体、价值观、性格等,评价人包括父母子女、兄弟姐妹、朋友、同学等 活动三:优缺点轰炸。戒毒人员分组,每个人写出其他人的 3~5 个优缺点。戒毒人员轮流坐在中间,接受他人的"轰炸"

二、案例思考

对于这三份列出主要教学目标、内容及课时的教案,你对教案中的哪些部分比较认可,哪些不太认可?说一说你的理由。

三、案例评析

民警甲设计的教学目标比较具体明确,对教学内容起到了较好的指向作用;选定的教学内容具有较强的逻辑联系,同时也能较好地实现目标。其中,"我是谁"的活动促使戒毒人员全面认识自我;"镜中我"帮助认识外在我;"自画像"引发内在我的觉察。当然,如果戒毒人员较多,1 课时的活动安排可能对互动探讨和分享交流的深度、广度有一定的影响。

民警乙设计的教学目标相对而言比较宏观,任务比较艰巨,在 1 课时里很难实现。设计的三个教学活动与目标实现之间的联系不够严谨,悦纳自我不仅要充分认识自己的优点、长处,也要积极面对自己的过往经历以及缺点、不足。

民警丙设计的教学目标具体清晰,选定的教学内容逻辑严谨,层层递进。其中,"传话游戏"引导戒毒人员客观面对他人评价,准确接收他人信息;"他人眼中的我"协助戒毒人员从多个角度了解自己;"优缺点大轰炸"是从更多维度帮助戒毒人员较为深刻地认识自己,戒毒人员的体验感受会越来越深刻,相对而言也更容易理解和接受。而且 2 课时的时间安排相对而言会让戒毒人员有更充分的分享交流时间,也更有利于教学目标的实现。

第三节　心理健康教育的教学方法

一、整体性的教法建议

“教无定法，贵在得法”。教学方法作为教学内容的呈现形式，是实现教学目标的具体策略，其本质是为教学目标和内容服务的。开展心理健康教育的方法多种多样，可以根据实际情况灵活选择，如课堂教学、个别咨询与辅导、团体咨询与辅导、心理健康文化建设等。在这些方法中，团体以及个体的咨询辅导有专门的理论与操作技能，本书不再赘述。心理健康文化建设主要指创设符合心理健康教育所要求的物质环境、人际环境和心理环境。因此，本节重点介绍心理健康教育的教学方法。

就心理健康教育而言，其核心目标是提高戒毒人员的心理健康水平，主要目标是帮助他们改善不良情绪、克服心理障碍、恢复心理健康、提高心理健康水平。就戒毒人员的群体心理特征而言，虽然受吸食毒品种类、用量大小、用药时长、戒断康复阶段等因素影响，不同戒毒人员之间的身心症状差异较大，但普遍存在自我评价低、情绪控制困难、人际关系敏感、延迟满足能力差等问题，整体心理健康程度较差。就课程特色而言，心理健康课程与传统意义上的心理健康课程相比有自身鲜明的特点，更加强调戒毒人员在参与中体验、在体验中感悟，更加强调自我探索和自我调节，进而达到助人自助的效果。基于此，为达成教学目标，根据群体特征和课程特点，在运用教学方法中要做到三个结合。

（一）自省与他评相结合

自省与他评都是为了帮助戒毒人员觉察、体悟心理健康的重要性以及提升心理健康水平的必要性，发现、找准自身不足，看到成长进步，不断激发学习动机。自省与他评的手段主要包括主题反思、问卷测评、量表评估、辩论交流等。例如，在讲授自我意识、情绪管理、人际沟通等主题时，可以在课前及课后围绕“你对自己了解吗”“你会管理情绪吗”“你会沟通吗”等主题进行简要的自我量化评价，即从1至10打分，1分代表非常差、很不了解、一点也不会，10分代表非常好、非常了解、非常熟练。通过打分并简述理由，促使戒毒人员觉察当前状态，激发他们的学习意愿。

(二)讲授与讨论相结合

对于知识概念类的教学内容,戒毒人员的理解掌握离不开教师的系统讲授。然而,戒毒人员大多具有丰富的生活阅历,对所要学习的心理健康知识有一些了解和感性认识。因此,戒毒民警在组织学习活动时既要系统讲授,也要充分听取他们的意见和看法。通过分享讨论、头脑风暴和观点碰撞等形式,帮助其实现从感性认识上升到理性认识,从片面主观的认识提升到全面客观的认识。例如,在讲解心理健康标准、药物成瘾对身心影响等内容时,可以先讨论后讲解,即先听取戒毒人员对学习主题的理解认识,戒毒民警再梳理归纳。当然,相较于传统的讲授法而言,这种教学法对戒毒民警在启发引导、讨论组织、知识归纳等方面提出了更高的要求。

(三)示范与练习相结合

对于技能方法类的教学内容,戒毒人员的理解掌握需要戒毒民警的讲解和示范,但这只是基础和入门,关键在于练习和运用,才能达到巩固内化、提升能力的目标。心理健康教育课程有大量实操类的教学内容,如自我认识的路径、管理情绪的技巧、人际沟通的方法、压力应对的技巧策略等。戒毒人员在理解感悟后,需要大量的练习,而这类练习既需要当堂巩固,也需要课后深化运用。如果仅仅停留在一般性了解的层面,几乎不会产生实际效果,也就是心理健康水平提升的效果很难达成与实现。

二、单节课的教法建议

心理健康教育课程的突出特点是戒毒人员的活动参与、体验分享,因此参与式教学法(也称体验式教学法)往往是心理健康课中占主导地位的方法,也是贯穿始终的方法。在教学实践中,要注意防止两种倾向:一种是单纯的讲授,或者突出讲授法的主导作用,把心理健康教育变成知识灌输、方法讲授的传统课程;另一种是单一的体验,把心理健康教育视为活动课、游戏课。单一讲授的弊端非常明显,即使戒毒民警的教学水平再高,戒毒人员也不容易长时间集中注意力,而且片面强调该方法也不利于教学内容的组织以及教学目标的达成。单纯的活动体验可能使课堂气氛很活跃,学习体验也比较深刻,但存在知识缺乏梳理、方法缺少归纳等问题。因此，既要让戒毒人员参与体验，也要使其思考表达；既要充分让其分享交流，也要适时梳理归纳；既要理解掌握知识与方法，也要加强巩固、灵活运用，进而实现从知到行的转变，切实提升心理健康教育的质量。具体而言，一次活动、一次课或者一节课，按照参与式教学的要求，应该有以下四个环节。

（一）体验感悟

该环节主要是通过故事案例、角色扮演、模拟活动等方法，刺激戒毒人员的感觉器官，促使其有所看、有所听、有所感、有所想，进而架设戒毒人员已知经验情感与学习内容之间的桥梁。可见，设计优质的体验活动，触及戒毒人员的内心世界，是心理健康教育课程达成目标的基础。

（二）反思发表

该环节需要戒毒民警引导戒毒人员真诚地分享自己的感悟体验、所思所想，在此基础上充分研讨、集思广益，达成新共识，收获新经验，将感性的、隐性的知识上升到理性的、显性的层面。在此环节中，问题设计、现场促动是引导戒毒人员充分发表意见观点的关键。一般而言，问题设计时，要有梯度，遵循由易到难、由表及里、从感性到理性的原则，循序渐进地引导戒毒人员思考分享；现场促动时，要积极鼓励，适时回应，构建安全、温馨、愉悦的学习讨论氛围。

（三）梳理归纳

该环节主要是帮助戒毒人员对已经发表的意见观点进行分类、归纳、梳理，或者进行补充、整理和升华，使所学知识更为全面和深刻，方法更为系统、更具可操作性。反思发表阶段侧重运用发散思维，梳理归纳阶段主要运用聚合思维、聚焦思维，引导戒毒人员去粗取精、去伪存真，从而熟练掌握实践性知识与方法。

（四）行动运用

该环节主要是引导戒毒人员主动运用学习的方法与策略，巩固加深理解，进一步检验学习效果。同时，该环节又会产生新的体验和新的认知，进而使他们在更高的平台进行新一轮的分享交流。

案例 6-2

一、案例介绍

在自我认识主题中,“自画像”是比较常用的一个体验活动。针对如何组织该活动,某位民警进行了设计。具体教学设计如下:

(一)工具准备:与参训人数相等的 A4 白纸,24 色的彩色水笔若干盒。

(二)教学目的:通过自画像体验分享,引导戒毒人员对自我进行初步探寻。

(三)教学步骤。

步骤一:觉察体验

给每个戒毒人员发一张白纸,让他们选用自己喜欢的彩色笔在纸上画一幅最能代表自己的画像,可以用植物、动物等天地万物代表,也可以是自画像。

步骤二:创作分享

画好后,请戒毒人员将自己画的画像展示给大家,可以贴在墙上,并进行简要解释。

活动提示:有的戒毒人员可能因自己不会画画而有畏难情绪,民警应在布置活动时说明自画像并非绘画水平和技艺的比赛,重要是画出能够代表自己心声的东西,用以展示和表达自我,同时鼓励戒毒人员以自己的方式创作。

步骤三:问答活动

民警引导戒毒人员对展示者的画和解释进行提问和讨论。主要讨论题目包括:你为什么这样画自己?你为什么用这样的颜色?这幅画表现了你的什么特点?

步骤四:反思讨论

戒毒人员谈自画像以及观摩交流的感悟体会。主要讨论题目包括:你对谁的画印象比较深刻?能否简要阐述理由?通过自画像以及观摩他人的画像,你对自我认识有什么新的发现?你对他人的认识有没有与以往不同的地方?

步骤五:小结引导

民警根据戒毒人员的分享内容进行小结,主要包括:对个人的认识是一个不断深化的过程;对个人的认识越深刻、全面和客观,越有利于个人的成长;对个人的认识,自身的反思觉察是必要的,借助他人的视角也非常重要。

二、案例评析

该设计是一个比较典型的、完整的参与式教学法案例,体验环节参与性强,活动分享比较充分，小结引导恰当适宜，教学目标、教学内容、教学方法三者之间相互联系、相互影响。需要注意的是，如果教学组织时间有限，要注意把握体验分享的时间节奏，注意各个环节所占时间的合理分配。

第四节　心理健康教育的组织实施

心理健康教育的教学目标设定、内容构建与方法选择，为心理健康教育的组织实施工作提供了有力的保障和坚实的基础。在教学实践中，心理健康教育的开展可以分为组织管理与设计实施两个层面，具体的注意事项及主要任务如下：

一、教学组织管理的注意事项

教学组织管理，是指为了保障教学工作顺利展开，组织、统筹与协调各种教学因素与活动环节的过程。根据司法部戒毒管理局的有关要求，心理健康教育工作在组织时要注意以下四点：一是编设教学班级时人数不能超过 50 人，实行小班制，覆盖率要达到 100%，确保不遗漏；二是编制教学计划时要具体明确，确保教学地点、人员、内容的落实，总共不少于 30 课时；三是组织教学考评时，既要有针对戒毒人员的考试，及格率达到 80% 以上，也要征求戒毒人员对授课民警、教学内容、教学方法等方面的意见，不断改进教学工作；四是做好教学总结与资料归档，包括反思教学的成功经验，吸取不足教训，并对备课、授课、考评等文本资料进行归档留存。

二、教学组织实施的主要任务

无论是授课民警，还是外聘的学科教师，一般应做好以下三个方面的教学组织实施工作：一是教学准备方面，如分析学情、撰写教学设计、了解教学计划和安排等；二是课堂教学方面，按照教学计划组织实施相关的教学工作，完成教学任务；三是教学反思方面，对教学目标的达成情况进行评估，对教学的预设与生成情况进行分析，优化教学技能，提高教学水平。在心理健康教育的教学组织实施中，戒毒民警要充分考虑课程特色、教学对象，具体明确以下三个方面的任务。

（一）教学准备方面

一方面，戒毒民警要系统了解戒毒人员的心理健康水平，尤其要对参训戒毒人员的心理测评量表进行统计，对典型戒毒人员进行个别访谈，进而把握好参训戒毒人员的心理健康状况，找准他们存在的主要心理问题；另一方面，戒毒民警要围绕某个教学主题，对参训戒毒人员的认知能力现状进行分析，梳理出主要问题，设计适宜的教学目标，构建系统化的教学内容，选择灵活的教学方法。与此同时，要将上述工作过程，总结转化为心理健康教育的教学方案，以此指引后续的教学活动，不断提高教学组织的预见性和规范性。简言之，戒毒民警在教学准备阶段既要备课程、备单元，也要备单节课；既要调研分析，深入思考，也要归纳课前学情分析以及收集的教学资料，认真撰写教案。

（二）课堂教学方面

心理健康教育课程相较其他课程而言，更加注重活动性，致力于调动戒毒人员多种感官参与学习体验。在此过程中，戒毒民警要强化参与技术的运用，真诚对待戒毒人员，及时鼓励，积极倾听，尊重接纳，营造开放、安全、温馨的学习环境，促使戒毒人员乐于学习、敢于分享。要强化分享技术的运用，根据活动情境和课程现实情况，精心设计问题，促使戒毒人员从客观事实、主观感受、价值思考、迁移运用等多个层面进行思考和分享。要强化反思技术的运用，引导戒毒人员由体验、反思逐步发展到归纳和应用，不断深化学习效果，加强所学知识与方法的生活化运用。

（三）教学反思方面

心理健康教育的教学反思主要包括课时教学反思、课程教学反思。一方面，戒毒民警可以就某节课进行反思。例如，围绕教学目标是否实现进行评价，反思达成或未达成的原因；围绕课前预设与课堂生成的关联性进行思考，分析预设是否适宜，生成是否有效处理等；围绕不同教学阶段戒毒人员的学习特点，思考不同阶段的策略是否有效，从而不断优化教学措施，着力打造高效的心理健康教育课堂。另一方面，戒毒民警可以围绕整个课程进行反思。例如，基于戒毒人员的学习表现以及学习成效，反思心理健康教育课程在目标设定、内容构建、方法选择等方面是否适宜；基于问卷测评、心理测评等客观评估数据，分析心理健康教育课程在各个环节、各类资源等方面是否需要优化，不断提高课程的整体质量。

案例 6 – 3

一、案例介绍

下面是某戒毒场所的民警设计的一份心理健康教学设计，阅读后请对该案例进行评述。

认 识 压 力

（一）教学目标

1. 通过 45 分钟的学习，帮助戒毒人员理解压力产生的原理，认识压力来源，了解压力症状，学会觉察自身的压力状态；

2. 帮助戒毒人员识别自身不健康的压力应对方式，强化健康应对压力的意识。

（二）教学方法

主要运用讲授法、体验法。

（三）教学步骤

步骤一：活动导入，感受压力

1. 活动目标：觉察当前自身压力水平，体会压力对身心的影响，评估自身对战胜压力的信心。

2. 体验规则：在教室空场地内设置代表 0～10 分的刻度线，依次根据三个问题的自身评分选择站位。

（1）评估当前自身感觉到的压力，0～10 分评分，0 分表示毫无压力，10 分表示压力极大。根据打分情况站在相应位置。

（2）评估压力对身心造成的影响，0～10 分评分，0 分表示毫无影响，10 分表示影响极大。根据打分情况站在相应位置。

（3）评估自身战胜压力的信心，0～10 分评分，0 分表示毫无信心，10 分表示极有信心。根据打分情况站在相应位置。

3. 分享讨论：民警随机采访 2～3 名参与者，向他们询问"你的压力来源是什么？压力对你的身心产生了什么影响？你对战胜压力有没有信心？"

步骤二：知识讲解，揭开压力的神秘面纱

1. 知识讲解：

(1)压力的概念。压力也叫应激,是一种心理上被压迫的感受,是促使一个人的精神、思想以及身体状况处于紧张状态的条件,是一种主观的感受。

(2)压力的产生。讲解S-O-R模式,S代表刺激,O代表机体,R代表反应。压力的产生是刺激和有机体综合作用的结果。

(3)压力的来源。外部压力来源主要包括家庭压力、工作压力、社会压力、环境压力等;压力的内部来源主要包括人格特质、心理承受能力、压力管理能力等。

(4)压力过大的症状主要有躯体信号、心理信号和行为信号。

2. 思想引导:压力伴随人的一生,适当压力有助于工作效率的提高,压力过大则会损害身心健康。压力是可以通过策略加以管理的,准确觉察压力是有效管理压力的第一步。

步骤三:分组活动"画一画",觉察、评估并应对压力

1. 互动规则:组织戒毒人员分组进行,仔细回想自身在进强制隔离戒毒所之前(1年内)的生活中遭遇到的最大压力,将当时的压力状况用彩笔在纸上画出来。画完后组内分享这幅作品创作情况,分享当时的压力感受、应对方式及效果。最后在大组内选出1名成员来展示分享。

2. 主题讨论:吸毒前后压力应对方式有什么异同?压力应对方式对个人有哪些影响?压力应对方式与高危情境、复吸之间有没有关系?是什么关系?

3. 小结提升:每个人都有特定的压力应对方式,吸毒后的压力应对方式也会产生相应的变化。例如,吸毒后遭遇压力时容易产生"吸毒能够减压"的错误思维;一些不健康的减压方式如酗酒、赌博等也会接触到高危情境,增加复吸风险。因此,保持操守需要学习健康的减压方式,降低复吸风险。

步骤四:分组活动"头脑风暴",寻找健康的压力应对方式

活动规则:各小组成员充分讨论曾经有效的压力应对方式,大家选出健康有效的方法,1名成员负责记录,然后代表小组在大组内分享"成果"。

步骤五:本课小结,鼓励迁移

1. 戒毒人员分享:用一句话谈一谈本课学习的感悟和体会。

2. 小结:本节课我们认识和了解压力,学习如何觉察自身压力状态,反省自身压力应对方式及其与复吸的关系,充分调动了每名成员的资源,积极探索健康的减压方式。接下来,大家要有意识地运用这些方法,准确觉察压力,有效管理压力,降低复吸风险。

步骤六:布置作业

1. 总结梳理自身压力应对方式,对自身的压力应对状态进行评估,哪些属于健康的应对方式,哪些容易加剧复吸风险。

2. 从今日所学中选择一个健康的减压方式加以练习。

二、案例思考

(一)如果教学设计满分是100分,你给上面的教学设计打多少分?

(二)简要叙述自己的评分标准,请说明你的打分理由。

提示:可以从教学目标是否合理、教学内容是否科学、教学方法是否灵活等维度进行评价。

三、案例评析

衡量心理健康教学设计优劣的标准,不同民警、不同群体可能会有不同,但一般离不开以下几个环节:教学目标合理可行,教学内容科学严谨,教学方法新颖灵活等。根据以上标准,我们认为该教学设计目标清晰具体,内容严谨且有层次,教学方法体验参与性强,是一个目标明确、措施具体、效果可验证的教学方案。如果在"寻找健康的压力应对方式"环节中增加1~2个具体的应对方式,戒毒人员收获可能会更大,课后学习使用的概率也会更大。另外,考虑到戒毒人员平均文化程度低、理解接受能力一般,如果将此教学设计的时间从45分钟延长到90分钟,可能教学时间会更充裕,教学任务完成的质量会更好,教学目标实现的可能性更大,戒毒人员学习难度会更适中。

复习思考题

1. 简述心理健康教育的概念。
2. 简述戒毒人员心理健康的基本标准。
3. 简析心理健康教育的教学目标。
4. 简述心理健康教育课程内容设置的原则。
5. 试析心理健康教育的单节课教法建议。
6. 试析心理健康课程教学组织管理的注意事项。

本章主要参考文献

1. 姜祖桢等:《戒毒学》,法律出版社2022年版。

2. 司法部戒毒管理局组编:《司法行政强制隔离戒毒教育矫正实务》,法律出版社 2021 年版。

3. 余毅震主编:《医学心理学》,华中科技大学出版社 2020 年版。

4. 卢文学、姜红娟、罗尔曼:《新世纪青少年心理健康教育新概念》,西藏人民出版社 2001 年版。

5. 王登峰、张伯源主编:《大学生心理卫生与咨询》,北京大学出版社 1992 年版。

6. 郑金洲主编:《新编教学工作技能训练》,华东师范大学出版社 2007 年版。

7. 刘宣文、赵晶主编:《学校心理健康教育课程设计与教法》,中国人民大学出版社 2020 年版。

8. 樊富珉主编:《结构式团体辅导与咨询应用实例》,高等教育出版社 2015 年版。

9. [美]大卫 · 卡普齐、[美]马克 · D. 斯托弗主编:《成瘾心理咨询与治疗权威指南》(第 3 版),王斐译,中国人民大学出版社 2021 年版。

10. 钟启泉主编:《课程论》,教育科学出版社 2007 年版。

11. 吕洪波编著:《教师反思的方法》,教育科学出版社 2006 年版。

第七章　行为养成教育

本章摘要

行为养成教育是戒毒场所教育矫正工作的主要内容，对于促进戒毒人员身心康复起着重要的作用。通过本章的学习，了解行为养成教育的概念，理解行为养成教育的教学目标及有关规定，领会行为养成教育的主要教学内容，灵活运用适当的教学方法，有效地组织实施行为养成教育活动。

重点问题

本章的重点是戒毒场所行为养成教育的概念、教学目标、教学内容、教学方法与组织实施。

第一节　行为养成教育的教学目标

社会学理论认为，"行为是人类在生活中表现出来的生活态度及具体的生活方式，它是在一定的物质条件下，不同的个人或群体，在社会文化制度、个人价值观念的影响下，在生活中表现出来的基本特征，或对内外环境因素刺激所做出的能动反应"①。行为养成教育，是指根据戒毒人员生活态度、生活方式以及行为活动的特点，有目的、有计划地帮助戒毒人员改变不良行为、养成利于戒除毒瘾的行为习惯和良好道德品质的系统影响活动。戒毒人员普遍存在价值观扭曲、规则意识差、自我约束力低、日常行为失范、作风自由散漫等问题。如果对戒毒人员开展思想道德教育、法律常识教育、心理健康教育等，侧重于解决他们"知"的问题，那

① 徐国君等：《行为价值管理研究》，东北财经大学出版社 2013 年版，第 419 ~ 420 页。

么,开展行为养成教育则侧重于解决“行”的问题。①行为养成教育是戒毒场所教育矫正工作的主要内容,对于促进戒毒人员身心康复起着重要的作用。

一、行为养成教育目标的有关规定及理解

教育目标是对教育活动所要促成的身心变化上要达到怎样的标准、要求所作的规定和设想。简言之,就是通过教育活动促成戒毒人员行为的预期改变,并能够影响戒毒人员身心的变化。《教育矫治纲要》《教育矫正指南》在具体内容部分对行为养成教育进行了一致的规定,即“组织队列训练,开展内务卫生和所内文明礼仪习惯养成教育,增强戒毒人员组织纪律观念、集体观念,培养自觉遵守文明礼仪的意识和习惯”,为戒毒民警开展行为养成教育明确了发展目标与方向。具体而言,制定行为养成教育目标需要考虑以下四个方面的因素:

一是国家对戒毒人员行为在法律法规方面的约束。首先,戒毒人员作为一名普通公民,要遵守国家的法律,无论身处所内还是所外都必须树立遵规守法的意识,自身行为绝不能触碰法律的底线。其次,戒毒人员作为一名被执行强制隔离戒毒措施的“特殊公民”,其行为必须要符合《禁毒法》《戒毒条例》等法律法规的要求。同时,要保障戒毒人员在被执行强制隔离戒毒措施期间能够充分了解自己的权利和义务,能够正确行使法律法规赋予的权利,履行法律法规明确规定的义务。

二是国家和社会对戒毒人员行为在道德规范方面的要求。从国家层面来说,要以构建社会主义核心价值体系为重点,把“富强、民主、文明、和谐,自由、平等、公正、法治、爱国、敬业、诚信、友善”的社会主义核心价值观融入戒毒人员行为养成教育中,努力提高戒毒人员的道德素质,按照《新时代公民道德建设实施纲要》的要求规范好戒毒人员的言行。从社会层面来说,道德是人们共同生活及其行为的准则和规范。戒毒人员的行为既要符合法律的规定,也要符合人们共同生活及其行为的准则和规范。

三是司法行政戒毒场所及其上级主管部门对戒毒人员行为规范的要求。戒毒人员作为被执行强制隔离戒毒措施的对象,对其行为的管理和教育较之社会普通公民更为严格。戒毒人员的行为既要符合国家法律、社会道德的约束,也要遵

① 司法部戒毒管理局组编:《司法行政强制隔离戒毒教育矫正实务》,法律出版社2021年版,第77页。

守司法行政戒毒场所及其上级主管部门对戒毒人员行为规范的要求。2014 年司法部出台的《行为规范》《戒毒人员守则》,对戒毒人员在所期间的日常行为规范作了专门的规定。同时,司法部制定的《戒毒工作规定》,公安部、司法部、国家卫生和计划生育委员会印发的《诊断评估办法》等部门规章以及各地区司法行政戒毒工作管理部门、戒毒场所出台的相关规定也有对戒毒人员行为方面的要求,这些都是制定戒毒人员行为养成教育目标时应考虑的因素。

四是全国统一戒毒模式中的“四区”戒治工作的统一规范。全国统一戒毒模式要求对戒毒人员实行分区戒治,即戒毒人员要分别完成生理脱毒区、教育适应区、康复巩固区和回归指导区四个期区的教育戒治。制定戒毒人员行为养成教育的教学目标时,要根据不同期区的特点有所侧重。比如,生理脱毒区要以培养戒毒人员一日行为规范为重点,增强戒毒人员的集体意识和服从意识;教育适应区要以增强戒毒人员遵规守纪意识、提高对场所环境的适应能力、养成良好的行为习惯为目标开展行为养成教育;康复巩固区要以提高行为的道德涵养、养成良好的行为习惯、增强文明礼仪意识、培养健康的兴趣爱好、形成遵纪守法的自觉性等为目标开展行为养成教育;回归指区要以学会识别和应对出所后容易发生的不良行为等为目标开展行为养成教育。

二、行为养成教育的教学目标分析

(一)行为养成教育的课程目标

基于上述分析,对戒毒人员开展行为养成教育的课程目标应包括以下四个方面。

1. 教给戒毒人员法规常识,提升遵规守纪意识。行为养成教育注重戒毒人员行为规范的养成。行为规范是戒毒人员在参与场所戒毒活动中所遵循的规则、准则,是执法者和被执法者都认可的行为标准,包括法律法规、道德规范、所规所纪以及有关规章制度。它们是构成戒毒人员有序生活、学习的重要保障,具有执行的强制性和遵守的自觉性。当戒毒人员个人行为与行为规范相冲突时,必须按照行为规范的要求约束个人行为,形成纪律严明、文明有序的戒毒氛围。行为养成教育就是要教育引导每一名戒毒人员按照行为规范去参与场所各项活动,通过组织实施各项行为规范的训练,让戒毒人员知道“该做什么、不该做什么”,并持之以恒,从而增强他们的遵规守纪意识。

2. 矫正戒毒人员不良的行为习惯,提高戒治效果。吸毒行为使戒毒人员长期处于不健康的生活状况之中,在吸毒行为的影响下,戒毒人员极易形成好吃懒做、生活邋遢、自由散漫等不良行为习惯。这些不良行为习惯加剧了戒毒人员对毒品的依赖和渴求。行为养成教育就是通过反复的训练矫正,让戒毒人员学会养成良好的生活习惯,矫正因吸毒带来的陋习,从而提高戒治效果。

3. 培育戒毒人员正确的价值观,提高戒毒人员集体主义观念和个人道德品质。集体主义主张个人从属于社会,个人利益应当服从集体、民族、阶级和国家利益,当个人利益与集体利益发生矛盾时,应当服从集体利益。集体主义是社会主义道德的核心内容之一。行为养成教育就是要把集体主义的观念和戒毒人员作为一名社会公民应具备的基本道德融入教育过程中,采取以符合行为养成教育规律的矫正措施对戒毒人员施加影响,从而达到戒毒人员的行为符合集体主义和公民基本道德品质的要求。

4. 减少戒毒人员违法违纪行为,维护场所安全稳定。行为养成教育把戒毒人员的不良行为矫正作为教育矫正的重要内容,及时发现不良行为带来的苗头性问题,对于违法违纪行为要坚决惩处,做到赏罚分明,并将教育措施及时跟进;对于违法违纪之外的其他不良行为,要对照公序良俗、社会公德等行为规范进行充分甄别,做到及时提醒、动态跟踪,将戒毒人员的不良行为及时控制和改变,消除这类不良行为演化为违法违纪行为的可能,从而达到维护场所安全稳定的目的。

(二)行为养成教育的单元目标

行为养成教育目标必须依靠行为养成教育课程来实现,因此课程目标与教育目标具有一致性。单元目标和课时目标都是课程目标的组成部分,是个体和整体的关系。单元目标是对行为养成教育课程中各个组成部分的具体要求,即一门课程中每个单元的教学活动所要达到的结果。根据戒毒人员的戒治流程,将行为养成教育分为“知行”“守行”“善行”“礼行”“践行”五个单元,主要单元目标如表7-1所示。

表 7-1　行为养成教育的单元目标

单元主题	单元目标
单元一 知行	1. 知识目标:了解和掌握国家禁毒戒毒工作法律法规、强制隔离戒毒所关于戒毒人员行为规范的规定要求,理解行为规范的重要性
	2. 能力目标:能够正确行使权利和履行义务,能够适应场所规范化的集体生活
单元二 守行	1. 知识目标:了解场所行为规范要求,理解行为规范的重要性
	2. 能力目标:遵守场所各项行为规范,并能够控制好自己的行为
单元三 善行	1. 知识目标:了解习惯的概念、作用,掌握习惯所包含的内容
	2. 能力目标:按照社会公众普遍接受的日常行为标准规范自己的言行,学会督促自己养成好习惯、抵制坏习惯的途径与方法
单元四 礼行	1. 知识目标:了解社会文明礼仪的一般要求,理解文明礼仪的概念、内容,认识文明礼仪在增强个人文明素养、提升个人形象、创建美好生活中的积极作用,掌握践行文明礼仪时应注意的问题
	2. 能力目标:在实践中处处能展现文明的言行,待人接物符合场所规定的礼节礼貌
单元五 践行	1. 知识目标:了解主题实践活动开展的要求、内容和实施过程,掌握融入社会的行为应对方式
	2. 能力目标:巩固行为养成教育效果,提高行为修养水平,回归社会后能够形成遵纪守法的自觉性

(三)行为养成教育的课时目标

单元目标依靠每节课的课时目标来实现,课时目标要求戒毒民警在备课的过程中根据课程目标和单元目标具体设定。设定课时目标的过程包括以下四个步骤:

第一个步骤是课时目标制定前,要先确定行为养成教育课程目标和单元目标。课程目标和单元目标处于整个教育目标的较高位置,它们指导着课时目标的制定。

第二个步骤是根据戒毒人员的需要和兴趣及其所处的生理脱毒区、教育适应区、康复巩固区、回归指导区等不同期区的戒治需要,初步提出课时目标。

第三个步骤是把初步提出的课时目标进行分类整理,按照认知、情感、技能三大类，分为知识的领会和运用、情感的接受和认同、技能的掌握和使用，从识记、理解、运用等不同方面筛选课时目标。

第四个步骤是根据当前教学条件和教育实际，结合戒毒人员素质情况，对筛选后的课时目标进行分析，对过高而无法达到的课时目标进行剔除，或降低目标要求或改变目标实现形式。总之，要使课时目标符合场所教学实际情况。

第二节　行为养成教育的教学内容

一、教学内容框架与知识大纲

根据行为养成教育的教学目标，结合《教育矫治纲要》《教育矫正指南》对有关内容的表述，戒毒场所的行为养成教育内容分为“知行”“守行”“善行”“礼行”“践行”五个单元。行为养成教育的基本内容框架如表7－2所示，行为养成教育的知识大纲如表7－3所示。

表7－2　行为养成教育的基本内容框架

<table>
<tr><td>单元主题</td><td>知行</td><td>守行</td><td>善行</td><td>礼行</td><td>践行</td></tr>
<tr><td rowspan="3">单元内容</td><td>端正身份意识</td><td rowspan="3">行为规范训练</td><td rowspan="2">习惯养成</td><td rowspan="3">文明礼仪</td><td rowspan="3">实践活动</td></tr>
<tr><td>学习权利义务</td></tr>
<tr><td>遵守所规所纪</td><td>兴趣培养</td></tr>
</table>

表7－3　行为养成教育的知识大纲

<table>
<tr><td>单元主题</td><td>学习主题</td><td>章节内容</td></tr>
<tr><td rowspan="2">单元一
知行</td><td>端正身份意识</td><td>第一章　端正身份意识的重要性
第二章　明确戒毒人员的身份性质
重点：理解戒毒人员身份“三重”属性之间的关系</td></tr>
<tr><td>学习权利义务</td><td>第一章　权利和义务的概念、作用及相互关系
第二章　戒毒人员的权利
重点：通信权、学习权、劳动权、申诉权等
第三章　戒毒人员的义务
重点：检举揭发的义务、遵规守纪的义务、履行职责的义务等</td></tr>
</table>

续表

单元主题	学习主题	章节内容
	遵守所规所纪	第一章　所规所纪的概念与作用 第二章　所规所纪的内容与要求 　第一节　管理规定与纪律要求 　第二节　日常考核的要求和流程 　第三节　诊断评估办法中的行为表现评估 　第四节　违纪的处分规定和申诉
单元二 守行	行为规范训练	第一章　行为规范的概念与作用 第二章　行为规范的内容与要求 　第一节　生活规范 　第二节　学习规范 　第三节　医疗康复规范 　第四节　生产劳动规范
单元三 善行	习惯养成	第一章　习惯的概念与作用 第二章　习惯养成的内容与方法 　第一节　健康的生活习惯 　第二节　良好的学习习惯 　第三节　科学的运动习惯 　第四节　勤快的劳动习惯 　第五节　对不良行为习惯的识别、预防和纠正
	兴趣培养	第一章　兴趣培养的概念与作用 第二章　兴趣培养的内容与要求 　第一节　读书兴趣的培养 　第二节　艺术兴趣的培养 　第三节　文学兴趣的培养 　第四节　其他特长兴趣的培养
单元四 礼行	文明礼仪	第一章　文明礼仪的概念与作用 第二章　文明礼仪的内容与要求 　第一节　仪容仪表 　第二节　言行举止 　第三节　交往礼仪 　第四节　集会活动礼仪
单元五 践行	实践活动	第一章　行为养成实践活动的概念与作用 第二章　行为养成实践活动的内容与要求 　第一节　实践活动的主题 　第二节　实践活动的组织 　第三节　实践活动参与者应注意的事项 第三章　实践活动的总结与巩固

二、教学内容的主要范畴

行为养成教育的内容很多，既包括理论类教育，又包括实践类教育；既包括行为规范教育，又包括习惯养成教育、文明礼仪教育等。就场所具体工作内容而言，可以把行为养成教育细分为行为规范教育、习惯养成教育、文明礼仪教育三个子课程，每个子课程包括不同的教学章节且涵盖不同的教学内容。

（一）行为规范教育

行为规范是社会群体或个人在参与社会活动中所遵循的规则、准则的总称，是社会认可和人们普遍接受的具有一般约束力的行为标准。行为规范主要包括行为规则、道德规范、法律规定、行政规章、团体章程等。戒毒人员除了要遵守社会普遍适用的行为规范外，同时也要遵守戒毒场所的规章制度和戒毒人员行为规范。行为规范教育的具体内容包括以下四个方面。

1. 开展身份意识教育。要组织新入所戒毒人员学习《禁毒法》《戒毒条例》等相关法律法规，提高戒毒人员对自己身份的理解和认同，以及对强制隔离戒毒措施法律属性的认识。《禁毒法》规定了吸毒是违法行为，对吸毒成瘾人员开展强制隔离戒毒是法律授权的行为，帮助吸毒人员戒除毒瘾是国家的责任，也是吸毒人员的义务。《戒毒条例》对戒毒工作管理体制、戒毒机构的设置、戒毒工作的开展等方面作了比较细致的规定。新入所戒毒人员通过身份意识教育，能够明白自己的吸毒行为是违法行为，必须受法律的约束，同时也明白强制隔离戒毒措施是法定措施，必须按照强制隔离戒毒工作的要求适应戒毒生活。

2. 开展部门规章学习。要组织戒毒人员学习司法部制定的《戒毒工作规定》《行为规范》《戒毒人员守则》《诊断评估办法》等相关规章内容。通过学习这些部门规章制度，让戒毒人员了解强制隔离戒毒场所的性质、目的、内容及法律效力，明确在所期间的戒治目标和方向。

3. 开展所规所纪学习。所规所纪是戒毒场所根据法律法规、司法部规章以及省级以上戒毒管理局等机关要求而制定的戒毒人员纪律规定。不同地方戒毒场所的所规所纪内容有所差别，同一地方不同戒毒场所的所规所纪也有差别。因此，各戒毒场所要根据自己的具体情况安排相应所规所纪内容的学习。

4. 告知戒毒人员在所期间的权利和义务。戒毒人员的权利和义务受到法律的保护，让戒毒人员了解在场所中的权利和义务，能够更好地使他们适应戒毒场所环境,尽快融入场所戒毒生活,提高戒毒人员戒治的积极性。

(二)习惯养成教育

习惯是一种相对固定的、自动化的行为模式,它渗透在社会生活的方方面面。行为心理学研究表明:21 天以上的重复会形成习惯;90 天的重复会形成稳定的习惯。可见,一个习惯的培养并非一朝一夕便可以完成的,它需要经过长期、反复的坚持,最后才能成为一个不易抛弃的真正的习惯。习惯养成教育就是要树立戒毒人员对养成良好习惯重要性的认识,帮助他们掌握养成良好习惯的基本技巧和方法、纠正不良习惯,努力使他们养成越来越多的良好习惯。习惯养成教育的具体内容包括以下五个方面。

1. 养成健康的生活习惯。健康的生活习惯能够帮助戒毒人员纠正因吸毒带来的生活恶习,为他们营造新的健康生活状态。要对戒毒人员开展生活卫生知识教育,养成良好的生活卫生习惯;要对戒毒人员开展所内一日行为规范教育,养成良好的行为习惯。

2. 养成良好的学习习惯。学习活动是戒毒人员戒毒期间经常开展的重要活动。戒毒人员养成良好的学习习惯,有助于提高学习的效果。良好的学习习惯包括自觉的学习态度、学习的主动性、学习的专心程度以及运用正确学习方法的熟练程度等。

3. 养成科学的运动习惯。运动干预是戒毒人员身体康复的重要手段。帮助戒毒人员养成正确的运动习惯,有利于他们端正运动态度,提高运动的自觉性、科学性,预防因不良运动习惯带来的运动损伤负面影响,避免挫伤他们运动的积极性。科学的运动习惯包括运动前的热身、选择适合的运动项目和运动强度以及运动时间、运动后的放松、运动带来的快乐感受等。

4. 养成勤快的劳动习惯。生产劳动是戒毒人员教育矫治的重要手段。一些戒毒人员存在好逸恶劳、畏惧劳动、躲避劳动的不良行为。养成戒毒人员勤快的劳动习惯就是要通过劳动行为的训练,让戒毒人员从劳动中获得劳动光荣的体验,养成热爱劳动、积极劳动的好习惯。勤快的劳动习惯包括能够掌握劳动技巧、遵守职业道德和劳动规程、具备劳动安全意识、劳动效率高、劳动成果质量高等。

5. 对不良行为习惯的矫正。对不良行为习惯的矫正是戒毒人员行为养成教育的重要内容,针对戒毒人员出现的具体不良行为,分别或者分类地进行分析,制定针对性的措施并加以实施,以达到对不良行为进行纠正和预防再次出现类似不良行为的目的。戒毒人员在所内常见的不良行为习惯包括生活懒散、个人卫生差、偷工减料、拈轻怕重、打架斗殴、拉帮结伙、称王称霸、上课交头接耳、考试作弊、消极训练等。

（三）文明礼仪教育

文明礼仪是人的言行举止及外在形象的表现，是一个人思想、道德、情操、修养的反映，具有标准化和正规化的特征，又是待人接物的基本规范。文明礼仪教育要以提高戒毒人员文明礼仪素质、塑造戒毒人员文明形象为目的，加强礼仪规范训练，开展必要的礼仪、礼节、礼貌活动，规范戒毒人员言行举止，形成人人讲文明、有礼貌、重礼节的人际氛围，构建“文明有礼、和谐有序”的场所环境。文明礼仪教育的具体内容包括以下四个方面。

1. 规范戒毒人员的仪容仪表。仪容仪表指人的容貌和外表。一般来说，它包括人的容貌、服饰、个人卫生和姿态等方面，是一个人精神面貌的外观体现。要按照场所要求，对戒毒人员的着装、发型、个人卫生等方面进行统一规定，并体现在戒毒人员仪容仪表上。

2. 规范戒毒人员的言行举止。言行举止指一个人的言语、行为、姿态与风度。通过教育、训练和监督，规范戒毒人员言行举止，使戒毒人员做到言谈举止文明，如说话和气、说真话、讲实话，不说粗话、脏话、谎话；坚持使用“您好”“请”“谢谢”“对不起”“再见”等文明用语；不随地吐痰、不乱扔垃圾；饭前便后勤洗手；遇到矛盾会谦让、出现争执懂容忍等。

3. 规范戒毒人员的交往礼仪。交往礼仪是戒毒人员在场所活动过程中因人际交往所形成的应共同遵守的行为规范和准则，包括戒毒人员在日常生活、学习、劳动、训练中与主管民警的交往礼仪，上课时与授课民警的交往礼仪以及戒毒人员之间的交往礼仪等。

4. 规范戒毒人员的集会活动礼仪。戒毒人员在戒毒期间经常会参加戒毒场所举办的各种集会活动。不同集会活动有不同的礼仪要求，如举行升国旗活动，要求戒毒人员庄严肃穆，目视国旗；观看文艺演出，要求戒毒人员端坐静听，演出结束时要鼓掌致谢等。因此，要根据不同集会活动礼仪的规范要求，教育戒毒人员严格遵守，并运用到实践活动中。

第三节　行为养成教育的教学方法

行为养成教育的方法主要体现在教学过程中。教学方法是实现教学目标、完成教学任务不可或缺的工具，是教学过程中戒毒民警与戒毒人员为实现教学目标和教学任务要求，在教学活动中所采取的行为方式的总称。开展行为养成教育的教学方法多种多样，包括以语言传递信息为主的方法、以直接感知为主的方法、以实际训练为主的方法、以欣赏活动为主的方法、以引导探究为主的方法。在教学过程中，教学方法的选择受教学价值观念、戒毒人员特点、教学内容安排、教学组织形式等诸多因素的影响。因此，要根据实际情况选择合适的教学方法开展教学活动。下面介绍几种行为养成教育实践中常见的教学方法。

一、集中授课法

集中授课法，是指通过集中组织戒毒人员的形式对行为养成训练的基本概念、基本理论、基本方法和基本要求进行讲解传授的方法。例如，相关法律法规、所规所纪、卫生常识、行为规定等知识教学比较适合使用集中授课法来开展。在戒毒场所中，常见的集中授课包括室内的课程集中授课、室外的队前训话和讲评、网络化集中授课等。集中授课要多采取互动式、案例式、启发式、参与式教学，调动戒毒人员参与集中授课的积极性，激发他们对行为养成教育内容的学习兴趣。

二、行为训练法

行为训练法，是指根据戒毒人员身份意识淡薄、行为纪律自由散漫、自我控制力较差的特点，反复进行有目的、有计划的行为实操训练，并进行考核督促，使之形成良好行为习惯，增强集体主义观念和令行禁止的服从意识，提高拒毒行为能力的一种训练方法。场所常用的行为训练法有队列科目训练、集体歌咏训练、一日行为规范训练、每日背诵行为规范、戒毒信条训练、劳动生产训练、拒毒防复吸训练和运动康复训练等。

三、情境体验法

情境体验法，是指戒毒民警有目的地引入或创设具有一定情绪色彩的、以形象为主体的生动具体的场景,吸引戒毒人员主动参与体验,从而帮助戒毒人员理解行为养成教育的内容,提高戒毒人员行为规范意识和养成良好行为习惯自觉性的一种教学方法。比如,在一些大型的帮教活动、禁毒宣传活动中设置文明引导员,让戒毒人员通过担任文明引导员体验文明礼仪所带来的各种感受,同时也让其他戒毒人员通过观察、体验文明引导员的服务,在潜移默化中接受文明礼仪教育。情境体验法主要涉及模拟环境、展现情境、音乐渲染情境、表演体会情境、角色模仿情境等。

四、兴趣培养法

孔子曰:"知之者不如好之者,好之者不如乐之者。"可见,兴趣是最好的老师。培养健康的兴趣是戒毒成功的一个重要因素。兴趣培养法就是在行为养成教育中,通过举办各类兴趣爱好培训活动,充分挖掘和培养戒毒人员积极健康的兴趣爱好,减少戒毒人员因不良嗜好对他们行为养成的负面影响。兴趣培养法主要涉及文体活动兴趣、劳动技能兴趣、文化艺术兴趣等方面。

案例 7-1

纠正戒毒人员不良嗜好　培养健康兴趣爱好①

某所大队对戒毒人员进行摸底排查,发现绝大多数戒毒人员首次吸毒或者复吸是与不良甚至违法的嗜好有关,其中大部分嗜好赌博、酗酒等。这些不良嗜好造成的影响对戒毒场所开展教育戒治工作带来很大挑战。为此,该大队从行为修正入手,通过开展兴趣班来培养戒毒人员健康的兴趣爱好,减轻、消除戒毒人员因为不良嗜好造成的负面影响,帮助戒毒人员重新建立良好的兴趣爱好,如读书看报、运动、棋类、音乐等,从而塑造积极向上的价值观、生活态度,由"要我戒"到"我要戒",由"要我做"到"我要做",提升戒治质量。他们的具体做法如下:

组织大队戒毒人员编设兴趣小组,设置读书讲故事小组、戒毒意愿强化小组、球类小组、棋类小组、唱歌兴趣小组,并设置小组长,大队收集《意林》《法制日报》

① 《纠正戒毒人员不良嗜好培养健康兴趣爱好的案例》,载中国法律服务网,http://alk.12348.gov.cn/Detail?dbID=23&dbName=JDJJ&sysID=1106,2019年8月25日最后访问。

等书刊报纸发放给读书讲故事兴趣小组，给戒毒意愿强化小组发放《涅槃》等讲述戒毒成功典型方面的书籍，要求这两个小组戒毒人员根据所看的书报每月写一篇感想，并进行排班，每周一、三、五的午休过后组织大队戒毒人员集合，这两个小组的成员上台讲述感想，讲述结束后民警进行总结讲评。其中，戒毒人员周某、巢某和李某表现特别突出。周某讲述其在社会上爱好玩仿真枪，因为这个原因被公安机关多次抓获，自己所在的圈子里许多人有吸毒行为，后来自己也染上了毒瘾，对其生活造成很大影响。巢某讲述其在社会上以打牌赌博为生，因为缺乏对毒品的认知，听信他人吸毒提神的说法，从而染上毒瘾。李某讲述其酗酒成性，首次吸毒是在醉酒后，经过多次戒毒后都是因为酗酒失去理智而导致复吸，李某看了《涅槃》后，对其中与他有相似经历的戒毒人员成功戒毒的故事深有感触，讲述过程中引起了很多戒毒人员的共鸣。大队利用节假日或停产期间组织篮球、羽毛球、象棋、唱歌比赛，既锻炼了戒毒人员的体魄，也活跃了气氛，增进了戒毒人员之间的互相了解，培养了戒毒人员健康的兴趣爱好，收到良好的戒治效果。

五、评比激励法

评比激励法，是指以竞赛、会操、兴趣成果展示等形式，开展行为养成教育效果评估的一种方法。评比激励法可以很好地调动戒毒人员参与行为养成教育的积极性，而且能够对戒毒民警开展的行为养成教育效果进行评估。在实践中，戒毒民警常用的评比激励法包括戒毒人员内务卫生的检查评比、队列会操比赛、集体歌咏竞赛、戒毒之星的评选、劳动能手的评选等。

第四节　行为养成教育的组织实施

行为养成教育既有认知方面的学习，也有行为上的训练。就其课程特点而言，更侧重于活动中的“事上练”，这是贯彻“知行合一”要求的精义所在。因此，组织实施戒毒人员行为养成教育，应把工作重心和焦点放到戒毒人员日常的戒治生活之中。

一、组织实施的相关部门与职责

根据戒毒场所职能科室、专业中心和各期区功能，进行相应分工，各有侧重，形成合力。场所教育矫正职能科室制定教育矫正工作制度，其中涉及行为养成教育工作的实施要求。大队是负责具体实施行为养成教育的主体，包括戒毒人员一日行为规范养成训练、队列训练、集体歌咏、背诵行为规范和戒毒信条、组织文体活动、组织劳动习惯养成训练和文明礼仪等方面教育的实施，并负责做好戒毒人员日常行为的监督和日常行为习惯的训练与养成。相关专业中心要为大队开展行为养成教育提供指导和帮助，比如，教育矫正中心制订行为养成教育计划，做好教育矫正任务的分解和责任划分，督促行为养成教育的实施开展，同时为戒毒人员身份意识教育、所规所纪、行为规范、文明礼仪规范等专业性教育内容的实施提供指导和帮助；戒毒医疗中心要为行为养成教育中有关生活卫生知识、养成生活卫生习惯等专业性教育内容的实施提供指导和帮助；心理矫治中心要为良好习惯养成的技巧和方法训练，纠正不良习惯的技巧和方法训练等专业性教育内容的实施提供指导和帮助；康复训练中心要为戒毒人员养成正确运动习惯和运动康复习惯等教育内容的实施提供指导和帮助；诊断评估中心要负责组织对行为养成教育内容实施效果的评估，将戒毒人员在遵规守纪、文明礼仪、习惯养成等方面的行为表现纳入诊断评估工作之中，对戒毒人员的行为养成效果作出准确的评估。

二、各期区相关任务的组织实施

四个期区应根据各自职能的不同，分别落实行为养成教育的相关工作任务。生理脱毒区要根据所规所纪、告知戒毒人员权利和义务、认识戒毒场所的性质和任务、树立戒毒人员正确的身份意识等方面的教育内容制订计划，并采取以集中授课为主的方法开展教育；教育适应区要根据相关法律法规、一日生活规范、基本行为规范、内务卫生等方面的教育内容制订计划，并采取集中授课、行为训练等方法开展教育；康复巩固区要制订相关工作计划，注重戒毒人员文明礼仪、学习习惯、劳动习惯、运动习惯等良好习惯的养成，巩固戒毒人员日常行为规范，并采用集中学习法、行为训练法、情境体验法、兴趣培养法、评比激励法等方法，组织戒毒人员开展行为教育主题实践活动；回归指导区要根据巩固戒毒人员良好行为习惯、加强戒毒人员回归社会行为训练等方面的教育内容制订计划，并采取集中授课法、情境体验法等方法开展教育。

案例 7－2

对新入所戒毒人员(含教育适应区戒毒人员)开展行为养成教育

一、教学目标

1. 掌握行为养成教育的内容。

2. 综合运用多种方法开展行为养成教育。

3. 了解和掌握相关行为训练的工作要领。

二、教学内容和要求

分别模拟生理脱毒区和教育适应区现场,分两组人员进行,一组扮演民警,另一组扮演戒毒人员。两组人员分别在生理脱毒区和教育适应区开展行为养成教育实践教学。

(一)完成戒毒人员入所告知任务。

(二)对照生理脱毒区和教育适应区的教育内容,分别选择一项具体行为养成教育课程组织开展教学模拟活动。

(三)开展队列科目训练的模拟演练。

1. 队列训练科目下达流程:

(1)清点人数:报数。

(2)整理着装:顺序不要变,指挥员不稍息。

(3)下达科目:单个队列动作。

(4)内容:立正,稍息、停止间转法、跨立,立正等(根据各所训练内容而定)。

(5)目的:通过队列训练,使戒毒人员掌握队列训练的动作要领及组织训练方法,练好队列基础动作。

(6)方法:理论提示、讲解示范、分组练习、评比竞赛、小结讲评。

(7)要求:认真听,仔细看,勤思考,刻苦练;精神饱满,姿态端正,严格遵守队列纪律;提倡能者为师,互帮互助,共同进步。

2. 队列训练结束后的讲评示例:“稍息,讲评,请稍息。今天的训练,大部分戒毒人员积极性比较高,动作领悟比较快,纠正动作时能够认真体会,队列纪律遵守较好。但也有个别人员态度不够端正,精神面貌不佳,仪容不严整,希望你们在以后的训练中能够克服。讲评完毕,立正,解散。”

（四）开展内务检查评比的模拟演练。

1. 内务检查评比的标准。宿舍光线明亮，空气流通，做到“五净、三线、九无”。“五净”：地面净、床铺净、门窗净、四壁净、物品净；“三线”：被褥叠放一条线，床头牌挂放一条线，生活用品摆放一条线；“九无”：无老鼠、无臭虫、无虱子、无蚊蝇、无蟑螂、无积尘、无杂物、无剩饭剩菜、无异味。

2. 内务检查要求。需有大队2名以上民警开展检查评比，检查要全面进行，不留死角。检查时要认真组织，分工负责。检查中发现的问题，要及时指正，每次检查，都要认真记载，以便及时整改。

3. 内务检查评比的方法。检查按考核规定采取记分制，分为优、良、差三个等级，按照检查标准“优、良”赋予不同程度的加分，“差”兑现不同程度的扣分。

4. 检查评比结果的运用。检查评比结果是戒毒人员内务卫生行为养成教育效果的重要体现，是诊断评估中行为表现的量化考核项目。根据检查评比结果，可评选内务卫生先进宿舍和内务卫生先进个人，或采取流动红旗的方式，在内务卫生先进的宿舍加挂流动红旗；对内务卫生评比差的集体或个人，要给予批评教育，并对这类戒毒人员开展有针对性的个人内务强化训练。

（五）体会生理脱毒区和教育适应区两个不同期区之间行为养成教育的异同之处。

三、标准和评估

1. 评估是否掌握开展行为养成教育的内容和方法。

2. 对生理脱毒区和教育适应区之间的教育内容能否进行区分，并能够有针对性地运用不同的方法。

3. 对相关法律法规、所规所纪、行为规范等基本规章制度是否熟悉。

4. 对内务卫生的检查和评比、队列会操等行为养成教育相关活动的组织实施流程是否了解。

复习思考题

1. 简述行为养成教育的概念。
2. 简述行为养成教育的课程目标。
3. 简述行为养成教育的单元目标。
4. 阐述行为养成教育的具体内容。
5. 试析行为养成教育的常见教学方法。

6. 行为养成教育组织实施的难点在哪里？请结合你所学到的知识谈谈如何有效开展戒毒人员行为养成教育。

■ 本章主要参考文献

1. 徐国君等:《行为价值管理研究》,东北财经大学出版社 2013 年版。
2. 司法部戒毒管理局组编:《司法行政强制隔离戒毒教育矫正实务》,法律出版社 2021 年版。
3.《纠正戒毒人员不良嗜好培养健康兴趣爱好的案例》,载中国法律服务网,http://alk.12348.gov.cn/Detail? dbID = 23&dbName = JDJJ&sysID = 1106,2019 年 8 月 25 日最后访问。
4. 高莹主编:《矫正教育学》,教育科学出版社 2007 年版。
5. 司法部戒毒管理局组编:《司法行政戒毒工作概论》,法律出版社 2017 年版。
6. 司法部戒毒管理局组编:《司法行政强制隔离戒毒管理实务》,法律出版社 2017 年版。
7. 陈鹏忠主编:《强制隔离戒毒工作基层执法实务流程》,浙江大学出版社 2013 年版。
8. 孙明强:《制度胜于一切》,新华出版社 2007 年版。
9. 陈慧芬、李坚评、雷五明:《心理咨询的理论与方法》,华中科技大学出版社 2006 年版。
10. 谢利民、郑百伟主编:《现代教学基础理论》,上海教育出版社 2003 年版。

第八章　文化素质教育

本章摘要

在各类教育矫正内容中，文化素质教育具有基础性、先导性的作用。通过本章的学习，了解文化素质教育的概念，理解文化素质教育的教学目标及有关规定，领会文化素质教育的主要教学内容，灵活运用适当的教学方法，有效地组织实施文化素质教育活动。

重点问题

本章的重点是文化素质教育的概念、教学目标、教学内容、教学方法与组织实施。

第一节　文化素质教育的教学目标

文化素质教育，是指根据戒毒人员的文化程度与学习需要，有目的、有计划地帮助戒毒人员提高文化素质、增进认知能力、激发学习兴趣、陶冶美好情操的系统影响活动。[①] 许多教育矫正内容都是"以文化知识为媒介进行的"。[②] 在戒毒场所中，开展文化素质教育不仅有利于戒毒人员学习文化知识，增强认知能力、理解能力，提升人文素养、科学素养，而且对于他们认识毒品的危害性，理解吸毒的违法性，在此基础上纠正错误认知、增强戒毒意愿、增强戒毒信心，都具有一定的积极意义。

---

① 姜祖桢等：《戒毒学》，法律出版社 2022 年版，第 275 页。

② 夏宗素主编：《矫正教育学》，法律出版社 2014 年版，第 254 页。

一、文化素质教育目标的有关规定及理解

文化素质教育的核心是人文教育，人文教育的目的是立德，立德也是育人的第一位任务。成人必先立德，成才必先成人。这是素质教育的目的，也是文化素质教育的目的。文化素质教育的起点是知识传授，而最终目的是素质养成，从知识到素质有一个循序渐进的过程。戒毒人员大多文化素质较低、认知能力较弱，对禁毒政策法规、戒毒基本常识等相关信息理解困难。[①] 这就需要通过开展文化素质教育，不断提高戒毒人员的知识水平与接受能力，使其能够听懂、学会、练熟必修的知识与技能，确保教育矫正工作达到预期的效果。

通常而言，文化素质教育要解决的问题主要包括三个方面。第一，解决知识面和知识结构的问题，使戒毒人员的知识面有所拓宽，知识结构有所丰富。第二，解决文化层次和水平问题，使戒毒人员的文化层次和水平有所提高。第三，解决做人的问题，使戒毒人员的道德品质和思想境界有所提升，能够更好地适应社会。

在《教育矫治纲要》中，与文化素质教育密切相关的目标主要包括提升文化素养、戒除毒瘾、成功融入社会等。《教育矫治纲要》在具体内容部分对文化素质教育进行了介绍，即“举办文学、历史、音乐、书法、绘画、科技知识等讲座，以优秀传统文化和现代文化提高戒毒人员文化素养，激发生活热情，树立健康生活态度。鼓励戒毒人员参加电大、函授、高等教育自学考试”。《教育矫正指南》在此基础上把鼓励戒毒人员参加的“电大”改为“开放大学”，并进一步提出“对未完成九年制义务教育的未成年戒毒人员，应当为其提供相应的义务教育教学”。上述规定不仅对文化素质教育的内容加以阐述，而且对文化素质教育的目标进行了设定。其中，知识方面的目标是帮助戒毒人员了解“文学、历史、音乐、书法、绘画、科技知识”以及“优秀传统文化和现代文化”；情感、态度与价值观方面的目标是“提高戒毒人员文化素养，激发生活热情，树立健康生活态度”。

二、文化素质教育的教学目标分析

（一）文化素质教育的基本目标

文化素质教育作为戒毒场所教育矫正的基础，关注的是戒毒人员的全面发

---

① 司法部戒毒管理局组编：《司法行政强制隔离戒毒教育矫正实务》，法律出版社 2021 年版，第126 页。

展,使之激发生活热情,树立健康生活态度,提高道德感和责任感,成为人格健全的合格公民,是一种以人为本的教育观。因此,文化素质教育的基本目标是要教会戒毒人员习文、做人、处世,包括使之树立正确的世界观、人生观和价值观,学会正确对待自己、他人、集体、社会、国家乃至全人类和自然环境,树立爱祖国和爱人民、拥护党的领导、拥护社会主义的信念,培养对中华文化的认同感,开拓价值观、道德观、审美观的深度和广度,培养良好的公民素养,具备一定的学习兴趣和学习能力,使其科学文化知识水平有所提高,为实现回归社会、创造美好的新生活而奠定人文素养基础。

(二)文化素质教育的具体目标

戒毒场所要将文化素质教育的基本目标理念植入戒毒人员的心中,真正将重塑人格、人文关怀作为文化素质教育的宗旨,通过开展文化素质教育,实现以下四个具体目标。

1. 提升戒毒人员的文化素养。文化的创造与发展是区别人与动物的重要标志。人类正是用自己创造的文化来培育教化自己,从而达到提升境界、增强修养、树立道德、发展理性的目的。而文化素质的缺乏是造成吸毒的根源之一,因此必须通过文化素质教育,及时填补戒毒人员的文化空白,这是顺利开展教育矫正活动的前提条件。

2. 增强戒毒人员的戒治动机。动机是能够培养的,戒毒人员接受教育矫正的自觉性影响着矫正的效果。戒毒人员的文化水平高低成为直接影响戒治动机形成的重要因素。所以,应以先进的文化感召、教化戒毒人员,培养他们自觉接受戒治的动机。

3. 促进教育矫正工作顺利开展。文化水平是教育矫正的基础。一般来说,文化知识的多少与接受教育的能力、理解能力是成正比的。开展文化素质教育,正是为了帮助戒毒人员增长文化知识,提高认知水平,促进和保障其他戒治活动的顺利开展。

4. 增强戒毒人员的适应社会能力。戒毒人员适应社会能力较差,不能正确地看待和处理社会生活中的矛盾和问题,很大程度上在于他们的认知水平存在缺陷。开展文化素质教育,有利于帮助戒毒人员获取正确认知,学会正确归因,作出理性判断,选择合理的应对方式。

第二节　文化素质教育的教学内容

文化素质教育的内容极其广泛而丰富。由于戒毒人员的文化层次不同、年龄差距较大、学习时间有限，因而戒毒人员的文化素质教育课程从内容架构到知识体系都不同于普通学校的相关课程，[①]必须对其中的教学内容加以精选与整合。文化素质教育的教学内容，包括以学习文化知识、改善认知体验为主的文化课程和以提升人文素养为主的素质课程，具体可划分为以下四个方面。

一、基础文化

基础文化教育应坚持因地制宜、因人制宜原则，根据戒毒人员的文化层次和戒毒场所的教学能力，设置不同的课程内容。其中，为文盲戒毒人员开展扫盲教育，使之具备基本的读写能力；地处少数民族区域的戒毒场所应根据实际情况开展当地民族语言文字和汉语言文化知识教学；鼓励符合条件的戒毒人员参加成人学历教育，为他们参加开放大学、函授、高等教育自学考试等提供便利条件。对于未完成九年制义务教育的未成年戒毒人员，应当为其提供相应的义务教育教学内容。

二、科技知识

科技知识教育是一种以讲授基本科学常识为手段和载体，以素质教育为依托，体验科学思维方法，培养科学精神与科学态度，建立科学知识观与价值观的教育。戒毒场所的科技知识教育主要向戒毒人员讲授自然科学的基本常识，介绍当今世界最新科技成果，突出当代中国在科学技术领域取得的优秀成果。同时，要紧密结合当代经济社会生活与人民群众息息相关的科技应用成果，依托互联网、大数据、区块链、人工智能等技术开发的民生应用成果，如网上消费、智能家居、智慧出行等，使戒毒人员在充分感受时代进步、增强民族自豪感的同时享受科技进步带来的便利。

---

① 王雪峰主编：《矫正教育学》，法律出版社 2022 年版，第 134 页。

三、艺术审美

艺术的概念十分宽泛，外延涵盖很广，表现形式也丰富多彩。因为艺术具有融通性，在帮助人们滋养心灵、陶冶情操、提升人文素养中发挥着潜移默化的作用。因此，在戒毒场所开展艺术审美教育，对于挖掘和培养戒毒人员积极健康的生活情趣，改善他们的社会认知，激发他们追求真善美、摒弃假恶丑的自主意识都具有积极意义。艺术审美教育的内容应坚持继往开来、兼容并蓄，既要立足中华民族传统文化，又要放眼世界优秀文化，吸收借鉴古今中外的优秀文化成果，精选教育教学内容。开展艺术审美教育的形式也很多，比如，阅读文学作品，欣赏影视经典，参与文艺演出，组织开展音乐舞蹈、书法美术、艺术欣赏等主题活动，使戒毒人员在愉悦的学习欣赏过程中发展人性，提升戒毒人员的人格操守和精神境界。

四、中国特色社会主义文化

党的十八大以来，党和国家对加强文化建设提出了一系列新思想、新论断、新要求，明确将文化自信列入“四个自信”的范畴中。设置戒毒人员文化素质教育内容，应当将党和国家关于文化建设的一系列新思想、新论断、新要求吸收进来。结合戒毒人员教育矫正工作实际，应将《教育矫治纲要》《教育矫正指南》中关于文化素质教育的内容进行补充、完善。把原来的“优秀传统文化和现代文化”表述为“中国特色社会主义文化”，内容包括“中华优秀传统文化”“红色革命文化”“社会主义先进文化”三个方面。

(一)中华优秀传统文化

中华优秀传统文化是中华民族在漫长历史发展中凝练出来的智慧结晶，昭示了中华民族的璀璨文明，是中华民族和中国人民在修齐治平、遵时守位、知常达变、开物成务、建功立业过程中逐渐形成的有别于其他民族的独特标识。选取中华优秀传统文化教育内容，应着重开掘民族传统文化中“崇仁爱、重民本、守诚信、讲辩证、尚和合、求大同”等思想理念，“自强不息、敬业乐群、扶正扬善、扶危济困、见义勇为、孝老爱亲”等传统美德，有利于戒毒人员塑造和培育中华民族的思维方式、精神品格、价值取向和行为方式。中华民族优秀传统文化的载体很多，可选择的素材浩如烟海，经史子集、历史典故、诗词歌赋、小说戏剧等，选取教学内容时应该根据当代社会的时代特征、主流价值和戒毒人员认知特点进行二次加工，提炼精要的教育元素。

司法部戒毒管理局统编教材《文化素质教育(传统文化)》(2017年版)着眼于传统文化熏陶，力求从中华传统文化尤其是国学典籍中，撷取那些历经千年传承、塑造了中国人人格心理的精髓篇章，结合戒毒人员的精神需要和接受实际，作深入浅出的解说与触动心灵的发挥，诉诸情感打开心扉，诉诸情理明达世事，诉诸情志催生希望，在潜移默化中给戒毒人员的生命之境注入阳光、带来生机。该教材分为"喜""怒""忧""惧""爱恶""欲"六大章。这六大章既是一个有机联系的整体，把传统文化精粹融入戒毒场所特定的语境中来阐释；又有专题讲座的特点，内容以情感化人、以理启发人、以志引领人，力避说教，语言生动活泼，具有很强的时代感和可读性，对场所教育具有很好的参考价值。

(二)红色革命文化

红色革命文化是近代以来特别是五四运动以来，在党和人民的伟大斗争中培育和创造的思想理论、价值追求、精神品格，如红船精神、井冈山精神、长征精神、延安精神、西柏坡精神等，集中体现了马克思主义指导下中国人民顽强不屈、坚韧不拔的民族气节和英雄气概。红色革命文化教育内容的选取，应着重反映第一次国内革命战争、第二次国内革命战争、抗日战争、解放战争等几个重大革命斗争时期，中国共产党领导中国人民在推翻帝国主义、封建主义、官僚资本主义革命斗争中涌现出来的优秀文化作品和文化载体，包括中共党史、军史、中国革命史及其他相关的小说、诗歌、戏剧、影视作品等。

(三)社会主义先进文化

社会主义先进文化是在党领导人民推进中国特色社会主义伟大实践中，在马克思主义指导下形成的面向现代化、面向世界、面向未来的社会主义文化，代表着时代进步潮流和发展要求。中国特色社会主义共同理想和共产主义远大理想、马克思主义中国化的制度和理论成果、社会主义核心价值观、以爱国主义为核心的民族精神和以改革创新为核心的时代精神等，共同熔铸了社会主义先进文化。选取社会主义先进文化的教学内容，应紧扣上述核心要素，尤其精选当代文化建设领域涌现出来的优秀文化产品，如文学戏剧、影视作品、书法美术、音乐舞蹈等。

第三节　文化素质教育的教学方法

教学方法是在一定的教育思想指导下形成的实现教学目标、完成教学任务的具体措施、手段和行动准则。正确地运用各种教学方法,对提高教学质量、实现教学目标、完成教学任务具有重要的意义。结合我国戒毒工作的成功经验,戒毒人员文化素质教育常用的教学方法主要有课堂教学、讲座、实践活动等。

一、课堂教学

文化素质课堂教学是戒毒场所对戒毒人员开展的以提高戒毒人员文化知识水平为目的,由专门的文化教师开展的有教学计划、固定时间、固定场所的教学活动。对于戒毒人员而言,开展文化素质课堂教学的最终目标是通过学习掌握文化知识,改善认知结构,形成良好的教育矫治态度和意志品质。课堂教学的形式既可以采用课堂讲授,也可以开展视频教学、电化教学、网络教学,直观、形象地传授教学内容。在此基础上,通过兴趣小组活动、讲评教育、专题讲座等多种形式,提高教学效果。提倡启发式、互动式教学,采用案例讲解、课堂讨论等方式,充分调动戒毒人员学习文化知识的兴趣与热情。

二、讲座

讲座是由授课教师不定期地就某个特定的主题向戒毒人员讲授与中华文化、艺术审美、科技有关的知识和技巧,使其扩大见闻、提升文化素质或改善其某种能力、心态的一种教育形式,可以利用主题报告会、广播、电视或精品录播回放的方式进行。授课教师可以是所内的民警,也可以邀请所外专家学者、文化志愿者等。同时,戒毒场所可以充分利用所内通信网络设施以及有关媒介加强讲座内容的宣传,使更多的戒毒人员能够从中受益。

三、实践活动

戒毒场所可以采用“第二课堂”实践活动的形式来辅助开展文化素质教育,在戒毒民警的指导下,由戒毒人员自主进行文化实践,如戒毒场所经常举行的“阅读传统文化经典著作”“戒毒人员体艺节”“文化月”等丰富多彩的实践活动,通过高雅的文化艺术熏陶,不断提升戒毒人员的人文素养。

以上介绍的这三种有效的方法,值得广大民警在实践中不断地去创新,在调查研究的基础上,根据文化素质教育的要求和戒毒人员的学习反馈,不断挖掘戒毒场所人文建设中蕴含的文化元素,创造性转化为戒毒场所的文化素质教育资源,努力提高教育教学质量,增强教育教学效果。

第四节　文化素质教育的组织实施

一、组织机构与专业保障

戒毒场所教育矫正中心负责文化素质教育的具体实施,根据收治规模配备一定数量的专兼职文化教师。教育矫正中心负责制订全所的文化素质教育计划,定期组织专兼职教师开展固定的教学活动。同时,可以借助社会力量开展文化素质教育,聘请大专院校、社会团体相关专业的专家学者、文艺工作者、科技人士作为文化素质教育的顾问或授课教师,建立名师工作室,开设名家名流讲堂,不定期举办相关讲座。教育矫正中心还应建立文化素质教育的班级编排与课时管理制度、备课制度、教学质量评估制度等。要根据场所管理及教学的需要,合理编班。既不能过分强调管理的需要而不分层次或人为减少层次,也不能过分强调教学的需要而层次分得过细,造成组织困难。传统的编班方式往往会以戒毒人员大队为单位。大队所有戒毒人员的学习进度、学习内容、学习考核同时进行,优点是整齐划一、便于管理组织,不足是针对性较差。随着教育矫正中心的实体化运行,戒毒人员文化素质教育的编班也应根据实际作出调整和完善。

二、具体实施步骤

(一)学情分析

学情分析是文化素质教育的首要环节,是制订文化素质教育计划、开展教育活动以及评估效果的基础。具体而言,学情分析包括以下两个方面的内容:一是基于教育对象的学情分析,主要是戒毒人员基本情况,如姓名、性别、年龄、文化程度、戒毒次数、入所时间等。负责教育矫正工作的民警不太可能对每个戒毒人员的情况都十分清楚,但需要有一个群体性的分析。二是基于教育主题的学情分析。不同的课堂教学、讲座或实践课有不同的目标和内容,这些目标是教育活动预期达成的结果,但在实施前必须要了解戒毒人员的“起点”。对于文化知识类的目标,需要了解他们对该类知识了解多少、理解多少、掌握多少;对于文化价值类的目标,需要掌握他们目前的想法、看法或者观点;对于实践能力类的目标,需要分析评估当前的能力水平。此部分的学情分析,相较于基本情况分析而言更为复杂,要求更高,所需的时间也会更长。

(二)制订计划

戒毒场所应根据司法部戒毒管理局和省级戒毒管理机关年度工作计划,制订文化素质教育计划,直接指导不同层级的教育矫正机构开展文化素质教育活动。要对年度开展的文化素质教育课堂教学、讲座、实践课的相关内容进行总体安排,通过制定“课程表”“日程进度表”的形式进一步具体安排每项课堂教学或实践活动的教育时间、地点、人员以及相关事宜。

(三)准备文案

传统的文化素质教育主要是以教师讲授为主,所以文案一般以记录教师拟讲授的知识或开展的活动内容为主。现代的课堂教学倡导以教师为主导、以学生为主体,通过案例分析、活动体验、情境探究等形式,在师生互动、生生互动的过程中达成教育目标。因此,戒毒场所教育文案可以主要表现为文化教师对文化素质教育活动的设计,重点是教育过程中如何启发引导戒毒人员体验、思考、反思与运用。对新教师而言,建议尽量撰写比较详细的文案,以不断提高现场教育的驾驭能力以及经验提炼总结的文字能力。

(四)现场教学

不同文化层次的不同个体对于文化素质教育教学的接受度有所不同,现场教学中要注意个体的独立性,避免过多地单纯讲大道理,注意结合每位个体具有的自由意志和独立人格,重视自主学习的自觉意识,培养自我教育与自我完善的能力。此外,与普通学校的文化素质教育相比,戒毒场所的教育对象、教育性质、教学目标等方面具有较大的特殊性,组织实施时要重点关注作为教师的角色定位问题。目前,戒毒场所大部分的教育矫治活动由民警组织,在此过程中民警可能要扮演多种角色,既是管理者、执法者又是教师,因此,管理中需要教育引导。教育时应严肃认真,一味强调"严"、刻意追求"柔"都是不合适的,保持一颗助人的初心,刚柔并济,才能比较容易找到文化教师的定位。

(五)考核评估

文化素质教育活动结束后,需要对其结果进行评估。一方面,了解此次教育活动是否达到了预期的效果;另一方面,分析总结成功因素以及不足之处,为提高教育教学水平、提升教育教学质量、改善管理提供反馈信息。戒毒人员文化素质教育的考核结果应列入诊断评估项目。教学活动中的成功教学案例应及时总结提炼,上报相关案例库,共享教育教学优秀成果。

三、开展文化素质教育应当注意的问题

开展文化素质教育应当注意以下四个方面的问题。

第一,戒毒场所应当根据戒毒人员不同的戒毒期限,合理安排教学计划,保证完成规定的教育内容。在具体实施中,要按照《教育矫治纲要》的相关规定,完成文化素质教育 20 课时的任务,可统一由教育矫正中心牵头,重点放在康复巩固区的课堂教学并以此形式去落实,要做到"少而精、要管用",在尽量小幅度增加课时的前提下,达到文化素质教育的基本目标。同时,课程教学体系既要与教育矫正需求相一致,又要有利于个体的发展;教学内容既要有现实性,又要对戒毒场所教育矫正质量的提高、戒毒人员的个体发展发挥长期效用。

第二,中国特色社会主义文化的课堂教学难度大,教师素质是关键。因此,戒毒场所需要遴选有深厚的传统文化功底、阅历丰富的民警担纲教师,从而能够很好地掌握传统与现代的情境切换、语言转换的技巧,能够有效结合戒毒人员的文化素质和兴趣点,积极调动授课氛围。此外,还要借助"智慧戒毒"的高科技手段支持以及真正落实考核激励机制。如果其中一个环节达不到要求,需要其他环节来补救,那么工作难度会增加,教育效果也会大打折扣。

第三,开展文化素质教育,尤其是开展中国特色社会主义教育,要与道德实践活动相结合,要有意识地把戒毒人员的日常行为与对其的道德评价相联系,要充分利用"一封家书"、亲情电话、探访、戒毒人员家属开放日等机会,增强戒毒人员的家庭责任感和社会责任感。

第四,要搞好统筹协调,教育矫正中心和大队要分工合作,确保教学任务顺利完成。同时,要认真填写教学日志,做好课程开展情况的记载、登统和存档工作。

案例 8-1

一、案例介绍

优秀传统文化教育在戒毒人员中的实践应用

中国优秀传统文化源远流长、博大精深,成为民族代代传承的"根"与"魂"。广东省女子强制隔离戒毒所充分发挥传统文化教化人心、润泽心灵的作用,将传统文化教育纳入戒毒人员教育戒治全过程,提升戒毒人员文化素养,从而助力教育戒治质量的提升。

二、流程方法

(一)精心营造良好的传统文化环境氛围

以所内每个大队为单位,用"孝悌、仁爱、明礼、诚信"为主题,通过打造院区文化长廊和院区宿舍文化,将传统文化与戒毒人员的思想认识、行为规范相结合,强化戒毒人员"内省",实现"毒能戒""我要戒"的转变。

(二)开展形式多样的传统文化教育课程

1. 以戒毒人员群体特性和认知需求为出发点,围绕"孝悌、仁爱、明礼、诚信"的院区文化价值体系,编制适合戒毒人员学习的传统文化教育矫治课程教学大纲,选取《弟子规》《诗经》《论语》《三字经》等传统文化经典选段,整理编辑传统文化专家的经典讲稿,开展课堂教学。

2. 组织诵读诗词歌赋,介绍传统民族艺术,过好民族传统节日等活动,让戒毒人员全面了解祖国历史,了解民族文化,在"知廉耻、守礼仪"的基础上,达到怡情冶性的目的。

3. 引入《百家讲坛》等传统文化宣讲碟,推荐具有励志和爱国意义的优秀电影、电视和宣传资料片;利用好院区电视台、电化教学系统、所报所刊、文化墙、黑板报、宣传栏等设施,开展全方位、多角度、多层次的传统文化教育,发挥系统教育功能,实现教育资源的优质配给。

4. 开展专题教育,引入家庭教育,拓展社会帮教。邀请社会团体、知名人士来所讲座,实现专家讲座与民警授课相结合、课堂教学与主题活动相结合、常规教育与特色教育相结合。

(三)分期分区,形式多样,以传统文化启迪人生

1. 生理脱毒区,入门诵读夯基础,启迪主人翁精神。每天的晨读是精神的体

操。在生理脱毒区,倡导戒毒人员大声读书,读出精神,读出气势,陶冶情操。开展"经典诵读"比赛,引导她们拨正人生航向,重塑人生理想,充满信心地开启两年戒治生活。在诵读的基础上,民警与戒毒人员共同探讨经典内涵,晓之以理,导之以行,让中华经典的核心内化到戒毒人员的思想中,落实到行为上。

2. 教育适应区,写字教育为突破,启迪传统伦理之德。每周开设两节写字课,每节课45分钟,以传统文化为内容,以练习硬笔书法和毛笔书法为课程形式,由专业的民警带领戒毒人员写字,引领戒毒人员自觉走进传统文化领域。通过长时间的实践,效果明显。教育适应区的戒毒人员不仅写得一手漂亮的汉字,在性格上也更沉稳文静了。这有助于她们更好地明确戒治目标,融入戒治生活,为下一步康复巩固区戒治打好基础。

3. 康复巩固区,版画创作庆节日,启迪爱国主义精神。以纸版画为起点,融入中国传统节日,将春节、元宵节、清明节、端午节、中秋节、重阳节六大传统节日作为主要的课程内容,在了解、感受、表达传统节日的基础上,引导戒毒人员用纸版画创作有关传统节日的作品,或人物,或山水,或风景……在欣赏及创作中获得美的体验,在丰富的体验活动中感受传统节日文化,提高戒毒人员的审美与表达能力,以传统节日的文化精髓启迪戒毒人员的民族精神和爱国主义精神,帮助她们重燃民族自豪感,重塑生活信心,更加坚定戒治信念。

4. 回归指导区,和诗以歌吟心声,启迪人生价值方向。组织戒毒人员和诗以歌,以"一首诗、一支曲、一个人"轻松活泼的方式在歌唱中学诗词、背诗词,感受传统文化音韵之美,体会传统文化实质内涵。每周组织戒毒人员吟唱两到三首由诗词改编的歌曲,由民警先吟诗词原篇,简单介绍诗词背景与立意,再由戒毒人员现场进行吟唱、独唱、组合唱等,最后让她们分享吟唱心得和内容感触。通过"和诗以歌",将古诗词与现代谱曲相结合,演绎一个个人物的思想、情感、志向,从而启迪戒毒人员人生的新方向,增强戒毒人员社会适应能力和融入社会的信心,促进其顺利回归社会。

5. 贯穿全区,启迪"千里之行,始于足下"的理念。利用每周一升国旗仪式,组织戒毒人员齐唱国歌,向国旗行注目礼。在升国旗仪式后向先师孔子雕像行鞠躬礼,齐诵《论语》经典,使戒毒人员在庄严的升旗仪式中,了解国学经典的重大意义,实现人格的转化和道德修养的完善。

(四)借智借力,形式多样,加强多方交流合作

举办"戒毒文化节",坚持"节日搭台、文化唱戏",根据春节、元宵节、清明节、

端午节、中秋节、重阳节等节日特点，开展传统文化主题活动，通过演唱感恩歌曲、编排感恩节目等，弘扬感恩孝道文化，营造“节日育人”的文化氛围；借力社会资源，邀请志愿者在戒毒人员中深入开展传统文化教育，进一步升华教育内涵。

三、案例心得

（一）对于传统文化要取其精华、去其糟粕，有针对性地选择适用性的内容进行教育。

（二）结合戒毒人员的年龄、文化水平等实际情况，采取简明易学、容易吸收的方式进行教育。

（三）开展传统文化教育要与时俱进、开拓创新，要随着时代的发展而不断补充和优化，并结合当前戒毒教育矫治工作的实践需求，在传统文化的核心主题上赋予新的时代内涵，充分发挥文化的引领、熏陶、激励、塑造作用。

复习思考题

1. 简述文化素质教育的概念。
2. 简述文化素质教育的意义。
3. 简述文化素质教育的基本目标。
4. 试析戒毒人员艺术审美教育的内容。
5. 试述戒毒人员文化素质教育常用的教学方法。
6. 谈谈开展文化素质教育应当注意的问题。

本章主要参考文献

1. 姜祖桢等:《戒毒学》,法律出版社 2022 年版。
2. 夏宗素主编:《矫正教育学》,法律出版社 2014 年版。
3. 司法部戒毒管理局组编:《司法行政强制隔离戒毒教育矫正实务》,法律出版社 2021 年版。
4. 王雪峰主编:《矫正教育学》,法律出版社 2022 年版。
5. 司法部戒毒管理局组编:《文化素质教育(传统文化)》,法律出版社 2017 年版。
6. 杨小京:《传统文化与素质教育研究》,吉林人民出版社 2019 年版。
7. 胡晶晶:《中国特色社会主义文化格局的塑造:基于文化使命视角》,国家行政管理出版社 2022 年版。
8. 冯潮华、林蔚芬主编:《中国革命历史与红色文化传承:红色文化高端论坛论文集》,福建人民出版社 2022 年版。

第九章　劳动与职业技能教育

——| 本章摘要 |——

劳动与职业技能教育作为教育矫正内容的重要组成部分，是帮助戒毒人员适应生产劳动需要、掌握职业技能的专门性教育活动。通过本章的学习，了解劳动与职业技能教育的概念，理解劳动教育、职业技能教育的教学目标，领会劳动教育、职业技能教育的主要教学内容，灵活运用适当的教学方法，有效地组织实施劳动与职业技能教育活动。

——| 重点问题 |——

本章的重点是劳动与职业技能教育的相关概念、教学目标、教学内容、教学方法与组织实施。

第一节　劳动与职业技能教育的教学目标

劳动与职业技能教育，是指根据社会需求、戒毒场所工作需要和戒毒人员的自身特点，有目的、有计划地组织戒毒人员参加生产劳动、职业培训，使他们在掌握安全生产常识与职业技能的同时树立正确的劳动态度、改变好逸恶劳的思想和习惯、提高职业道德水平的系统影响活动。① 一方面，戒毒场所组织戒毒人员进行生产劳动，充分发挥劳动的教育矫正功能，帮助戒毒人员树立正确的劳动态度和观念，改变好逸恶劳的思想和习惯；另一方面，戒毒场所开展职业技能培训，帮助戒毒人员掌握一定的职业技能，从而增强回归社会的信心和融入社会的能力，为

---

① 姜祖桢等：《戒毒学》，法律出版社 2022 年版，第 276 ~ 277 页。

其以后就业谋生创造有利条件。①

一、劳动教育的教学目标

长期实践证明，生产劳动是戒毒人员教育矫正工作的重要手段，是以可操作性、实践性为主导的学习方式，在促进戒毒人员身心康复、行为养成、技能提升、意志磨炼、价值观念重塑、提升自信、社会适应等方面发挥着重要功能，具有十分重要的作用。劳动教育包含劳动观念、劳动技能、劳动纪律等方面的教育，旨在培养戒毒人员正确的劳动观念、劳动态度、劳动习惯，使其获得生产劳动基本知识、基本技能、技术规范和纪律要求。从某种意义上说，能否做好劳动教育工作是戒毒工作是否成功的重要指标。

《教育矫治纲要》《教育矫正指南》的相关规定是制定劳动与职业技能教育课程目标的重要依据。在教育矫治的总体目标中，与职业技能教育密切相关的目标包括掌握就业谋生技能、增强社会适应能力。《教育矫治纲要》在具体内容部分不仅对劳动教育加以规定，即"组织戒毒人员进行生产劳动，充分发挥劳动的教育矫治功能，帮助戒毒人员树立正确的劳动态度，改变好逸恶劳的思想和习惯"，而且对安全生产知识教育作出要求，即"组织戒毒人员学习安全生产法规、安全生产常识、劳动保护知识，提高戒毒人员安全生产意识，树立劳动观念，养成劳动习惯，掌握劳动技能"。《教育矫正指南》在此基础上明确提出"组织戒毒人员学习习近平总书记关于安全生产重要论述、安全生产法律法规、安全生产常识、劳动保护知识，提高戒毒人员安全生产意识和能力"。上述规定不仅对劳动教育的内容加以阐述，而且对劳动教育的目标进行了设定。其中，知识方面的目标是组织戒毒人员学习习近平总书记关于安全生产重要论述、安全生产法律法规、安全生产常识、劳动保护知识；能力方面的目标是帮助戒毒人员提高安全生产能力，掌握劳动技能；情感、态度与价值观方面的目标是帮助戒毒人员提高安全生产意识，树立正确的劳动态度和观念，改变好逸恶劳的思想和习惯，养成劳动习惯。

随着我国经济社会的高速发展和戒毒工作体制改革，生产劳动对戒毒人员的矫正功能和作用将更加突出。矫正吸毒恶习和错误的世界观、人生观，必须经过长时间的、系统性的生产劳动和教育矫正实践才有可能达到预期效果。戒毒场所

① 司法部戒毒管理局组编：《司法行政强制隔离戒毒教育矫正实务》，法律出版社 2021 年版，第 126 页。

要积极创新生产劳动方式,丰富劳动教育的内容,充分调动戒毒人员参加生产劳动的积极性,使戒毒人员在生产劳动的过程中,转变错误思想,矫正行为恶习。要让戒毒人员理解政府投入巨资创造的生产劳动系统,是戒毒人员养成良好劳动习惯、提高劳动技能的宝贵条件。戒毒人员参加生产劳动,在为社会创造价值的同时,也有利于戒毒人员体验自身价值,增强戒毒信心。对戒毒人员的生产劳动应实行评估奖分和劳动报酬制度,使戒毒人员在培养良好劳动习惯、提高劳动技能的同时,缓解生活困难,取得良好的戒治成果。要建立科学规范的生产劳动管理模式和考核奖惩制度,并纳入综合性诊断评估,通过完善激励机制,充分调动戒毒人员生产劳动的积极性,使劳动教育发挥更大的矫正作用。

二、职业技能教育的教学目标

当前,我国经济已由高速增长阶段转向高质量发展阶段,建设现代化经济体系必须把发展经济的着力点放在实体经济上,迫切需要全面提升劳动者素质,建设知识型、技能型、创新型劳动者大军。调查研究表明,许多解除强制隔离戒毒人员的再就业难题是阻碍其回归社会、导致其高复吸率的核心诱因。[①] 对于解除强制隔离戒毒人员而言,如果有一份固定的职业,就能获得安全感,从而静心反思,倍加珍惜自由的生活;而一旦失业,就可能因为新的生存危机而自暴自弃、重新复吸,甚至可能因心理失衡产生逆反、防卫心理而肆意报复社会。因此,对戒毒人员进行职业技能教育显得尤为重要。

在《教育矫治纲要》中,与职业技能教育密切相关的目标主要包括掌握就业谋生技能、增强社会适应能力、戒除毒瘾、成功融入社会等。《教育矫治纲要》在具体内容部分对职业技能教育加以规定,即“落实国家禁毒办等11个部门联合下发的《关于加强戒毒康复人员就业扶持和救助服务工作的意见》(禁毒办通〔2014〕30号),将戒毒人员职业技能培训纳入当地职业技能培训总体规划,根据戒毒人员的特点和社会需求设置职业技能培训项目,帮助戒毒人员考取职业技能资格或等级证书,为就业创造条件”。《教育矫正指南》在此基础上进一步提出“设置2个以上的职业技能培训项目,举办创业培训班,帮助戒毒人员考取职业技能培训合格证书或等级证书,为就业创造条件”。上述规定不仅对职业技能教育的内容加以阐

---

① 王清:《强制戒毒人员再就业困境的原因分析与路径探讨》,华中科技大学2016年硕士学位论文,第1页。

述,而且对职业技能教育的目标进行了初步的设定。其中,能力目标是“帮助戒毒人员考取职业技能培训合格证书或等级证书,为就业创造条件”。具体而言,对戒毒人员开展职业技能教育的教学目标应包括以下三个方面:

(一)培养戒毒人员一技之长,增强戒除毒瘾的信心

俗话说,“一技在手,吃饭不愁”。戒毒人员入所前大多文化程度较低,在社会上从事较为底层的职业,普遍存在自卑和对前途悲观失望的心理。通过职业技能教育,让戒毒人员学到了一技之长,使他们充分体现自己的价值,增强自信,从而激发其远离毒品、重新生活的信心。

(二)培养严谨敬业的职业道德,矫正戒毒人员消极的人生态度

戒毒人员在入所以前,大多生活懒散、恶习较深,通过开展职业技能教育,对其进行系统的职业道德、职业理论、职业技能教育培训,有利于培养其正确的劳动态度、系统的职业技能和严谨的职业道德及工作态度,激励戒毒人员转变思想,纠正恶习,建立新的良好职业习惯和敬业精神,产生新的符合生产劳动需要的心理品质和行为规范,养成一种适应社会、立足社会的自食其力的生活态度。

(三)促进戒毒人员顺利就业,顺利融入社会

随着我国经济的发展、产业结构的调整以及劳动用工制度的改革,社会就业的竞争日趋激烈,戒毒人员由于年龄偏大、文化水平较低、无技术专长以及来自社会的偏见,解戒后就业面临很大困难和问题,很难融入社会。通过开展职业技能教育,使戒毒人员掌握一定的生产技能,能够提高他们顺利就业和自食其力的能力,有利于家庭亲情关系的修复和得到社会的接纳,提高其回归社会后的生存能力,从而提高和巩固教育矫正质量,维护社会和谐稳定。

第二节　劳动与职业技能教育的教学内容

劳动与职业技能教育作为教育矫正内容的重要组成部分,是帮助戒毒人员适应生产劳动需要、掌握职业技能的专门性教育活动。根据前面对劳动与职业技能教育的教学目标分析,结合《教育矫治纲要》《教育矫正指南》对有关内容的表述,

劳动与职业技能教育主要分为劳动教育、安全生产知识教育、职业技能教育和就业意识教育四类课程。

一、劳动教育课程

劳动教育是戒毒场所组织戒毒人员开展的各项以树立正确的劳动观念、矫正好逸恶劳恶习、培养一技之长等为主要目标的劳动教育组织和管理活动。劳动教育课程主要包括劳动观念教育、劳动技能教育和劳动纪律教育三个方面。

(一)劳动观念教育

劳动观念是在思想上对于劳动的感官,就是看一个人对于劳动的看法。劳动观念教育有利于培养戒毒人员对劳动价值的接纳和认可,有利于矫正他们好逸恶劳的恶习,培养良好的劳动习惯,形成正确的劳动态度。

(二)劳动技能教育

劳动技能教育主要是结合场所习艺劳动的项目、工种,帮助戒毒人员学习掌握某项生产劳动流程、技术、规范和操作要领等技能的教育。

(三)劳动纪律教育

劳动纪律教育主要是让戒毒人员在从事生产劳动的过程中必须遵守的约束性规范教育。开展劳动纪律教育,有利于增强戒毒人员的组织纪律性,保证各项生产劳动活动有序开展。戒毒场所组织开展劳动教育应牢固树立“以人为本”理念,凸显人文关怀,充分运用场所资源,根据戒毒人员的身心状况组织开展劳动教育,切实发挥劳动的教育戒治功能。

二、安全生产知识教育课程

安全生产知识教育就是通过组织开展安全生产法规、安全生产常识、劳动保护知识等宣讲教育活动,努力增强戒毒人员的安全观念和知识水平,提高戒毒人员遵守规章制度和劳动纪律的自觉性,确保劳动与职业技能教育安全开展。安全生产知识教育课程内容主要包括以下四个方面:

(一)国家关于安全生产的方针、政策教育

组织戒毒人员重点学习国家关于安全生产的方针、政策,尤其是习近平总书记关于安全生产重要论述的基本内涵,即树立安全发展理念、强化红线意识和责任意识、构建安全生产保障体系、加强安全生产基础建设、坚持改革创新。① 这五个方面既有思想引领,也有行动措施;既有理论指导,也有实践方法;既有目标导向,也有过程控制,内涵丰富、逻辑严密、相互关联、循序渐进,深刻回答了为什么要安全生产和怎样实现安全生产的重大实践问题,为抓好安全生产指明了方向,提供了根本遵循。

(二)安全生产法规教育

安全生产法规教育是结合场所习艺劳动的项目、工种以及出所后就业方向,向戒毒人员介绍安全生产法律法规、原则要求、规范等方面知识的教育。其中,安全生产基础法规知识包括《中华人民共和国安全生产法》、《中华人民共和国消防法》、《中华人民共和国突发事件应对法》以及安全生产事故的隐患排查治理与应急预案管理等方面的规章办法。

(三)安全生产常识教育

安全生产常识教育主要是帮助戒毒人员增强安全操作技能、提高判断和反应能力,使他们在工作过程中明确危险因素所在以及处置办法,知道哪些不应该做、哪些应该做以及应该怎样做。安全生产常识教育的教学内容主要包括生产过程中的不安全因素、潜在的职业危害及其发展成为事故的规律;生产劳动场地内部特别危险的设备和区域及其安全防范措施;安全防护的基础知识和应急防治的综合措施;有关电气设备、机械设备、工具等基本安全知识;消防知识及灭火设备的使用方法;伤亡事故报告程序及发生事故时的紧急救护及自救措施等。

(四)劳动保护知识教育

劳动保护知识教育旨在帮助戒毒人员增强劳动保护意识、提高劳动保护能

---

① 詹金凤:《深刻领会习近平总书记关于安全生产重要论述》,载《理论学习与探索》2019 年第 5 期。

力、提高劳动生产效率。戒毒场所应当建立安全生产管理制度,对参加生产劳动的戒毒人员进行《中华人民共和国劳动法》、《中华人民共和国劳动合同法》以及劳动防护用品管理规范、特殊群体劳动保护特别规定等方面的知识教育,并提供必要的劳动防护用品。生产劳动场地和劳动项目应当符合安全生产管理的有关规定,不得引进易燃、易爆等危险生产项目,不得组织戒毒人员从事有碍身体康复的劳动。

三、职业技能教育课程

戒毒场所应当根据当地经济发展水平和戒毒人员的文化素质开展职业技能培训,帮助戒毒人员掌握一技之长,为其回归社会后的就业谋生创造条件。职业技能教育课程内容主要包括以下两个方面。

(一)职业技能培训

戒毒场所要精选职业技能培训项目,既要有利于戒毒场所组织实施,又要具有广泛的适可性和良好的就业前景。总体而言,戒毒人员的职业技能培训可分为三个部分。一是第一产业范围内的职业培训,主要涉及农业中的种植业、养殖业,其中前者包括粮食种植、蔬菜种植、花卉种植、林木种植、草地种植等,后者包括家禽养殖、家畜养殖、水产养殖等;二是第二产业范围内的职业培训,主要涉及机械制造、原料加工、矿石采掘等技术;三是第三产业范围内的职业培训,主要涉及修理业、餐饮业、服务业、装修业等,其中修理业包括家电修理、汽车修理等,餐饮业包括厨师烹饪、糕点制作等,服务业包括美容美发、家政护理、医疗陪护等,装修业包括城建装修、住宅装修等。①

(二)职业道德教育

职业道德作为高度角色化和实践化的道德,是从业人员在职业生活中应当遵循的具有职业特征的道德要求和行为准则。对戒毒人员进行的职业技能教育绝非单纯为了让他们掌握一定的职业知识和技能,②更重要的是使他们不良的职业观念与职业态度得以矫正。戒毒场所应加强戒毒人员的职业道德教育,围绕爱岗

---

① 夏宗素主编:《矫正教育学》,法律出版社2014年版,第261页。

② 王雪峰主编:《矫正教育学》,法律出版社2022年版,第155页。

敬业、诚实守信的道德素养、适应能力、合作精神等关键能力，开展职业选择、职业理想、职业精神和职业道德原则与规范的教育。

四、就业意识教育课程

戒毒人员回归社会后，相对固定的职业状态和稳定的收入来源是保证戒毒人员规律生活的基本前提。因此，开展就业意识教育，既有现实的必要性，也有政策的可能性。实施就业意识教育课程，应当围绕以下三个方面进行：一是宏观的就业形势和政策环境，为戒毒人员择业就业提供方向和指南。二是帮助戒毒人员树立合理的就业预期，正确处理可能面对的就业歧视等，适当调低预期，积极争取就业。三是开展创业意识教育，鼓励戒毒人员创造条件自主创业，以自己的辛勤劳动和付出养活自己，赢得尊重，创造美好生活。

（一）就业指导

利用每周课堂教育日，在戒毒人员中开设就业指导常规课堂教学，教学内容包括：介绍国家时政要事，新近出台的重要法律、法规和政策，介绍社会就业形势；开展择业观念教育，帮助戒毒人员摆正心态，树立正确的择业观念、择业态度，尤其引导他们树立艰苦创业、勤劳致富的思想，树立正确对待竞争的观念；开展挫折教育，引导戒毒人员理性对待家人、社会的看法，要坚信通过自己的努力就一定能够找到适合的工作岗位。

（二）就业规划

邀请院校、培训机构的职业规划专家来所开展戒毒人员就业规划讲座，讲解国家就业形势、免费创业培训、就业及创业优惠扶持政策、劳动用工、劳动保障政策、个人创业贷款等知识，着重介绍职业规划方法、求职面试注意事项等内容，启发戒毒人员要立足自身实际，切勿好高骛远，厘清思路，规划好符合自身的职业生涯。

第三节　劳动与职业技能教育的教学方法

结合我国戒毒工作的成功经验，劳动与职业技能教育的教学方法主要有生产劳动、理论教学、实操实训教学、借助社会力量办学、混合教学等。

一、生产劳动

根据戒毒治疗的需要,戒毒场所可以组织戒毒人员参加必要的生产劳动。戒毒场所必须根据戒毒人员自身的特殊性,有针对性地组织开展生产劳动工作。戒毒场所应当对在岗全体戒毒人员进行安全生产知识教育培训,保证其具备必要的安全生产知识,熟悉有关的安全生产制度和安全操作规程,掌握本岗位的安全操作技能,了解事故应急处理措施。戒毒人员未经岗前教育和"四新"(新技术、新工艺、新设备、新材料)教育并考核合格,不得上岗。

二、理论教学

理论教学是戒毒场所采取课堂教学等形式,对戒毒人员进行以劳动观念教育、安全生产知识、职业技能理论为主要内容的教学活动。理论教学目的是通过系统、正规的学习,让戒毒人员掌握劳动与职业技能基本理论和方法,改善认知结构,形成良好的劳动观念和系统的职业技能业务知识。劳动与职业技能教育的理论教学形式既可以采用课堂授课,也可以开展视频教学、电化教学、网络教学,直观、形象地展示教学内容,还可以采取兴趣小组活动、讲评教育、专题讲座等,进一步加深、巩固教学效果。为了充分调动戒毒人员参与热情,提倡启发式、互动式教学,采用案例讲解、课堂讨论等方式。

三、实操实训教学

实操实训教学是进行劳动与职业技能教育最为重要的一种教学方法,是提高戒毒人员实操技能的关键。实操实训教学就是指导戒毒人员操作实践、现学现用,掌握实操技能的一种教学方式,目的是让戒毒人员掌握职业技能的实操能力。实操实训教学可采用实操实训准备、下达课目、讲解演示、组织训练、总结讲评等形式,也可以通过竞赛比武活动、考核评比等方式,检验戒毒人员的实际操作能力和掌握技能水平。同时,要创新实操实训教学模式,避免教学过程枯燥、方法单一。

四、借助社会力量办学

受师资、设施、设备和鉴定资质等影响,戒毒场所依靠自身力量开展高等级的职业技能培训存在较多困难。要实行开放办学，内引外联，借助社会力量联合办学，提高职业技能培训的质量。各地就业训练中心是专门负责职业技能培训的机构，有专业教师、设施设备齐全。戒毒场所培训机构既可以委托他们来场所举办各类培训，也可以邀请有用工需求的企业，到所内开展职业技能培训，还可以推荐解除强戒人员到企业实习，企业在他们实习考核合格后提供就业岗位，打造"教育—推荐—实习—就业"的绿色通道，为戒毒人员就业创造更好的条件。

五、混合教学

混合教学法是综合使用线上线下、课内课外、所内所外等不同的教学手段、策略，以实现教学目标、完成教学任务的一种教学方法。当前，许多戒毒场所积极拓展培训渠道、丰富培训形式、创新培训举措，创新开展"线上课程培训""云端指导教学"等新模式，采取线上与线下、理论与实操、学习与考核相结合的方式进行职业技能培训，探索出新形势下开展戒毒人员职业技能教学的新路径。

第四节　劳动与职业技能教育的组织实施

党的二十大报告指出，实施就业优先战略，强化就业优先政策，健全就业公共服务体系，加强困难群体就业兜底帮扶，消除影响平等就业的不合理限制和就业歧视，使人人都有通过勤奋劳动实现自身发展的机会。戒毒人员作为一类特殊的困难群体，其劳动与职业技能教育工作一直以来都是一项民生工程、暖心工程、重生工程，更是一项长期且复杂的社会系统工程，需要政府扶持、部门联动、社会包容、家庭接纳，是全社会的共同责任，需要社会各界广泛参与。

一、组织保障

戒毒场所应为劳动与职业技能教育活动的开展提供政策和组织保障。对相关教育活动进行合理分工，分别负责。劳动教育的课堂教学一般由教育矫正职能科室牵头负责，教育矫正中心组织实施，习艺生产部门配合。安全生产知识教育及劳动教育的实操实训教学一般由习艺生产部门牵头负责，大队配合落实。职业技能教育、就业意识教育原则上由教育矫正职能科室牵头负责，教育矫正中心具体落实，相关单位和部门予以配合。

二、设施设备和经费保障

按照财政部、司法部《强制隔离戒毒所基本支出经费标准》规定要求，完善劳动与职业技能培训设施设备，落实经费保障标准，为教育矫正工作开展提供良好条件。根据住房和城乡建设部、国家发展和改革委员会在2014年批准发布的《强制隔离戒毒所建设标准》的规定，戒毒人员生产劳动用房建筑面积指标确定为每人3.25平方米，戒毒人员生产劳动用房包括实习车间、劳动车间、生产关键要害岗位人员用房、材料库、成品库、机具室、卫生间等。

三、适用对象

按照司法部在2014年、2018年分别印发的《教育矫治纲要》和《戒毒模式意见》的相关规定，劳动与职业技能教育主要适用康复巩固区和回归指导区的戒毒人员。司法部戒毒管理局在2022年制定的《教育矫正指南》中明确规定，劳动教育、安全生产知识教育、职业技能培训适用康复巩固区的戒毒人员，就业指导等相关教育适用回归指导区的戒毒人员。

四、具体组织实施

（一）生产劳动的具体实施

戒毒场所引进生产劳动项目时，应以实现戒毒人员教育戒治和身体康复为目标，重视戒毒人员需要，突出生产劳动教育的重要作用。具体项目应具有一定的技术含量，劳动强度应符合戒毒人员的身体特点，满足康复训练的需要，并且严格执行戒毒场所生产劳动项目准入性规定。与合作企业签订的生产劳动项目应符合国家法律法规和有关政策规定，做到内容合法、程序完备。要根据戒毒人员的性别、年龄、能力、身体等实际情况，合理安排劳动岗位，科学确定生产劳动定额或生产劳动任务，加强对戒毒人员生产劳动情况的考核，每日统计并定期公示生产劳动信息。组织戒毒人员参加生产劳动要按规定发放劳动报酬。戒毒人员生产劳动时间每周不超过5天，每天不超过6小时，国家法定节假日不得安排戒毒人员参加生产劳动。禁止组织戒毒人员超时、超体力、超强度劳动。

对戒毒人员劳动教育的考核应把握以下三个方面：一是劳动态度端正，服从分工，按时完成习艺任务；二是掌握劳动技能，爱护生产设备，节约生产材料，保持生产劳动环境整洁卫生;三是遵守生产劳动纪律,安全文明生产,不违章作业。

(二)职业技能培训的具体实施

戒毒场所应当根据戒毒人员的特点和社会需求设置职业技能培训项目,可以采取招投标、与职业技能教育机构和社会院校联合办学、就业委托培训等多种方式,提高职业技能教育水平。戒毒场所可与培训教育机构、行业组织或企业合作建立职业技能培训基地,签订委托培训协议。

戒毒场所教育矫正中心应每年定期向省戒毒管理局报送培训计划,培训计划应包含所需培训戒毒人员总数、定点合作培训机构、培训项目、培训人数。培训计划经省戒毒管理局审核后,分别报送省人力资源和社会保障厅、省司法厅。通常而言,参加职业技能培训的戒毒人员应当同时具备以下四个条件:第一,国家法定劳动年龄内,即男性为16~60周岁、女性为16~55周岁,能坚持正常学习的;第二,能提供身份证复印件,或经公安机关核查确认的身份证号码的;第三,未获得过国家职业资格证书或有意愿考取更高级别职业资格证书的;第四,余期6个月以上的。

在组织开展职业技能培训时,应注意把握以下三点:第一,戒毒场所应当制订每年职业技能教育的教学计划,科学设置课程,按照培训计划分步推进实施;第二,教育矫正中心应在戒毒人员入所2周内,对其职业技能培训状况、就业意愿、学习能力等情况进行调查,建立职业技能培训档案;第三,戒毒场所应当记录戒毒人员的技术特长、职业资格、择业意向等信息,建立健全戒毒人员就业信息库并及时更新。

(三)安全生产知识教育的具体实施

安全生产知识教育可根据不同教育内容采取适当的教育教学方式。对于安全生产法律法规及相关政策规定的教育教学内容,既可以通过课堂教学的形式实现,又可以安排习艺生产部门、教育矫正中心或大队民警组织实施,还可以邀请所外相关专家或专业技术人员来所授课。对于消防演练等实操性的教育教学内容,一般由习艺劳动部门根据具体内容安排现场教学,相关大队或功能期区负责配合。

(四)就业意识教育的具体实施

就业意识教育一般与职业技能培训、后续就业辅导结合进行。对有创业需求的戒毒人员选择适宜项目进行创业辅导。适时开展后续照管政策宣传教育，向戒毒人员介绍就业形势和政策，帮助戒毒人员合理选择就业岗位。定期对培训获证或推介就业的戒毒人员进行跟踪回访，帮助其及时解决就业创业过程中遇到的困难，掌握其就业发展情况，为后续职业技能培训工作提供决策参考。戒毒人员的就业意识教育主要体现在所内及延伸到戒毒人员回归到社会的就业帮扶上。

1. 所企合作开展。戒毒场所应积极为企业和戒毒人员双方搭建用工平台，加强与合作企业的沟通联系，努力打消企业在招用戒毒人员就业过程中的顾虑和误区，签署就业直通车协议和戒毒帮教协议，由合作企业对有一技之长的戒毒人员进行安置就业，承诺不歧视戒毒人员，帮助和鼓励其远离毒品诱惑，保持操守。在回归指导区定期公示当地就业用工信息，供戒毒人员浏览、查询、联系，寻找就业机会，协助戒毒人员在解戒后能够寻找到一个适合的就业岗位。利用智慧戒毒科技手段，采用视频面试方式，创新开展“云端”招聘网络面试等举措，给企业和回归指导区的戒毒人员搭建用工沟通桥梁。

2. 所地合作开展。戒毒场所通过所地无缝衔接，充分借助与各地共建的社区戒毒(康复)工作指导站这一优势平台，把即将解戒人员的戒毒意愿、职业技能培训、就业意向等情况信息，对接到当地政府的社区戒毒(康复)人员信息库和就业信息网，匹配岗位需求，帮助解戒人员回归社会后能够寻找到一个适合的就业岗位。对接的岗位主要包括三大类：一是公益性岗位，如财政拨款的市政设施设备的管理、养护、清洁、园艺绿化、城市交通、车辆保管等公益性岗位；党政群机关、事业单位、社会团体及其所属机构的后勤服务岗位；政府投资开发的非营利性社会公共管理类岗位。二是社区服务、社区管理等岗位，如社区保安、绿化保洁、物业管理等岗位。三是自主创业和自谋职业，充分运用国家现有政策，制定各种扶持措施，鼓励解戒人员回归社会后自主创业、自谋职业；积极为解戒人员创办个体工商户、私营企业提供法规、政策咨询等优质服务，为解戒人员提供灵活就业的机会，同时加强困难群体就业兜底帮扶，帮助已办理失业登记的就业困难解戒人员按照规定申请社会保险，缓解临时困难。

3. 就业推介会。戒毒场所应当开展戒毒人员所内招聘、就业推介，搭建戒毒人员“就业直通车”平台，每年度至少举办 1 次戒毒人员回归社会就业推介会，促进戒毒人员就业。就业推介会的实施流程与组织管理主要包括以下五个环节：第一，确定参加就业推介的企业和戒毒人员，并进行相关审核；第二，布置就业推介活动宣传现场，悬挂宣传标语、横幅，布置宣传海报、展板、流程指示牌等，其中招聘会现场可设为宣传区、填报区、招聘区、等候区；第三，参加企业人员就位后，完成分发就业意向书及面试登记表；第四，习艺生产部门负责民警对现场进行检查验收，大队民警将参加招聘的戒毒人员集合整队；第五，现场负责民警带领参加招聘的戒毒人员按流程进行就业招聘，其他在场民警协助现场秩序的维护工作，避免活动中途发生突发状况，确保活动顺利进行。

案例9－1

一、案例介绍

拥抱生活，希望就在前方

王平（化名），男，曾先后被强制隔离戒毒3次，2013年1月解戒回归社会。在第三次强制隔离戒毒期间，强制隔离戒毒所组织了劳动与职业技能教育，王平主动报名参加了汽车美容技能培训，并通过考核拿到了职业资格证书。

解戒后，王平离开了之前的生活环境，去了一个陌生的地方开始新的生活。可是由于其情况特殊，且无学历、无专长，企业应聘又要进行体检，他又是HIV感染者，想找到工作谈何容易。这些困难曾让他一度消沉，几度在复吸的十字路口徘徊。在关键时刻，他想起戒毒所民警语重心长的教诲和一次次的促膝谈心，也想起家里还需要他照顾的父亲和孩子，终于在复吸的悬崖边刹住了车。

后来，王平用自己在戒毒所学到的汽车美容技术，在一家洗车行成功应聘了洗车服务岗位。虽然这份工作比较累，但他发觉这样的生活让他过得很充实，不用再担惊受怕。他用心工作，又善于处理与客户的关系，得到了老板的赏识。

如今，不再沾染毒品的他，每月能寄给父亲3000多元。他说，吸毒时，自己给家人造成了巨大伤害，让家人受尽了委屈。经过戒毒所民警和社会的帮助，他已经改过自新，通过努力赚了钱，就要多尽点孝心。

二、案例思考

（一）王平在回归社会后如何就业？

（二）本案例中强制隔离戒毒所的职业技能培训对王平起到了哪些作用？

三、案例评析

（一）《禁毒法》实施以来，强制隔离戒毒所的功能发生了新的变化，被赋予了新的历史使命，强制隔离戒毒所突出戒毒的功能。王平在强制隔离戒毒所积极参加劳动与职业技能教育,考取了汽车美容职业资格证书,在解戒后通过汽车美容技术,成功应聘洗车服务岗位,实现就业。

(二)强制隔离戒毒所举办的职业技能培训,适应了新时期社会发展的需求。针对性的专项职业技能培训能够帮助戒毒人员学习、掌握一技之长,提升他们的就业创业能力。通过职业技能培训,王平利用所学知识、技术,成功地融入社会、回归家庭。

复习思考题

1. 简述劳动与职业技能教育的概念。
2. 简述劳动与职业技能教育目标的相关规定。
3. 简述职业技能教育的教学目标。
4. 试述安全生产知识教育课程的主要内容。
5. 试析劳动与职业技能教育的混合教学法。
6. 试析戒毒人员劳动教育的考核标准。

本章主要参考文献

1. 姜祖桢等:《戒毒学》,法律出版社 2022 年版。
2. 司法部戒毒管理局组编:《司法行政强制隔离戒毒教育矫正实务》,法律出版社 2021 年版。
3. 王清:《强制戒毒人员再就业困境的原因分析与路径探讨》,华中科技大学 2016 年硕士学位论文。
4. 詹金凤:《深刻领会习近平总书记关于安全生产重要论述》,载《理论学习与探索》2019 年第 5 期。
5. 夏宗素主编:《矫正教育学》,法律出版社 2014 年版。
6. 王雪峰主编:《矫正教育学》,法律出版社 2022 年版。
7. 李岚、梁志东、张敏发主编:《强制隔离戒毒矫治与管理实务》,暨南大学出版社 2011 年版。
8. 司法部戒毒管理局组编:《司法行政戒毒工作概论》,法律出版社 2017 年版。
9. 司法部戒毒管理局组编:《司法行政强制隔离戒毒管理实务》,法律出版社 2017 年版。

第十章　回归社会教育

本章摘要

回归社会教育作为戒毒场所教育矫正工作的重要内容,是提升戒毒工作成效,帮助戒毒人员顺利回归社会、融入社会的根本举措。通过本章的学习,了解回归社会教育的概念,理解回归社会教育的教学目标及有关规定,领会回归社会教育的主要教学内容,灵活运用适当的教学方法,有效地组织实施回归社会教育活动。

重点问题

本章的重点是回归社会教育的概念、教学目标、教学内容、教学方法与组织实施。

第一节　回归社会教育的教学目标

回归社会教育,是指根据社会发展需要和戒毒人员的自身特点,有目的、有计划地帮助戒毒人员学习了解社会形势政策、重建社会支持系统、增强抗复吸能力的系统影响活动。目前,戒毒人员出所后回归社会难,复吸率居高不下的问题仍较为突出。[1] 加强戒毒人员回归社会教育,实现社区戒毒、社区康复和后续照管正常的无缝对接,帮助其顺利回归社会,已成为巩固和提升戒毒工作效果的关键举措。

---

① 司法部戒毒管理局组编:《司法行政强制隔离戒毒教育矫正实务》,法律出版社 2021 年版,第 152 页。

一、回归社会教育目标的有关规定及理解

《教育矫治纲要》《教育矫正指南》的相关规定是制定回归社会教育目标的重要依据。在教育矫治的总体目标中，与回归社会教育密切相关的目标包括增强社会适应能力、戒除毒瘾、成功融入社会。在教育矫正的总体目标中，与回归社会教育密切相关的目标包括提高社会适应能力、促进戒毒人员顺利回归社会、长时间保持操守。回归社会教育以提升社会适应能力为重点，采取综合性的戒治方案措施，帮助戒毒人员巩固前期戒治效果，重建社会支持系统，增强社会适应能力和融入社会信心，促进其顺利回归社会。在制定回归社会教育的教学目标时，除了依据主管部门的相关规定之外还应考量以下三个方面的因素。

（一）个人发展

戒毒人员源于社会，也必将回到社会，融入社会是戒毒人员个人发展的阶段性目标。戒毒人员难以融入社会有两个方面的原因：一方面，戒毒人员对毒品认知不到位，存在心理偏差、意志力薄弱、自我控制力差等问题；另一方面，缺乏对政策的了解以及正确面对吸毒高危环境的方法与技巧，缺乏谋生手段和技能。对于戒毒人员来说，两年的强制隔离戒毒只是一种手段，最终还是要回归社会、融入社会。经过两年的戒治生活之后，戒毒人员以往曾经依赖的环境、物质条件、生活习惯、国家形势政策等都可能发生了很多变化。如果不做好准备，戒毒人员回归社会极有可能产生各种不习惯、不适应，并对其产生不利影响。因此，开展回归社会教育，是戒毒人员重新认识当前社会形势变化、学会防复吸技巧的必经过程，是检验戒毒成果的“最后一公里”，更是戒毒人员真正有效回归社会的“助推剂”，目的在于促使戒毒人员最终回归并融入社会，保持操守。

（二）戒毒执法

在强制隔离戒毒执法过程中，其强制性隔离措施更多的是考虑社会防卫和主流价值导向问题，但就戒毒这一特殊属性来讲，最终还是要通过有效的教育矫正手段，促使戒毒人员认清毒品的危害，培养良好的习惯，树立健康的生活理念，最终与毒品决裂，成功回归社会、融入社会，成为自食其力的守法公民。从戒毒执法的角度看，开展回归社会教育应以提升戒毒人员社会适应能力为重点，采取回归社会适应性训练、就业指导、延伸帮扶等途径，促进其顺利回归社会。

（三）社会建设

构筑共建、共治、共享的社会治理体系是推进国家治理体系和治理能力现代化建设的重要一环。帮助戒毒人员顺利回归社会，是建立新型社会治理体系的必然要求。一直以来，吸毒人员在社会上长期被标签化，社会对吸毒群体还存在偏见甚至歧视，往往只看到吸毒人员危害社会、家庭的一面，而没有看到吸毒人员既是违法者，也是毒品的受害者，对戒毒回归人员宽容、理解、支持和帮助还不够。因此，对戒毒人员进行回归社会适应性训练，帮助戒毒人员提前搭建与社会衔接的接口，增强戒毒人员融入社会的“黏合剂”“润滑剂”效应，对于建立新型社会治理体系、促进社会团结、保障和谐稳定都具有积极意义。

二、回归社会教育的教学目标分析

回归社会教育的核心任务在于着力提升戒毒人员回归社会的适应能力，使戒毒人员能够适应社会的发展变化和重新开始家庭生活，在心理上、行为人格上完成从“强戒所人”到“社会人”的转变。① 通过开展一系列的回归社会教育教学工作，希望达成以下三个目标。

（一）巩固戒毒人员的戒治成果

巩固戒治成果是开展回归社会教育教学工作的直接目标。戒毒人员在强制隔离戒毒所经过一系列的综合戒治，其身体、心理、认知等水平得到了明显提升，戒毒意念进一步提升，拒毒能力进一步增强，抗复吸能力得到提升，戒治成果显著，这些是戒毒人员成功融入社会的基础保障。开展回归社会教育，是巩固戒治成果的关键举措和必要措施，更是戒毒人员顺利回归社会的前提。

（二）提高戒毒人员的社会适应能力

提高社会适应能力是开展回归社会教育教学工作的关键目标。一直以来，我国政府为了降低戒毒人员的复吸率，在帮助戒毒人员回归社会、融入社会等方面采取了很多有效的措施。但在实践中，由于社会、家庭、个人等方面的原因，戒毒

① 何邵军：《构建“1 + 5”回归社会教育戒治模式的思考——基于司法行政戒毒系统视角》，载《中国司法》2017 年第 9 期。

人员解戒后不能正常回归社会而最终重新吸毒的事例屡见不鲜，成为影响我国经济社会协调发展、建设社会主义小康社会的一大隐患。戒毒人员重新走上吸毒之路的主要诱因在于无法适应社会，也就是说，戒毒人员回归社会后并没有与之匹配的适应当今社会的能力。因此，回归社会教育要采取有效的手段和措施，提高戒毒人员社会适应能力，引导戒毒人员顺利回归社会、重新融入社会，有效降低戒毒人员的复吸率，防止戒毒人员陷入“吸毒—戒毒—复吸—再戒毒”的恶性循环。

（三）帮助戒毒人员顺利融入社会

帮助戒毒人员顺利融入社会是开展回归社会教育教学工作的最终目标。戒毒人员回归社会是再社会化的过程，戒毒人员不仅要回归社会，更应该要融入社会，而回归社会教育的质量将直接决定戒毒人员再社会化的效果。现实中许多戒毒人员在解戒后得不到社会、家庭的接纳，社会人际关系紧张、家庭矛盾危机增多使其试图融入社会的想法落空，最终走上复吸之路。戒毒工作是一项艰巨复杂的、系统的工作。戒毒人员成功戒除毒瘾、最终回归社会的良好愿景，不仅需要自身对戒毒的决心与努力，还需要科学的教育戒治内容、方法与手段，更需要后续的亲情帮教、社会支持。回归社会教育应当以此为最终目标，采取综合性的措施，致力于帮助戒毒人员顺利回归并融入社会。

第二节　回归社会教育的教学内容

一、形势政策教育

形势政策教育是回归社会教育的重要内容，旨在提高戒毒人员的形势判断能力和政策运用能力，其实质是促进戒毒人员的社会参与，使他们增强社会责任感、强化自我约束和义务履行，促进他们顺利回归社会。

形势政策教育的具体内容包括以下六个方面：第一，介绍当前国内外的时事，评析热点人物、事件；第二，解读对当前社会影响较大、变化较大的政策、法律法规；第三，介绍禁毒戒毒特别是社区戒毒、社区康复以及戒毒医疗方面的法律法规和地方政策；第四，帮助戒毒人员了解经济、科技发展水平，了解人们价值观、生活方式以及文化需求等方面的变化；第五，讲解关于市政交通、衣食住行、社会保障等关系到民生方面的重大变化；第六，出所后办理相关手续的方法和途径等。

二、防复吸训练

通常而言，复吸是戒毒人员在脱毒治疗或各种戒毒措施完成后，保持了一段时间的操守，但由于种种原因而重新吸毒成瘾的行为。[①] 戒毒人员经过治疗和康复，毒品的生理依赖基本上得到解决。但是，长期吸食毒品的生理和心理影响仍然存在，一些特定因素或场景都能唤起他们对于吸毒的欣快感的回忆，内心深处对毒品的渴求仍然存在，这就是所谓的“心瘾难除”。复吸是多方面因素综合所致，有个体主观方面的原因，也有外在客观方面的因素。回归社会教育要根据戒毒人员的社交特点，开展以高危情境应对和负性情绪转移为主题的团体心理辅导，增强戒毒人员高危情境应对能力，强化拒毒心理，提高心理承受能力。防复吸训练的主要内容有认知治疗、拒毒技能训练。

（一）认知治疗

戒毒人员普遍存在消极的认知，他们自信心较低，缺乏责任感，有强烈的逃避倾向。认知治疗主要包括三个方面：一是开展毒品认知教育，帮助戒毒人员认清毒品的危害；二是帮助认识自身，理性看待复吸现象，增强自我约束、自我管理的意识和能力；三是开展出所宣誓，强化戒毒和拒毒意识，树立坚定的戒毒信心。

（二）拒毒技能训练

通过讲授、讨论、演绎、分享等形式，帮助戒毒人员识别高危情境，应对高危风险，增强防毒、拒毒的意识，提高拒毒技巧。拒毒技能训练侧重于实操训练，可通过情景剧模拟、VR 虚拟现实技术等手段，强化训练效果。

三、恢复家庭关系

有研究调查显示，戒毒人员中未婚、离异等单身者居多。不可否认，吸毒人员的吸毒行为曾经对家庭造成了一定的伤害，最终令家庭出现了裂痕。戒毒人员在回归社会后，家庭对他们的不同态度可能会产生两种结果。家庭关系和谐，家属

---

① 邵晓顺等编著：《戒毒人员团体辅导理论与实务》，群众出版社、中国人民公安大学出版社 2019 年版，第 197 页。

能给予戒毒人员足够的关注且支持其戒毒行为，此时的家庭就是戒毒人员彻底戒除毒瘾的动力；反之，戒毒人员就可能因为缺乏信任和理解，缺乏交流与沟通，重新走上复吸的道路。因此，恢复家庭关系，争取家庭对戒毒人员的支持、信任和接纳，促进家庭成员理性沟通，提升戒毒人员家庭关系的和谐程度，为戒毒人员回归社会创造和谐的家庭氛围，是回归社会教育的重要环节。恢复家庭关系的主要内容包括亲情帮教、签订帮教协议、亲情沟通。

（一）亲情帮教

戒毒人员的亲情帮教，是指通过动员和指导戒毒人员亲属参与教育矫正活动，帮助戒毒人员树立亲情观念、修复亲情关系、巩固亲情联结、凝聚戒治合力、增强戒治动力，促使其积极戒治的教育方式。家庭对戒毒人员的支持，是戒毒人员回归社会的重要手段。戒毒场所应适时组织亲情帮教活动和亲属“面对面”交流活动，帮助戒毒人员修复亲情关系；运用好探视制度，促进沟通，争取家属最大的支持，修复亲情关系；积极运用网络远程会见，为家庭沟通提供方便。

（二）签订帮教协议

帮教协议明确了戒毒人员及其家属的权利和义务，对戒毒人员回归社会具有一定的约束力。戒毒场所组织家属和戒毒人员签订三方的帮教协议书，是利用亲情力量约束戒毒人员的常用措施。

（三）亲情沟通

通过亲情电话和家书形式，加强戒毒人员和家庭沟通，消除隔阂，促进家庭和谐。戒毒场所可举办家属学校和专题讲座，向戒毒人员家属传授戒毒知识和沟通技巧，促进戒毒人员回归社会后能够保持操守。

四、重建社会支持

社会支持系统是个体通过与周围环境中的人物进行互动而建立起来的一种关系网络，对个体的身心健康有着重要的影响。个体能从中获得情感、心理和物质的支持，能够缓解自身心理压力，提高自身对环境的适应能力和对变化的应对能力。戒毒场所应当做好回归人员的社会衔接工作，帮助他们重建社会支持系统。建立回归人员信息库；协调政府机构、企事业单位、社会志愿者团体、爱心人士、戒毒人员家属搭建戒毒人员社会帮教和亲情帮教平台；建立与社区、社会志愿者、回归人员家庭相互协作的社会支持系统、心理矫治支持系统和回归人员复吸危机干预系统，巩固回归人员戒治效果；教育引导戒毒人员建立健康的朋友圈、正确处理与家庭成员的关系，积极参与社会交往，搭建帮扶平台，重建家庭和社会支持系统；联合社会各方面力量，做好即将出所戒毒人员与社区、家庭的信息对接，为戒毒人员构建后续帮扶平台。

五、后续照管服务

后续照管，是指解除强制隔离戒毒人员在回归社会后，由社区、家庭、戒毒所、公安、社会等共同对其实施系统照管服务，通过继续教育、矫正、帮扶、督导等一系列手段帮助他们避免复吸、保持操守的再社会化活动。为回归戒毒人员提供后续照管服务，是司法行政戒毒机关主动适应禁毒戒毒形势需要，推动戒毒工作改革创新、不断提升戒治工作质量的重要措施。后续照管服务是一项系统工程，需要各方的全面参与，形成全面的后续照管工作体系，才能取得良好效果。后续照管的参与方主要包括家庭、社区、当地公安机关、强制隔离戒毒所等，同时涉及卫生、民政、财政、人力资源与社会保障等诸多领域。后续照管服务的主要内容是后续照管宣传、出所对接、支持社区戒毒与社区康复、对戒毒回归人员实行动态管控等。其中，在开展后续照管宣传教育时，不仅要向戒毒人员宣传后续照管的内容和方式，鼓励其接受后续照管，签订后续照管协议，而且要帮助戒毒人员了解社区戒毒、社区康复的机构和流程，鼓励被责令社区康复的人员到戒毒康复场所进行社区康复，还要帮助戒毒人员了解美沙酮维持治疗等社会公益项目的参与方法，使他们出所后能够及时寻求支持和帮助。

第三节　回归社会教育的教学方法

一、集会宣讲法

集会宣讲就是按照特定专题或任务进行的集体宣讲说教活动，具有应时性、针对性和灵活性等特点，在回归社会教育中常用于形势政策宣传、就业指导、专题讲座等。在开展集会宣讲时，应重点把握以下四个方面的要求：一是要做好宣讲准备,包括宣讲时间、地点、内容、现场管理等方面的事宜;二是宣讲时间不宜过长,要具有针对性;三是要适当增加互动,在教育过程中穿插提问、讨论、问答等方式,增强互动性,激发戒毒人员的参与性,以达到较好效果;四是宣讲后续活动,即在集会宣讲教育之后,可以组织讨论、座谈、写心得体会等活动,加深戒毒人员对宣讲内容的理解。

二、现场学习法

在回归社会教育中,现场学习法常用于回归体验,即设置回归体验区,模拟社会环境,浓缩社会生活。例如,设置室外运动场、超市、图书室,模拟工作、休闲娱乐、购物、学习等情境,让戒毒人员体验回归社会后的真实生活。回归体验可以使戒毒人员亲身感受社会的丰富多彩,开阔眼界,为回归社会做准备。在开展回归体验活动之前,要有详细的回归体验计划、方案。回归体验活动进行中,要做好教育引导和安全保障工作。回归体验活动结束后,要做总结性讲话,并组织戒毒人员座谈,把感性认识上升为理性认识。此外,可以根据戒毒场所的实际情况,有计划地组织戒毒人员到戒毒康复场所或其他实习场地进行一定的实际操作,以获得有关的实际知识和技能,巩固已学过的知识和技术。

三、网络视频教学法

网络视频教学是对传统课堂教学的有益补充,也成为学习者在信息化社会获取知识的重要途径。对戒毒人员采用网络视频教学,可使他们迅速了解国家政策、就业资讯、社会民生等方面的信息内容,满足他们回归社会前的知识需求。

四、情景模拟法

模拟复吸的高危环境,分析引发复吸的各种因素,促使戒毒人员学会在相应情景下的应对技巧,学会调整负面情绪,可以降低戒毒人员对危险环境的敏感性,提高戒毒人员抵御毒品诱惑的能力。情景模拟法常用于拒毒技巧训练,主要有以下四种方法:一是直接拒绝法。训练戒毒人员在面对毒友诱惑时,敢于说“不”,敢于拒绝。二是间接拒绝法。训练戒毒人员以间接的方法达到拒毒的目的。例如,告诉毒品诱惑者吸毒对健康的重大危害、毒瘾发作时的痛苦,告诉毒品诱惑者吸毒是违法行为,要接受法律的惩罚。三是“30 秒救命法”。在被毒品诱惑的情况下,让戒毒人员 30 秒内进行一系列的联系,想象毒品的可怕,想象毒品的危害,在

30 秒内作出决定,脱离高危环境,最终与毒品说“不”。四是终止关系法。对吸毒的伙伴,不管什么原因,不要迟疑,坚决与其终止关系,最终实现脱离毒品的目标。

五、亲情规劝法

在回归社会教育期间,为了增强和巩固教育矫正效果,戒毒场所可邀请亲属参与帮教,对戒毒人员进行规劝。这样既有利于场所稳定,更有利于戒毒人员的思想转化。戒毒民警要注意做好戒毒人员亲属的思想工作,宣传党和国家的政策,介绍戒毒人员在所的表现,提出规劝教育的内容和要求,共同签订帮教协议书,明确责任和义务,使戒毒人员亲属心中有数,使亲情规劝更具有针对性。期间,可组织戒毒人员亲属参观生活、劳动、学习现场,变封闭式为开放式,使他们对戒毒场所有进一步了解,更好地配合戒毒工作,促使戒毒人员顺利回归社会。另外,戒毒场所还可以开办戒毒人员家属学校,充分利用戒毒人员接见日,免费为戒毒人员家属传授戒毒常识、心理学、教育学以及防复吸技巧等,共同帮助戒毒人员戒毒。

六、社会帮教法

戒毒人员的社会帮教是戒毒场所利用各种社会资源,通过举办讲座、互动交流、答疑解惑、帮扶救助等方式,对戒毒人员进行教育帮扶的活动。在开展回归社会教育时,社会帮教法主要有以下三种:一是与社会志愿者、社会组织合作,建立驻所社工工作站等帮教组织,使全社会对戒毒工作有更加深刻的认识和了解,进而给予更多的关心和支持;二是邀请社会先进人物、专家、学者等来所进行帮教活动,促进戒治工作的整体进步;三是邀请戒毒成功人士来所帮教,现身说法,发挥榜样的示范引领作用。通过社会帮教,戒毒人员可以感受到社会关怀,从而增强戒毒信心,加快回归社会的进程。

第四节 回归社会教育的组织实施

一、回归指导区的组织实施

回归社会教育的对象为康复巩固区转入回归指导区的戒毒人员,时间一般不少于1个月,由教育矫正中心会同回归指导区所在大队组织实施。回归指导区应设置拒毒宣誓室、回归指导室、心理咨询室(个别谈话室)、文体活动室等功能室,具有课堂教学、心理矫治、康复训练、回归指导等功能的基本设施设备或条件。根据回归指导区的教育教学任务,组织戒毒人员开展形势政策教育、就业指导和就业推介、戒毒康复体验、个别谈话教育、拒毒训练、出所宣誓等活动。

二、后续照管的组织实施

戒毒场所应依托地方司法行政机关,在地方政府的支持下通过建立戒毒康复指导站等形式,对社区戒毒、社区康复进行专业指导,通过后续照管,落实管控、延长操守、降低复吸,实现场所与社会有效对接,为社区戒毒(社区康复)人员在就业、社会保障、技能培训等方面提供指导和帮助,延伸所内戒毒效果,促进社会和谐稳定。一是做好戒毒回归人员的后续照管。及时为他们提供心理辅导、法律援助、社会保障、就业推介、技能培训、政策咨询等方面的指导和帮助,延伸所内帮扶救助和教育戒治工作。二是指导支持社区戒毒、社区康复工作。指导所在县(市、区)的乡(镇)人民政府、城市街道办事处开展社区戒毒、社区康复工作,协助落实动态管控措施;落实对社区戒毒(社区康复)人员困难家庭的帮扶,帮助符合政策要求的困难人员协调解决就业、最低生活保障等问题。三是开展禁毒戒毒宣传教育。充分发挥司法行政戒毒场所专业优势,定期面向社区工作者和社区戒毒(社区康复)人员及其家属等开展法律法规、禁毒戒毒知识讲座,普及相关知识。四是开展社区工作者、禁毒志愿者培训。发挥专业资源优势,定期组织开展针对社区工作者、禁毒志愿者等人员的培训。五是组织志愿服务。引导戒毒专家、社会工作者、戒毒志愿者、戒毒人员家属等支持和参与指导站工作。

案例10-1

一、案例介绍

戒毒人员彭某,男,1965年4月出生,初中文化程度,家住上海市。如今他回归社会已有一年多,在积极参加各类社会禁毒公益活动的同时,还热情地投入社区禁毒工作中。

二、案例评析

解戒人员出所后,如何能够顺利融入社会一直都是禁毒工作人员心中的难题。这项工作之所以难,就是因为它不仅需要解戒人员自己做好心理准备,还需要家庭成员以及社会上更多的人理解、支持和帮助。

(一)妻子的榜样力量

彭某的老伴是一位教师,闲暇时,也常常陪着他来社工站进行志愿者工作。她表示彭某是一时疏忽走上了错误的道路,自己也是有责任的。对于彭某药物滥用的事实,她选择了接受,并不藏着掖着,"光明正大地戒毒,光明正大地做志愿者,只有自己先接受了这个事实,他自己才能走出来,不然只能是掩耳盗铃,欺骗自己"。戒毒人员往往由于内心对于药物滥用的不认同,导致在潜意识中对自己的评价过低,时常不愿意展现自己真实的一面。其实,这样的做法是错误的。只有先做到自己接受自己,才能被社会接受。配偶和子女的支持是戒毒人员能够克服药物滥用的原动力,往往能够很好地支持戒毒人员,不论是在所内还是在所外都能提供正能量。彭某正是在老伴的带动下才有了活出新生的动力和信心,成功地走出了融入社会的第一步。

(二)民警的关心指导

当前场所内戒毒人员的管理教育模式是按照不同年龄层次进行区分的,针对不同年龄层次的戒毒人员开展不同的教育矫治,为戒毒人员提供更贴心的帮助。上海市青东强制隔离戒毒所出所教育的最后一课就是《后续教育和后续照管》,其中讲的就是戒毒人员出所后应该怎么做、心里应该如何准备、遇到问题应该如何寻找帮助等。通过开展有针对性的教育,让戒毒人员找到自己的社会定位,只有这样才能帮助他们再次融入社会,并帮助他们在回归社会后保持良好的行为操守。

(三)社工的细心关怀

彭某回归社会初期并不知道自己接下来要怎么走。一位社工建议他先去试试禁毒志愿者的工作,并参加一些自己感兴趣的禁毒公益活动。彭某正是通过这些活动逐步打消了自己对禁毒公益活动的排斥感,让他意识到能通过这些活动去认真反思过往的错误行为,同时在付出努力后能让社会更好地接纳自己,从而进一步巩固戒毒成效。

复习思考题

1. 简述回归社会教育的概念。
2. 简述回归社会教育教学目标主要考量的因素。
3. 简述回归社会教育的教学内容。
4. 试述回归社会教育的主要方法。
5. 阐述后续照管的组织实施要点。
6. 尝试编制一份回归社会教育工作计划。

本章主要参考文献

1. 司法部戒毒管理局组编:《司法行政强制隔离戒毒教育矫正实务》,法律出版社 2021 年版。
2. 何邵军:《构建“1+5”回归社会教育戒治模式的思考——基于司法行政戒毒系统视角》,载《中国司法》2017 年第 9 期。
3. 邵晓顺等编著:《戒毒人员团体辅导理论与实务》,群众出版社、中国人民公安大学出版社 2019 年版。
4. 蔡燕强主编:《戒毒矫治康复手册》,暨南大学出版社 2006 年版。
5. 王雪峰主编:《矫正教育学》,法律出版社 2022 年版。
6. 夏宗素主编:《矫正教育学》,法律出版社 2014 年版。
7. 高莹主编:《矫正教育学》,教育科学出版社 2007 年版。

第十一章　集 体 教 育

| 本章摘要 |

集体教育是戒毒场所教育矫正工作中最为常用且行之有效的教育方法,对于解决戒毒人员群体的共性问题发挥着重要的作用。通过本章的学习,了解集体教育、讲评教育、课堂教学、专题教育的概念,理解集体教育的特点与作用,掌握课堂教学的实施步骤,领会讲评教育、专题教育的主要类型和实施途径。

| 重点问题 |

本章的重点是集体教育的相关概念、特点与作用,课堂教学的实施步骤,讲评教育、专题教育的主要类型和实施途径。

第一节　集体教育概述

司法部颁布的《戒毒工作规定》第 46 条指出,“强制隔离戒毒所应当采取课堂教学的方式,对戒毒人员集中进行卫生、法制、道德和形势政策等教育”。《教育矫治纲要》在“教育矫治方法”中对课堂教学的内容、课时、方法、手段进行了更为明确的规定。《教育矫正指南》在界定“集体教育”概念的基础上指明“戒毒所常用的集体教育形式主要有课堂教学、讲评教育、专题教育等”。

一、集体教育的概念

集体是与个人或者个体相对应的概念,是指由许多人结合起来的有组织的整体。集体是群体发展的最高、最完善的阶段,是有组织的群体。集体的成员由对每个个体和整个群体都有意义的共同价值、共同活动目的和任务而结合在一起的。① 从广义上来说,集体教育是将个人集中到一个具有共同目标、共同组织和共同活动准则的集体中,通过集体和为了集体而进行的教育活动。

戒毒场所的集体教育,是指将一定数量的戒毒人员组织起来,针对集体共性问题和共性需求开展的教育活动。这一概念的界定有三层含义:第一,教育对象是戒毒人员集体;第二,教育性质是集中组织活动;第三,教育指向是了解共性需求、解决共性问题。集体教育是以戒毒人员为主体,以全所、大队、中队、班组(寝室)为编制形式,以帮助戒毒人员改善认知行为、戒除毒瘾为目标,针对集体共性问题,围绕集体共性需求,根据上级要求而组织实施的教育矫正活动。当前戒毒场所的集体教育主要包括课堂教学、讲评教育和专题教育等形式。

二、集体教育的特点

集体教育是戒毒场所的民警实施最为频繁、运用范围最为广泛的教育方法之一,具有以下五个方面的特点:

(一)教育措施的强制性

在戒毒场所接受教育、戒除毒瘾是戒毒人员的法定义务,戒毒人员只能接受服从,不能以规定之外的任何理由逃避教育。戒毒民警通过调查研究,切实掌握不同戒毒人员群体特征和戒毒需求,精心组织集体教育内容,科学设计教育方法,尽可能提高戒毒人员接受教育的自觉性和积极性。

(二)教育内容的普适性

集体教育的一个重要目的是解决戒毒人员群体的共性问题,如文化素质低、行为养成差、生活习惯差、好逸恶劳等。尽管在实施分类教育时,考虑了性别、年龄、民族等因素,但由于教育受众是戒毒人员集体,在实施集体教育时,应有针对性地考虑教育内容、形式、场地、环境等因素,同时必须根据戒毒人员群体的共同特点,顾及大多数戒毒人员的受教能力,设计教育内容,使用恰当的语言、动作,才能确保教育效果最大化。

---

① 赵玉如:《集体教育》,教育科学出版社 1999 年版,第 5 页。

（三）教育目标的阶段性

随着统一戒毒模式逐步在全国各戒毒场所实体化运行，分期分区实施教育成为常规制度被确定下来，不同的期区实施目标不同的集体教育成为必然。各地工作实践表明，生理脱毒区实施提高戒毒依从性和遵规守纪为目标的集体教育；教育适应区实施以课堂教学、行为养成训练为主的入所适应性教育；康复巩固区实施与医疗、心理、康复、劳动各项工作紧密融合的常规教育；回归指导区实施以抗复吸训练、形势政策教育、创业就业指导为主的回归社会指导教育，是较为成熟有效的教育活动安排。

（四）教育组织的系统性

依据《教育矫治纲要》和统一戒毒模式的要求，集体教育应有符合客观规律的体系化设计，按照年度、季度、月度设计符合戒毒场所实际的教育计划，安排合理可行的班级设置，配备完善的教学资源、图书阅览、禁毒展览、文体活动、职业技能培训设施，建立集教学点播、教学效果考核、教育管理信息采集于一体的教育管理网络，拥有涵盖多学科的专兼职教师队伍，能够采取资源共享、购买服务、教研合作等多种方式，引进社会力量参与场所教育矫正工作。同时，教育效果考核还应为诊断评估工作提供服务，为社会延伸工作提供有力支撑。因此，集体教育的组织必须依托戒毒场所系统化全面支撑，才能有效实施。

（五）教育方法的多样性

近年来，全国各地戒毒场所因地制宜、勇于开拓，在教育方法多样化方面取得了积极进展。有的省份推广基于网络直播系统的云课堂集中教学，集中利用优质师资资源，极大地缓解了基层课堂教学资源紧张的局面；有的省份建立了教育资源数据库，突破所际限制，实现了资源共享共通；有的戒毒场所利用所在地区科研院校优势，实现所院共建，有效引入社会资源支持教育矫正工作。随着技术的进步、科技的发展，越来越多的新型教育形式、方法必将被引入戒毒场所，有效地提升教育效果。①

---

① 司法部戒毒管理局组编：《司法行政强制隔离戒毒教育矫正实务》，法律出版社 2021 年版，第 169 ~ 170 页。

三、集体教育的作用

（一）有利于解决普遍共性问题

戒毒人员个体的文化程度、心理特征、吸毒种类、成瘾程度、戒断状况等诸多方面各有不同，但不同的个体又存在共性之处。例如，他们普遍存在文化素质较低、认知能力较弱、守法观念淡薄、道德水平不高、心理健康水平低、心理调节能力弱、心理健康意识差等问题。在封闭的戒治环境中，如果一些关键问题得不到及时解决，就容易激化矛盾而成为场所戒毒工作顺利实施的阻力。集体教育可以采用课堂教学、集中讲评、专题讲座等形式，高效地解决戒毒人员群体中存在的共性问题，化解普遍性矛盾。

（二）有利于高效发挥教育影响

集体教育相较于个别教育而言，可以在单位时间内对多个教育对象产生教育影响，极大地提高信息传递的效率。[①] 在戒毒场所中，集体教育的“高效”突出表现在以下三个方面：一是传播速度快；二是受教育面广；三是教育影响力大。由此，集体教育可以形成强大的舆论力量和教育氛围，对戒毒人员发挥着高效的教育影响作用。

（三）有利于培养集体主义观念

实践表明，戒毒人员的集体意识不强、家庭责任感低下、社会责任感缺失是其难以顺利回归社会的主要原因。在教育矫正工作中，通过课堂教学、讲评教育、专题教育等集体活动，引导戒毒人员学会与他人共处，从关注“自我”逐渐学会关注“他人”和集体，培养他们的集体荣誉感以及“服务他人、快乐自己”的意识，进而培养他们的集体主义观念。

第二节　课　堂　教　学

课堂教学，是指戒毒场所将戒毒人员按所在期区、大队、文化程度等情况编成

---

① 王雪峰主编：《矫正教育学》，法律出版社2022年版，第194～195页。

有固定人数的教学班级，由教育矫正中心安排专兼职教师，根据教育矫正计划中规定的课程内容和课时数组织的教学活动。它是戒毒场所教育矫正工作的基本形式之一。

一、制订教学计划

根据戒毒场所实际，教育矫正中心应依据“四区”教育目标编制教学计划以及课程表，确保在“四区”各大队按规定教学周期完成教学任务。

（一）明确教学要求

教育矫正职能科室应根据“四区”不同的教育目标，充分考虑专兼职教师配备现状以及场所教学设施设备保障状况，明确符合本所实际的教学要求。

案例 11－1

一、案例介绍

某强制隔离戒毒所如何提出年度课堂教学工作要求

教育矫治科进行一次所情调研，具体问题如下：

第一，康复巩固区课堂教学任务繁重。本所常规收治人数超过1500人，生理脱毒区、教育适应区、回归指导区均编制1个大队，康复巩固区编制8个大队，且各大队常规收治戒毒人员超过200人。

第二，康复巩固区教学时间较为紧张。《教育矫治纲要》规定课堂教学课时总数为140课时。本省指定的教育课程每年不少于100课时，教育适应区、回归指导区课堂教学时间相对集中，教学时间较为充裕。按照司法部“4＋1＋1＋1”（4天劳动康复，1天教育活动，1天康复训练，1天休息）的模式要求，康复巩固区每周1天的教育时间内，需要统筹安排课堂教学、专题教育、心理矫治活动以及康复训练。

第三，专兼职教师人数较少。康复巩固区各大队具有兼职教师人数不超过3人，且特长不一。教育矫治科、教育矫正中心专职教师编制仅有5人，康复巩固区各大队无力独自承担教学任务，全所师资使用也极为紧张。

综上所述，该所教育矫治科对新一年度的课堂教学工作进行了适当调整，有效缓解了本所的课堂教学工作压力。

<table>
<tr><th></th><th>生理脱毒区</th><th>教育适应区</th><th>康复巩固区</th><th>回归指导区</th></tr>
<tr><td>编班原则</td><td rowspan="6">该区一般不安排课堂教学任务</td><td>实行小班制，同批次、同时期入所戒毒人员编为一个班</td><td>所属大队以中队为单位编制大班</td><td>实行小班制，预期解除时间不少于1个月的戒毒人员编为一个班</td></tr>
<tr><td>教育内容</td><td>以入所适应性教育为主要教学内容</td><td>以部局、省局、本所教材为主要教学内容</td><td>以回归社会指导教育为主要教学内容</td></tr>
<tr><td>教学周期</td><td>不少于1个月</td><td>12个月</td><td>不少于1周</td></tr>
<tr><td rowspan="2">教学师资</td><td>以教育适应区所属大队民警为主，教育矫正中心给予补充支持</td><td>整合全所专职、兼职教师以及外聘教师，统筹安排授课</td><td>以回归指导区大队民警为主，教育矫正中心给予补充支持</td></tr>
<tr><td colspan="3">将所有课程进行分解，每门主课由1~2名专、兼职教师承担，并负责该课程的全所教学任务；利用本所教育网络系统，组织全所云课堂直播、大队网络课堂点播，增加每次教师授课受众人数</td></tr>
<tr><td>教学计划制订责权</td><td>由教育适应区大队自行制订，报教育矫正中心审核备案</td><td>由教育矫正中心制订，教育矫治科审批</td><td>由回归指导区大队自行制订，报教育矫正中心审核备案</td></tr>
</table>

二、案例评析

该所教育矫治科在严格遵守上级要求的基础上，结合本所实际，科学调配本所资源，充分运用信息化手段，有效解决了师资缺乏、教学时间不足的难题。

（二）编制教学计划

教育矫正职能科室应指导教育矫正中心，制订年度教学计划；教育矫正中心应指导专兼职教师制订课程教学计划；教师应根据承担的教学任务，制订课时计划。

1. 年度教学计划。教育矫正中心应在学年或学期开始前制订年度教学计划。年度教学计划的内容包括戒毒人员情况的简要分析、本学年的教育总要求、教学主要内容、各课程的课时时数和时间安排、各课程的教育形式等项目。

2. 课程教学计划。教师应根据年度教学计划要求，对所承担课程进行全盘考虑，制订课程教学计划。课程教学计划的内容包括课程名称、教学目的、课时划分、各课时的类型、主要教学方法、必要的教具等。教师应明确本课程在年度教学计划中所处的位置以及与前后课程之间的关系，考虑与授课相匹配的其他教育形式的运用。

3. 课时计划。教师在实施课程教学过程中，在上每节课之前制订。课时计划是对每一节课进行缜密的设计，主要包括班级、学科、课题、教学目的、上课时间、课的类型、教学方法、课程的进度和时间分配等项目。

戒毒人员一般是成年人，具有较丰富的社会阅历。戒毒场所的课堂教学不是学历教育，也不是资质培训教育，所有课程和教学计划都是为了实现戒除毒瘾的总目标服务的。从某种意义上说，多数课程是改善认知课，是戒毒动机强化课。例如，戒毒人员的思想道德课就不能照搬中小学、大学的思想道德课。所有教学计划应注重结合戒毒人员的实际需求，将解决戒毒人员道德标准低、思想认识差等共性问题纳入教学计划以及具体教学活动中，提出有针对性的具体教学要求，鼓励引入新颖的教育理论与方法，切实提高教学效果。

二、教学实施

戒毒人员课堂教学一般按照教学设计（备课）、课堂教学（授课）、课后反思的步骤组织实施。教师可根据不同课程组织不同的教学设计，确保教学效果。

（一）教学设计（备课）

备课是教师根据学科课程标准的要求和本门课程的特点，结合戒毒人员的具体情况，选择最合适的表达方法和顺序，以保证戒毒人员的有效学习。备好课是上好课的前提。对于教师而言，备好课可以加强教学的计划性和针对性，有利于教师充分发挥主导作用。备课分个人备课和集体备课两种。个人备课是教师自己钻研学科课程标准和教材的活动。集体备课是由相同科目的教师共同专研教材，解决教材的重点、难点和教学方法等问题的活动。基于当前戒毒场所工作实际，为确保教学质量，一般建议采用由专职教师主导，兼职教师参与的集体备课形式。

1. 组织管理。集体备课由教育矫正中心组织实施管理。一般由中心主任或中心专职教师具体主持集体备课活动。

2. 活动过程。主持人提前通知备课成员在集体备课前认真研读教材、大纲，按照定时间、定地点、定中心发言人等要求，听取中心发言人的发言，讨论备课提纲。中心发言人提出备课提纲时，应包括备重点、备难点、备教法、备作业。讨论时要充分发扬学术民主，允许不同意见的争鸣。在此基础上按照统一教学思想、统一教学内容与要求、统一课时安排、统一达标题目、统一考核要求的“五统一”要求修改提纲。

3. 撰写教案。各任课教师根据集体备课的备课提纲和各班的学情，撰写教案。教案一般包括课题、教学目的、课型、课时、教学重点、教学难点、教学方法、教学过程、作业处理、板书设计、教具准备、教学反思等。撰写一份完整的教案设计需要反复推敲、综合考量，具体流程如图 11－1 所示。

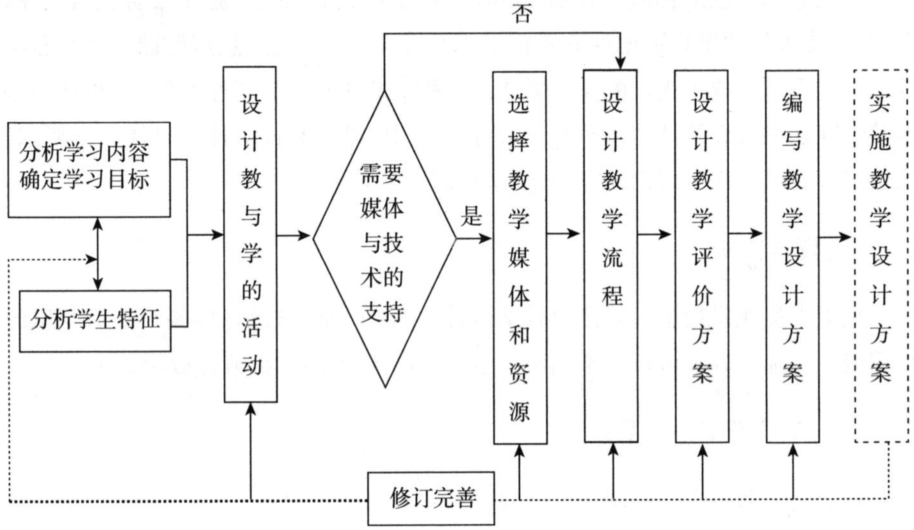

图 11－1　教学教案设计流程

（二）课堂教学（授课）

授课是教师按照教学计划的要求，根据预定的教学时间，依据教案设计，将教学内容通过讲解、示范等多种方式方法讲授给戒毒人员的教学活动。授课是课堂教学工作的中心环节，是教师思想觉悟、工作态度、业务水平和教育能力的集中反映，是戒毒人员掌握相关知识、提升自我认知水平和综合技能的基本学习形式，也是教与学相互作用最直接的表现。在授课时，教师应按制订的课时计划进行。

1.授课应做到“五要”。一要清楚明白。清楚、明白是教师讲课最基本的要求。清楚,就是要把教材的基本内容、基本线索核实理顺,纲举目张,达到思路清、线索明的要求;明白,就是要把教材的基本原理、基本理论、基本观点论证真切,达到言之成理,持之有故,能使戒毒人员在掌握基本知识的前提下,认知得到提升,思想受到教育。应做到授课内容中心突出、教学过程循序渐进、语言表达言简意赅、讲解说明深入浅出、言行板书规范完整。二要系统严密。讲课内容应当层次井然、条理有序,使戒毒人员获得系统的概念。要拟出条理简明的课题大纲。这既是教师讲课的纲,也是戒毒人员听课、复习的纲。列大纲的方法通常有三种:第一,课前先列大纲后讲述;第二,边列大纲边讲述;第三,先讲述后列大纲。三种方法各有利弊,应根据实际授课情况,灵活选择使用。三要过程完整得当。一堂完整的课,应当分成五个基本环节。用五个字来予以概括就是:“组、复、新、巩、布”。“组”,即组织教学,让戒毒人员集中注意力,使课堂保持良好的纪律;“复”,即复习旧课内容,新课开始前应将上节课或与此相关的知识简单复习一下,或提问,或讲述,由教师掌握,作为本节新课的铺垫和前奏,不宜超过整个课时的1/10;“新”,即新课的进行,是课堂教学的主要部分,需要综合考虑启发戒毒人员思维的技巧、采取的教学方法、使用的教具、理论联系实际的途径等诸多因素,对讲述的内容要注意前后连贯、循序渐进的原则;“巩”,即巩固新课知识,新课内容结束时,应当给戒毒人员整理总结,让戒毒人员对整堂新课的知识有一个全面的了解;“布”,即布置作业,让戒毒人员做一些可以巩固和发展智能的作业,看一些适宜的参考书,但应以适量、实效为主。一堂好的教学课应当结构完整,这五个环节的结合要自然流畅、浑然一体。四要语言层次分明。教师的教学语言要体现学科特点,要有时代感,要明白而不含混、具体而不空泛、有趣而不庸俗。同时,层次要分明,要有段落感,何时说理、何时叙述、何时渲染、何时议论均要恰到好处。讲述到一个段落结束时,要稍做停顿。有时要启发戒毒人员思维,有时要给戒毒人员一个回味的余地,鼓励戒毒人员提出疑问,然后再往下讲。这样的讲述既可避免杂乱无章,又能层层深入,自然得出结论。五要生动具体。课堂讲述的最高要求是生动具体而有趣。这与教师的学识、经验、言辞及其选择的教学内容等诸方面都紧密相关。教师要有广博的学识和经验,只有丰富积累才能产生很多创造性的思维和方法,使授课深入浅出、妙趣横生;要讲究语言技巧,克服常见的语病,要有丰富多彩的语言,要根据教材内容的要求、情节的变化而采用不同的方式、不同的声调和不同的表情,使三者有机地结合起来;要灵活处理教材,由于教材内容受篇幅限制,多失之于简略、抽象,戒毒人员学习常有难解和乏味感,要想讲得生动,必须把浓缩的事情展开,对概括的内容予以充实,诱导戒毒人员的想象,启发戒毒人员的思维,把书本知识和实际生活结合起来。

2. 讲述的技巧。讲述是一种常用的经济且有效的教学方法,若与其他方法配合默契、运用得当,也是一门教学艺术。要臻于艺术境界,使讲述清楚明白、系统严密、生动有趣,就要研究和熟练地运用讲述技术。一要做到教学准备充分,全面了解学情,熟悉教材、教案,认真准备好优秀的教案,更重要的是要充满信心。二要做到教态自然大方。教态主要是指教师的表情动作、语言感情和精神气质。教态必须与教学目的和教学内容一致,克服紧张情绪,保持正常情态;保持良好仪态,以达身教之效,站立姿势要直,身体重心落于双脚,不要用手撑住讲台,不要遮住黑板,避免呆滞不动或过快走动,手的动作自然简练,恰到好处。三要做到语言切实动听,语言要正确(不能读错字、读错音),音量要适中,音色要优美,语调要自然。讲述声调要有抑扬顿挫、高低缓慢的变化;语言速度要适中,不仅要使戒毒人员听得清楚、舒服,还要留给戒毒人员回味思考的时间,语速以每分钟 90 ~ 120 个字为宜。四要做到语词得体,就是选词用字以及语句的结构要正确、严密,即用得其所、联结妥帖,达到易懂而不粗俗、深刻而不艰涩,既简练有力,又清晰雅达。五要做到切实有趣,讲述的内容要真实具体,避免空泛抽象,即使理论性较强的教学内容,也可通过案例、比喻及事实,使之具体化,同时运用教具,配合各种教法,加以形容、描绘、衬托、反语,使讲述形式生动活泼,讲述语言清新动听,讲述内容深入浅出。

3. 过渡艺术。课堂教学过程是一个有机结合的整体。灵活巧妙的过渡艺术能把段与段、节与节、此问题与彼问题巧妙地连在一起,使整个教学浑然一体,有利于戒毒人员的思路合理演进。教师要对教学内容的过渡有足够的认识和透视,钻研大纲、吃透教材、匠心独运、另辟蹊径,就一定会给课堂教学增色。过渡主要有以下四种:一是悬念过渡。悬念的设置是课堂教学的技巧之一。它能使教学过程跌宕生姿,产生巨大的诱惑力,吸引戒毒人员。悬念的设置若盘马弯弓,引人入胜。二是启发过渡。在课堂中,有时教师可以巧点灵犀,运用一个动作、一句名言来启发戒毒人员思维,达到耐人寻味、回味无穷的效果。三是联想过渡。联想是依据所学的知识去推测此事物与彼事物、此问题与彼问题之间的关系。课堂上运用联想过渡有利于知识的成链结网,提高思维的流畅性和变通性。四是板书过渡。板书是最能引起戒毒人员重视的教学手段。戒毒人员的多数听课笔记是教师的板书。在许多时候,清晰的板书胜过教师口语的魅力,可谓无声胜有声。

4. 板书的要求。如前文所述,板书也是一门教学艺术。板书正确整洁,给人的第一印象必然甚佳。规范整洁的板书,也是戒毒人员书写的良好示范。板书应层次分明,避免重点不明、主次不分。层次分明的板书有利于戒毒人员对教学内容的理解。边写边讲是运用板书的最高要求。写板书时,要以声音来调整戒毒人员的学习情绪,引起戒毒人员的注意。主板书一定要写在全体戒毒人员都能看得到的明显位置,副板书用来补充说明。

(三)课后反思

一直以来,教学反思是教师提高业务水平的一种有效手段。其中,课后反思是教师在完成课堂教学后,通过对戒毒人员作业批改、教学效果反馈及旁听教师的教学建议,对教学实践的再认识、再思考,并以此来总结经验教训,进一步提高教学水平的活动。

1. 作业。作业形式基本上可分为口头作业,如朗读、阅读、背诵、复述、答问、口头解释与分析等;书面作业,如书面练习、书面答问、演算习题、作文、绘制图表等;实践作业,如实验、测量、各种技能的训练等。教师在布置和指导戒毒人员作业时,需要注意以下三个方面:一是作业内容要有启发性,有助于戒毒人员对所学知识的巩固和加深,重点应放在基础知识的掌握和基本技能的训练上;二是作业量要适当,难易要适度;三是要组织讲评,展示交流。对共性的问题要及时作课堂总结讲评。

2. 教学效果反馈。主要包括“评教”“评学”“评环境”。“评教”主要从教学素养、教学目标、教学内容、教学方法、教学效果、教学特色等方面进行;“评学”主要从课堂中戒毒人员的精神状态、学习参与、学习收益等方面进行;“评环境”主要包括学习氛围、学习资源、实施设备等软件及硬件条件。

3. 教学反思。每堂课下来就总结思考,写好课后心得或教学日记,这对教师非常重要。教学反思可分阶段进行,包括课后思、单元思、阶段思等。教学反思也可以集体进行,与同事一起观察自己的、同事的教学活动过程,与他们就实践问题进行对话、讨论,是一种互动式的活动。教师集体反思注重教师间成功的分享、合作学习和共同提高,有助于建立合作学习的共同体。

第三节　讲评教育

一、讲评教育的概念

讲评教育，是指戒毒民警按照上级要求或工作需要，集合一定范围的戒毒人员，对某时段、某项活动、某事件中戒毒人员的具体表现进行评价、点评，或传达上级和本级各项指令，或宣讲政策法规、强调所规所纪等的教育活动。讲评教育是戒毒民警对戒毒人员日常使用最频繁的教育矫正方法，是戒毒民警必备的基本业务技能之一。

二、讲评教育的主要类型

讲评教育一般由戒毒民警单独实施或集体实施。全所、大队、中队（分队）、班组（宿舍）等戒毒人员群体都可成为讲评对象。讲评教育一般分为以下三种类型。

（一）专题讲评

专题讲评，是指针对戒毒人员群体在接受戒治过程中发现的共性问题、普遍需求、典型个案等内容，明确讲评主题，进行集体讲解、评述的活动。专题讲评包括纪律讲评、劳动讲评、学习讲评、活动讲评、个案讲评等。

（二）阶段讲评

阶段讲评，是指根据不同阶段，依照制度规定或工作需要，对戒毒人员群体的现实表现、思想动态以及生活、劳动、学习、医疗、康复等情况进行阶段性总结，以及现阶段需要向戒毒人员群体传达各类指令、工作活动安排，宣讲各项制度政策等内容的活动。阶段讲评包括晨讲评、晚讲评、日讲评、周讲评、月讲评等。

（三）现场讲评

现场讲评，是指在生活、学习、劳动、医疗、康复五大现场以及公共区域，因突发性、临时性问题或工作、活动、会议需要，对戒毒人员群体进行专门讲解、评述的活动。现场讲评包括会前讲评、会议讲评、会后讲评、课前讲评、课后讲评、出工讲评、收工讲评等。

二、讲评教育的实施途径

(一)确定主题

确定讲评教育的主题必须坚持从实际出发,戒毒民警通过深入观察,掌握戒毒人员的材料和禁毒戒毒知识、信息,随后对材料进行归纳分析,结合自己掌握的相关知识,经过深入思考后拟定。确定讲评教育主题应注意三点:一是主题要鲜明,主题不能似是而非,含糊其词,使戒毒人员产生不当联想或错误认知;二是观点要集中,要简明单一、突出中心,不能造成戒毒人员在听讲过程中注意分散,成效不明显;三是剖析要深刻,讲评内容不能仅停留在简单罗列叙述,要贴合戒毒人员实际,由浅入深,由点及面,切入重点、难点、痛点,有解析、有强调、有要求。

(二)明确分工

讲评教育应根据讲评对象人数、从属范围、事项重要程度,确定由戒毒民警单独主持或集体实施。团队组织时,要讲究分工明责,确定好主讲、辅助以及后期跟踪等人员分工,实施团队作战,确保讲评实效。

案例 11-2

一、案例介绍

春节前困难戒毒人员讲评教育

2019年1月底,春节将近,某强制隔离戒毒所五大队对本队困难戒毒人员情况进行摸底,发现有24名戒毒人员在近6个月内,没有任何家属探访、打过亲情电话、接到家庭汇款。大队将此事作为大队动态分析周会的重要事项进行研讨,决定利用当天晚点名针对这一情况进行讲评教育。具体由分管大队的副大队长牵头,当日当班民警主讲,所有无温暖、有困难的戒毒人员所属分队责任民警全部参与此项工作。随即,牵头副大队长、分队民警与主讲民警立即召开碰头会,就讲评教育内容以及后续工作进行全面部署。

晚点名时,主讲民警就大队无温暖情况向全队戒毒人员做了简单通报,通报时特别注意没有透露困难戒毒人员的具体信息,然后作出三点讲评:

第一,公布大队措施。全大队不允许歧视困难戒毒人员,大队将采取措施利用本所帮扶政策对其实施帮扶,确保其能够度过一个温暖的春节。

第二,对全体戒毒人员提要求。全队戒毒人员应本着友爱互助精神,在日常学习、劳动、生活上体谅困难戒毒人员的难处,不歧视,更不能利用其困难,谋取私利,绝不允许所王队霸、“隶使”他人的现象发生。如有发现,大队将严厉处罚。有爱心的戒毒人员,经报请民警同意,可在生活上对困难者给予适当的扶持帮助。

第三,对困难戒毒人员提要求。困难戒毒人员应充分利用与分管民警、大队领导谈话教育的机会,主动交流谈心,民警愿意与其一道共同修复家庭关系,解决生活困难。

二、案例评析

根据讲评后各分队民警的调查了解,当天讲评教育产生了较好的效果。讲评教育之后2日内,分队责任民警又与所有困难戒毒人员进行了个别谈话,掌握了相关思想动态。春节来临前,共有5名戒毒人员经民警帮助,修复了家庭关系,通过家属探访或亲情电话,收到了家属春节汇款。其余困难戒毒人员也被大队定为春节期间困难人员,享受到全所的困难帮扶。整个春节期间,大队未发现有霸凌现象,全队氛围祥和,平安过节。

(三)预备工作

实施讲评教育前,负责讲评的民警需做好以下四个方面的准备:第一,明晰讲评依据。上级工作要求和管理教育工作需要是开展讲评教育的主要依据。上级工作要求一般以宣讲政策、工作指令、主题教育为主。管理教育工作一般因发现实际问题,需要进行提示性、指导性、警示性教育。第二,把准讲评目的。讲评教育目的要单一明确,即为推进某项工作、活动顺利进行或维护场所某方面的安全秩序等,戒毒民警应准确把握,按照预定主题实施讲评,力避偏题、跑题。第三,划定对象范围,结合讲评依据与目的,确定参加讲评的范围,即明确哪些戒毒人员必须接受讲评、哪些可以接受、哪些不必接受。第四,选定时间场地。为使讲评达到良好效果,综合主客观因素,选好实施讲评教育的具体时间、场地,可根据实际,对讲评现场进行适当的环境布置和安全管理。

（四）准备讲稿

在讲评教育前，戒毒民警一般应准备讲评提纲，提纲要简明、准确、切实、具体。它的基本格式包括讲评的主题，讲评的顺序即讲评的开头语、讲评的主要内容、讲评的结束语。讲评教育提纲的撰写可繁可简，最简单的讲评提纲只有几十个字，也有的讲评提纲长达几百个字。讲评提纲可以根据戒毒民警的实际情况、习惯爱好因人而异。如讲评教育内容关系重大、政策水平要求高，为避免错漏，戒毒民警应撰写讲评稿，确保讲评教育的内容正确、讲评教育的过程完整，使讲评教育富有逻辑性，把思想表达得更精准、更完美。

（五）实施讲评

实施讲评一般遵循以下五个步骤：第一步，整队集合。主讲民警站位正确，其他民警布防到位，姿态端正，精神振作，动作准确；民警整队，清点人数；观察现场戒毒人员情绪、精神面貌；口令下达准确、清楚、洪亮。第二步，民警讲评。这是讲评最重要的环节。主讲民警要注意用语规范、言辞平实、直奔主题、宽严相济、以理服人、以情动人、适时点评，确保主题传达到位。第三步，代表发言。视民警讲评主题，安排戒毒人员代表发言，如以批评警示为主题的讲评，可让相关戒毒人员开展自我批评，陈述改进措施；以鼓励为主题的讲评，可让戒毒人员提改进措施，发表决心。此步骤可视讲评内容适时安排。第四步，布置任务。主讲民警应根据讲评主题要求，给戒毒人员布置讲评后的任务。例如，讲评后组织戒毒人员分班或分寝室围绕讲评内容开展专题讨论等。第五步，跟进评估。讲评结束带队离场后，主讲民警或团队其他人员应布置好后续工作，通过各种途径，及时跟进，了解戒毒人员对此次讲评的反映和落实情况，以便安排后续的教育和管理措施。

四、讲评教育的工作技巧

组织讲评教育的过程中，戒毒民警应当注意自己的警容、警姿；选择适宜的现场，讲评现场必须有利于戒毒民警的有效控管，优先选择有监控、监听设备的场地；也可根据工作需要，为提升讲评效果，对现场进行适当布置；注意现场要保持安静，避免无关刺激物分散戒毒人员的注意力；带队民警注意在队前站立的位置，必须能看见每位戒毒人员的表情，保证自己的声音能够让每位戒毒人员都听到;讲评后,不仅要督促戒毒人员尽快落实各项讲评要求,而且要及时向所在大队(中队)领导和其他成员通报讲评教育情况,如有需求,应请求支持、援助和配合。

实施讲评教育的过程中,讲评的内容应符合国家禁毒戒毒工作有关法律法规和政策规定,做到语言文明、表达准确、语气与当时情景相称,应符合民警公正文明、廉洁执法的角色要求。一是要注重语言准确表达。讲评教育不仅是主讲民警通过言语表达完成与戒毒人员交流沟通、心理疏导、思想交锋的过程,也是管理执法工作的重要组成部分。开展讲评教育要求主讲民警的语言、语气与当时情景相称,做到言之有物、言之有序、言之有故、言之有情、言之有度、言而有信、言之有理。切忌低俗、口头禅,一般使用普通话,发音要准确,要使用生动形象的语言。对于来自同一地域的戒毒人员群体,可适当使用该地域的方言进行讲评,从而起到拉近距离、加深理解的作用。讲评教育语言要生动形象,越具体形象越容易获得真切感知,使戒毒人员易于接受、乐于领会。新鲜贴切的比喻可以使抽象的概念形象化、深奥的道理浅显化、复杂的事物明朗化,而俗语、谚语、俚语、歇后语等语言形式,既具有口语的特点,又能一针见血、生动形象地说明问题。二是要灵活运用肢体语言。在讲评教育时,主讲民警要做到端正姿态,站如钟、坐如松;主讲民警的面部表情应该亲切、坦诚,既不盛气凌人,也不怯场畏缩,落落大方、自然得体;主讲民警要保持心理镇定、放松,随时应对临场各种突发情况,灵活且果断应对;讲评时手势运用要大方得体,不可做作,要控制不良的习惯动作。

戒毒民警在开展讲评教育时要使用规范用语。例如,某强制隔离戒毒所民警在生活现场的规范用语为:“现在,清点人数。准备进入(食堂、教室、劳动区),在此期间,保持安静,动作迅速,不得交头接耳、随意走动,若有问题举手示意”;考试现场的规范用语为:“今天,进行……考试。在考试中,不得喧哗、交谈,遵守考试规定。若有违纪行为,将按不合格处理”;劳动现场的规范用语为:“今天,劳动项目是……劳动任务是……在劳动中,要注意安全,严格按照安全操作规程进行生产劳动。遵规守纪,服从管理,听从指挥,按时、按质、按量完成劳动任务,遇事报告,不得擅自行动。”

第四节 专题教育

一、专题教育的概念

专题教育,是指戒毒场所为了促进戒毒人员身心康复,在某个特定时机或阶段,围绕某个专门主题组织开展的集体教育活动。专题教育可以由戒毒场所单独策划实施,也可以由戒毒场所为主联合其他有帮扶意愿的相关组织或个人共同策划实施。专题教育是戒毒场所对戒毒人员实施集体教育的一种重要方法。专题教育作为一种内容极为丰富、形式极为多样的集体教育方法,是活跃戒毒人员文化生活、打造场所教育特色、提升教育矫正效果的有效工作手段之一。

二、专题教育的主要类型

专题教育一般包括主题教育和特色教育。

(一)主题教育

主题教育,是指戒毒场所按照特定主题开展的戒毒人员集体教育活动。戒毒场所可根据戒毒人员的需求,选择适当时机,确定恰当主题,开展教育活动。按照活动内容的不同,主题教育一般分为以下三个类型:

1. 重大节庆纪念类主题教育。利用特殊日期的特殊教育意义,适时开展教育活动,如围绕国庆节、五一劳动节、国际禁毒日、国家公祭日,以及春节、清明节等传统节日开展的庆祝纪念活动等。

2. 宣教类主题教育。邀请本系统、本所民警或社会志愿者、院校专家等,按照戒毒工作需要,组织宣讲教育活动,如戒毒成功典型宣讲会、传统文化专家系列讲座等。

3. 司法行政戒毒工作主管部门以及戒毒场所部署的教育重点工作,如纪律规范整训系列宣教活动、安全度夏系列宣教活动等。

(二)特色教育

特色教育,是指戒毒场所根据实际,充分利用戒毒民警、戒毒人员特长以及地域、民族等优势资源,组织具有自身特色的集体教育。特色教育活动能够有效提升教育矫正质量。特色教育一般遵循因材施教、因地制宜的工作原则,发挥场所自身特长优势,打造特色品牌。

案例 11-3

例 1:某强制隔离戒毒所邀请当地国家非物质文化遗产传承人来所给戒毒人员长期授课,既培养了戒毒人员爱国爱乡的民族情怀,又增长了其回归社会后谋生的特殊职业技能,取得了良好的社会效益和经济效益。

例 2:某强制隔离戒毒所以大队为单位组织开展“一队一品一特色”活动,各队各展所长,打造出“家孝文化国学课堂”“微影视情景演绎课堂”“情绪管理兴趣社”“阳光伴我行护花行动”等大队特色教育品牌,取得了良好的教育矫正效果。

例 3:某民族自治州强制隔离戒毒所充分发掘本所少数民族戒毒人员特长,成立苗鼓队、舞龙队、民族舞蹈队,活跃了戒毒人员文化生活,成功打造了场所的特色品牌。

三、专题教育的实施途径

(一)确定主题

开展专题教育,首先必须选好主题。准确恰当的选题,是确保教育活动取得良好实施效果的前提和保证。专题教育选题一般分为规划选题和创意选题两种形式。

1. 规划选题一般是在编制年度教育工作计划时,遵照教育矫正工作规律和要求,选定全年必须开展的专题教育主题,为工作实施预留出充足的准备时间。

2. 创意选题一般是结合当前场所工作形势,根据主客观条件,利用有利的戒治氛围,适时提出创意,组织开展专题教育。

案例 11-4

例 1:某强制隔离戒毒所教育科计划当年 1—2 月开展春节系列教育活动,3—4 月开展行为养成月活动,5 月开展戒毒人员文艺汇演,6 月开展国际禁毒日系列宣教活动,7—8 月开展安全度夏系列教育活动,9—10 月开展爱国主义系列教育活动,11—12月开展戒毒标兵评比活动。教育科将计划下发全所各大队,大队在安排本队全年工作计划时,将上述活动纳入了每月的教育重点工作,实现了相关工作的有效衔接,确保教育矫正活动的顺利实施。

例2:某大队戒毒人员李某,通过亲情电话了解到5岁儿子因患有先天性心脏病生命垂危。大队民警及时了解到这一信息,立即组织全队民警捐款,到李某家实地探望,帮助联系省会知名医院进行抢救治疗。大队民警将抢救的全过程,以"对不起,我的孩子"为教育主题,开展亲情教育和感恩教育。通过视频、图片展示和当事民警现场讲解,向全队戒毒人员展示民警救助过程,召开主题班务会,让戒毒人员深入探讨亲情修复话题,拉近了民警和戒毒人员的距离,营造了和谐的戒治氛围。

(二)制订方案

要落实专题教育,就必须制订完善的实施方案,通过方案分派任务、划清职责、明确考核、确定预算,才能确保专题教育的顺利实施。一般由专题教育主办部门或单位负责制订具体的实施方案。专题教育实施方案的基本模板如下所示:

1. 标题,即标明专题教育主题,如"……主题教育活动""……特色教育工作实施方案"。

2. 导言,即阐明开展专题教育的目的及意义。

3. 主题,即以简洁、准确、形象、生动的语句表述教育主题,如某所戒毒人员合唱比赛的主题是"唱响禁毒歌,走好健康路"。

4. 举办时间,即清楚注明活动开展的具体时间或期限。

5. 地点,即指定活动开展的区域。

6. 活动对象,即指明参与活动戒毒人员的范围。

7. 组织领导,即明确活动牵头领导、主办部门、协办部门、参与部门,明确责任权限。

8. 工作流程,即按照时间顺序,将活动一般流程描述清楚。

9. 工作安排,即详述此次主题活动或特色教育的前期、现场、后期扫尾等工作事项,各个事项应注明责任部门和责任人。

10. 工作要求,即指出在活动中应关注的主要问题,提出具体要求,对突发情况提出应急处置办法,列出考核细则。

11. 经费预算,即详细列清各项开支预算明细。

（三）履行相关审批程序

对于制订的专题教育实施方案，应履行上报审批程序，按照单位分工权限，经相关领导审批完成后，按照公文制度要求行文下发。

（四）组织实施

1. 召开工作布置会。实施方案正式成文，应由责任领导牵头，举办部门或单位通知相关责任部门或单位派人参加工作布置会。工作布置会应尽可能收集来自各方的意见，尽可能现场提出解决办法，确保分派任务合理、到位。各责任部门或单位应确保明确了解自身任务。

2. 做好前期准备。各责任部门或单位应按照实施方案要求，按时按量完成前期准备任务。同时，如在实施时发现困难问题，应及时向举办部门或单位反馈，举办部门或单位应适时调整部署，应对可能出现的问题。

3. 现场精心组织。现场实施专题教育时，各部门或单位除了按照方案安排推进工作之外，现场工作人员应注意相互协调、查漏补缺，防止一切突发事件发生。如遇突发情况，应视情况的性质，实施应急预案；无预案的，应本着安全、平稳、迅速的原则，镇静处置。

4. 后期评估宣传。专题教育完成后，应注意收集戒毒人员反馈，听取各部门或单位的意见，对活动完成情况进行整理评估。同时，应组织专人采集素材，撰写宣传稿件，进行场所内外宣传。

复习思考题

1. 简述集体教育的概念与特点。
2. 简述集体教育的作用。
3. 简述课堂教学的实施步骤。
4. 简述课堂讲述的技巧。
5. 试析讲评教育的主要类型。
6. 试析专题教育的实施途径。

本章主要参考文献

1. 赵玉如:《集体教育》,教育科学出版社 1999 年版。

2. 司法部戒毒管理局组编:《司法行政强制隔离戒毒教育矫正实务》,法律出版社 2021 年版。

3. 王雪峰主编:《矫正教育学》,法律出版社 2022 年版。

4. 夏宗素主编:《矫正教育学》,法律出版社 2014 年版。

5. 高莹主编:《矫正教育学》,教育科学出版社 2007 年版。

第十二章　分 类 教 育

| 本章摘要 |

分类教育是介于集体教育和个别教育之间的一种教育方法,充分体现了集体普遍性和个体差异性的有机统一,在戒毒工作中发挥着不可替代的作用。通过本章的学习,了解分类教育的概念、特点与作用,理解女性戒毒人员、未成年戒毒人员、吸食传统毒品戒毒人员、吸食合成毒品戒毒人员、病残戒毒人员、少数民族戒毒人员的群体特质,掌握不同类型戒毒人员的教育矫正措施。

| 重点问题 |

本章的重点是分类教育的概念、特点与作用,不同类型戒毒人员的群体情况分析与教育矫正措施。

第一节　分类教育概述

"因人施教"是教育工作必须遵循的一项基本原则。[①] 每一名戒毒人员都有吸食毒品的违法经历,从其吸食毒品的原因、种类、戒毒的经历以及其在戒毒场所内不同期区接受戒治的情况来看,都存在一定的差异性。而在性别、年龄段、吸食毒品种类、身体状况等方面具有同类特征的戒毒人员往往面临相似的困境、出现相似的问题。因此,在教育矫正工作中,做好戒毒人员的"因人施教"和"分类管理"是必不可少的手段。

① 王道俊、王汉澜:《教育学》(新编本),人民教育出版社 1999 年版,第 240 页。

一、分类教育的概念

戒毒人员分类教育,是指为了提高戒毒矫治质量,降低戒毒回归人员复吸率,戒毒场所在分别管理、分期管理和分级管理的基础上,根据不同类型戒毒人员的特点,分门别类地实施有针对性的教育活动。

分类教育是切实提高戒毒人员戒治效果的教育方法之一。根据《禁毒法》《戒毒条例》《戒毒工作规定》《教育矫治纲要》的相关要求,分类教育是戒毒人员接受教育矫正的基本途径,也是戒毒民警在开展教育矫正工作中应遵循的基本要求。①

二、分类教育的特点

分类教育作为介于集体教育和个别教育之间的一种教育方法,兼具集体教育与个别教育的优势,充分体现了集体普遍性和个体差异性的有机统一。② 分类教育具有以下三个方面的特点。

(一)分类的契合性

对戒毒人员分类的方式方法多种多样,其目的在于契合场所工作的现实需要,开展规范化、科学化、专业化的分类管理、分类教育。关于戒毒场所分类教育的对象,根据性别的不同,可分为男性戒毒人员、女性戒毒人员;根据年龄的不同,可分为未成年戒毒人员、成年戒毒人员;根据健康状况的不同,可分为普通戒毒人员和病残戒毒人员等;根据吸食毒品种类的不同,可以分为吸食传统毒品的戒毒人员、吸食合成毒品的戒毒人员等。总之,从不同的角度出发,就可以形成不同的区分类型,但戒毒民警不能单纯、机械地就分类而分类,要以科学戒治为核心,探求契合戒毒场所实际需求的、合理有效的分类方式。

(二)群体的针对性

由于分类教育是根据同一类型戒毒人员群体的特点开展教育,因而具有一定

① 司法部戒毒管理局组编:《司法行政强制隔离戒毒教育矫正实务》,法律出版社 2021 年版,第 191 页。

② 司法部戒毒管理局组编:《司法行政戒毒工作概论》,法律出版社 2017 年版,第 167 页。

的针对性。[1] 在戒毒场所内，要根据戒毒人员的特征进行有针对性的分类、分层，并对不同类型戒毒人员的认知规律、生理、心理和行为特点进行系统梳理，总结出不同类型戒毒人员的群体特质，从不同的侧面和角度分别对同一类型的戒毒人员群体进行综合有效的分类教育。当前戒毒场所根据戒毒人员的性别、年龄、民族、健康状况以及吸食毒品种类等情况形成了不同的分类方式，尤其针对女性戒毒人员、未成年戒毒人员、少数民族戒毒人员、病残戒毒人员、吸食传统毒品的戒毒人员、吸食合成毒品的戒毒人员等不同群体分别开展了一系列的教育矫正活动，取得了较好的教育矫正效果。

（三）方法的侧重性

"因人施教"中的"人"既指的是一个人，也指的是一类人。在开展教育矫正工作中，戒毒民警不仅要掌握戒毒人员的个性特点，开展个别教育方法，还要结合不同类型戒毒人员的群体特质，选择恰当的教育内容与方法，开展具有侧重性的分类教育方法，从而充分调动戒毒人员的主观能动性，使他们实现不同程度的改变和成长。

三、分类教育的作用

（一）有利于提升教育矫正工作整体水平

分类教育能够促进教育矫正工作的规范化、系统化。在分类教育过程中，戒毒民警要不断细化、深化场所的教育矫正工作，尤其要把着力点放在教育矫正的规范化、系统化建设上，致力于提升教育矫正质效。因此，实施分类教育有助于戒毒场所对现实的教育体制和运行模式进行不断的改革和创新。通过实施分类教育，可以实现以少带多、以点带面，将戒毒人员的教育矫正工作纳入规范化、系统化的轨道，不断提高教育矫正工作的戒治效益和整体水平。

（二）有利于满足戒治群体的多样化需求

分类教育能够促进因人施教的原则在戒毒场所得以落实。场所内有不同的戒治群体，分类教育就是为场所内不同的戒治群体提供最合适的教育平台和渠

---

① 左卫民主编：《中国司法制度》（第3版），中国政法大学出版社2012年版，第160页。

道。通过对戒毒人员有效地分类,可以确定不同戒毒人员群体的戒治需求,这些戒治需求具有多重性,教育矫正的目标也具有多样性的特点。这就需要采取不同的、有针对性的教育矫正措施"对症下药",满足不同戒治群体的多样化需要。

(三)有利于提升戒毒人员教育矫正质量

分类教育的不断落实到位,将有利于提升戒毒人员的教育矫正质量。一方面,通过对戒毒人员进行有效分类,在空间上切断违法违规的"感染源",科学有效地避免了对不同类型戒毒人员"混管混教"而导致的戒毒人员之间"交叉感染"和"深度感染",为戒毒人员实施有的放矢、针对性的分类教育提供了前提条件;另一方面,在分类的基础上,对不同戒毒人员群体进行与之相适应的教育矫正工作,不断提高教育矫正的科学性、针对性和有效性,在规定的教育时间内最大限度地提升了教育矫正的戒治效果。

(四)有利于推进戒毒民警专业队伍建设

分类教育的开展和实施离不开场所内高素质专业化、职业化的戒毒民警队伍。分类教育在很大程度上必须依靠场所内的专业化、职业化的戒毒民警来开展实施,戒毒民警素质高低直接影响分类教育的效果。在分类教育过程中,戒毒民警不但需要了解戒毒人员时所必须具备的知识,而且需要具有专业的教育矫正能力,才能游刃有余。因此,分类教育将极大地推进场所内专业中心建设以及基层戒毒大队管教民警向专业化方向发展,促使他们职业能力的持续提升。

第二节　未成年戒毒人员的教育矫正

一、未成年戒毒人员的概念

未成年戒毒人员,是指年满 16 周岁不满 18 周岁,因违反《禁毒法》的规定,被依法采取强制隔离戒毒措施,在强制隔离戒毒所内接受强制戒毒治疗的吸毒人员。

依据《禁毒法》第 39 条的规定,不满 16 周岁的未成年人吸毒成瘾的,可以不适用强制隔离戒毒。但是对年满 16 周岁不满 18 周岁的吸毒人员,实施强制隔离戒毒则没有限制，如果符合《禁毒法》第38条规定情形之一的，可以由县级以上人民政府公安机关作出强制隔离戒毒的决定：一是拒绝接受社区戒毒的；二是在社区戒毒期间吸食、注射毒品的；三是严重违反社区戒毒协议的；四是经社区戒毒、强制隔离戒毒后再次吸食、注射毒品的。

未成年戒毒人员正处在身体发育、人格形成的关键时期，他们的思想还未定型，可塑性强，具有特殊性。因此，国家根据未成年戒毒人员的身心特点，为未成年戒毒人员的教育矫正制定了特殊的政策，从而切实帮助未成年戒毒人员戒除毒瘾、矫正错误认知、顺利回归社会。

二、未成年戒毒人员的群体情况分析

未成年戒毒人员是身体发育和人格形成过程中出现问题的一个群体，他们还没有形成稳定的心理和健全的人格，其世界观、人生观和价值观都处于形成阶段，对社会了解不深，对事物分辨能力有限，容易受周围环境和人群的影响。未成年人的吸毒问题是各类内外部因素综合作用的结果。

（一）认知评价的片面性和表面性

未成年人正处于生理和心理成长的重要阶段，其思维的独立性和批判性快速发展，非常期望通过自己的体验去认识、评价事物，但因为知识、经验积累和理性思维的缺乏，他们对于毒品危害性、社会复杂性和交友选择性的理性认识都还不成熟。

（二）情感意志的高应激性和不稳定性

未成年人情绪反应强、意志力薄弱，做事容易冲动、情绪自控能力弱、行为稳定性差。他们敢说敢干、无所畏惧，越是危险刺激的事物越容易引起他们的兴趣。对一些错误行为盲目崇拜，进而模仿、追随，不能理性地认识和自我约束。这也导致了许多未成年人在吸毒时很少有罪恶感，反而有兴奋感和满足感。

（三）不良环境的影响

未成年人吸毒主要有两大环境诱因。一是不良的亲子关系和恶劣的家庭环境。不少未成年人吸毒与父母离异、亲情淡漠、家庭暴力有关，甚至他们的父母或者家庭成员中就有人吸毒。二是不良的社会风气。由于未成年人独特的认知、情感、意志特征以及个性发展中的人格因素,他们应对外界各种干扰的能力相当脆弱,当社会诱因超过了他们的自控能力时,很容易导致吸毒等违法行为。

三、未成年戒毒人员的教育矫正措施

(一)加强认知体系矫正,重塑正确“三观”

认知体系的畸变和扭曲是未成年人吸毒的重要原因之一。为此,戒毒民警要加强未成年戒毒人员认知体系的矫正,帮助他们树立正确的世界观、人生观和价值观,识别和判断社会生活中的真善美、假恶丑现象。在日常教育矫正中依照法律法规要求,强化日常行为规范训练,矫正各种恶习,养成良好的行为习惯。

(二)加强文化素质教育,提高生存技能

文化程度低是未成年人吸毒的另一个重要原因。要针对未成年戒毒人员的认知特点,组织开展文化素质教育,帮助他们提高文化水平。同时,戒毒民警也要在思想道德、中高层次的文化教育以及个人综合素养的提升上下功夫,采取多种形式强化中高层次文化知识的教育和引导,不断提升未成年戒毒人员的知识层次和水平。要培养积极健康的生活态度和生活技能,大力开展职业技术教育,确保其在回归社会后能立足于社会并顺利地融入社会。

(三)加强心理健康教育,构建健康人格

要根据未成年戒毒人员的生理、心理发展特点,开展心理健康教育,重塑或培养他们良好的心理素质,促进他们的身心全面发展;要培养他们的自信心,塑造健全的人格,使他们提升面对困难和挫折的心理承受能力,要让他们顺利度过“心理上的断乳期”。

(四)加强教育帮扶,建好朋友圈

未成年戒毒人员易模仿、从众心理较强,容易相互感染,这就要净化其周边的朋友圈,要为其提供成长阶段的同伴和榜样的力量,引导他们养成良好的习惯和作风,以规范自身的行为;发挥好场所内外的帮扶力量,做好家庭、社会的帮教衔接,努力形成家庭、社会、场所三方的无缝对接和有效帮扶,优化其成长的外部环境。

第三节　女性戒毒人员的教育矫正

一、女性戒毒人员的概念

女性戒毒人员,是指因违反《禁毒法》的规定,依法被采取强制隔离戒毒措施,在强制隔离戒毒所内接受戒治的女性吸毒人员。

依据《禁毒法》第39条的规定,“怀孕或者正在哺乳自己不满一周岁婴儿的妇女吸毒成瘾的,不适用强制隔离戒毒”。对于其他的女性吸毒人员,如果具有《禁毒法》第38条规定情形之一的,可以由县级以上人民政府公安机关作出强制隔离戒毒的决定:一是拒绝接受社区戒毒的;二是在社区戒毒期间吸食、注射毒品的;三是严重违反社区戒毒协议的;四是经社区戒毒、强制隔离戒毒后再次吸食、注射毒品的。根据《戒毒工作规定》的要求,“具备条件的地方,应当单独设置收治女性戒毒人员的强制隔离戒毒所”。

女性戒毒人员较之男性戒毒人员在数量的绝对值上少。但是从目前的发展形势来看,其增长的速度非常快,且其生理和心理的状态都与男性戒毒人员有明显的区别。为此,对于女性戒毒人员,戒毒民警应该采取“分开收治、区别对待、单独成所(队)”的管理和教育模式。

二、女性戒毒人员的群体情况分析

(一)扭曲的价值取向

大多数女性戒毒人员物质欲望过高,在金钱至上、享乐至上的错误人生价值取向误导下,疯狂追求物质和感官享受,形成了极端个人主义和绝对自由主义的观念,一旦遇到生活困难、人际冲突、婚恋失败等挫折,就会灰心丧气、精神颓废,继而会通过吸毒等不正确的方式寻求自我安慰或者逃避现实。

(二)畸变的心理

不少女性吸毒或是为了寻求刺激,继而求得所谓精神上的“解脱”;或是为了满足畸形的自尊心和虚荣心,将吸毒看成时髦、富有的象征或“身价”的体现;或是为所谓的“治病、减肥”等,正是在这种畸变心理的驱使下,很多女性坠入了吸毒的深渊。

(三)不良的社会遭遇

家庭的遗弃和社会的歧视,使部分情感丰富、细腻的女性难以面对事实,继而产生一种被遗弃的感觉,强化了其逆反心理,从而自暴自弃、破罐破摔,以毒品麻木自己的神经,在“吞云吐雾”中寻找情感慰藉。

(四)身边男性吸毒人员的影响

戒毒人员常说“女性吸毒的背后必然有男性吸毒”,身边男性吸毒人员的存在成为强化女性吸毒的动力;同时,女性卖淫与吸毒往往结合在一起,女性吸毒人员往往通过卖淫来获取毒资,而卖淫又靠吸毒来维持所谓的感官刺激,由此形成了恶性循环。

三、女性戒毒人员的教育矫正措施

(一)提升认知,强化课堂教育

针对女性戒毒人员认知水平低以及法治观念薄弱,特别是对毒品危害性认识不清的特点,首先要提升认知,消除愚昧,通过不同形式和层次的学习,认清毒品危害、增强法治观念、提高文化水平、提升自身素养。

(二)因人而异,强化个别教育

由于女性的感情细腻、虚荣心强,大多数女性戒毒人员在戒治中都希望得到民警的重视,渴望得到关怀,更希望得到尊重和表扬。通过个别谈话、个别辅导等方式,可以有效搭建戒毒民警和戒毒人员的心理桥梁,建立起她们对戒毒民警的信任感,提高她们戒治的积极性。

(三)以情感人,强化情感教育

由于女性戒毒人员常常将情绪、情感放在交流的第一位,因此对女性戒毒人员教育矫正,需要重视她们的情绪、情感变化,强化其积极的情绪情感,弱化其消极的情绪情感,在法律允许的范围内帮助女性戒毒人员解决情感纠葛、情绪突变等问题,为其后期的教育矫正打下基础。

（四）技能培养，强化生存能力

社会生存问题极大地影响着女性戒毒人员的复吸率和操守率，要强化女性戒毒人员回归社会后的生存能力培养，为她们提供适合的技能培训科目，如烹饪烘焙、缝纫车工、美容美发、花木栽培、家政护理及医疗陪护等社会需求较为旺盛、培训难易程度适中、适合女性培训的项目，使她们在场所内学得一技之长，在其回归社会后能够自谋生路，自食其力。

（五）社会帮扶，强化亲情教育

要充分利用好家庭、社会的帮扶力量，可以通过亲情电话、会见、书信等方式，以及家属学校等平台或载体，增进她们与家人的感情交流，感受到家庭的温暖。同时，邀请社会团体、大专院校、社会知名人士进入场所内开展帮扶活动，使她们感受到社会的关怀和温暖，进而看到前途，树立信心。

（六）转变心态，培养健康心理

女性戒毒人员情绪色彩较浓，是情绪障碍和人格障碍的高发群体，因此要强化女性戒毒人员心理健康教育和心理咨询的力度，采取心理健康知识讲座、心理辅导、面谈、沙盘游戏等方式及时化解她们的不良情绪，调适她们的不良心理，培养她们健康的心理和良好的人格。

（七）艺术熏陶，注重艺术教育

艺术教育是一种让女性戒毒人员乐于参加、乐在其中、收效显著的教育矫正和综合干预手段，且女性戒毒人员在这方面具有独特的优势，通过绘画、舞蹈、乐器、瑜伽等形式可以使女性戒毒人员受到潜移默化的熏陶。

第四节　病残戒毒人员的教育矫正

一、病残戒毒人员的概念

病残戒毒人员，主要包括患有疾病但无生命危险的戒毒人员，身体有明显残疾、存在肢体或认知功能障碍但又具备一定生活自理能力的戒毒人员。

戒毒场所一般把年龄较大、身体羸弱的戒毒人员也纳入病残戒毒人员范围进行管理。虽然这部分戒毒人员数量不多,但是在场所戒治过程中这部分人员牵涉的警力多、牵连的问题多、矫正的难度大、戒治的成本高。

二、病残戒毒人员的群体情况分析

(一)体弱多病,学习能力差

绝大部分病残戒毒人员存在体弱多病或肢体功能残缺、畸形或患有长期慢性病的状况,吸食毒品导致其身体状况“雪上加霜”。由于生理基础差,直接影响了这部分戒毒人员参加学习和日常的戒治活动。

(二)心理脆弱,意志较消沉

病残戒毒人员普遍缺乏自信,同时对身边的事物又过分敏感,对待事物看法偏激,心理扭曲畸形,特别是对于自己吸食毒品被处以强制隔离戒毒的事情感到“不公平”,总是认为政府对他们没有“区别对待”“从宽对待”。在场所内总是以年龄、身体等原因抵制参加相关的戒治活动。

(三)精神孤独,渴望被关注

病残戒毒人员在人际交往方面比较谨慎,内心有较强的孤独感,但他们又渴望与人交流,得到别人的关心和尊重,害怕被人忽视,这就使他们平时的语言和行为之间存在较大的反差。

(四)思想僵化,戒治难度大

大部分老年戒毒人员人生阅历相对复杂、思想固执、价值观相对定型,旧有的认知体系也相对较难改变,很难接受新生事物或是理念;绝大多数病残戒毒人员存在身体缺陷,自闭感较重、心理失衡扭曲,常常怨天尤人,甚至仇视健康的人员,这些因素的叠加使得对他们教育的难度直线上升。

三、病残戒毒人员的教育矫正措施

（一）关注健康，强化人文关怀

“有病治病，有残护残，有老扶老”，是开展病残戒毒人员教育的前提和基础，要做好这三类人员的身体健康工作，对其建档立卡、有效跟踪，患病情况要及时给予相应的治疗和护理，不能歧视他们。根据实际情况组织他们开展力所能及的教育活动，如安排出板报墙报、办（读）小报、读书朗诵等活动，提升其社会价值感和存在感。

（二）奖惩分明，强化规则教育

在考虑病残戒毒人员现实身体状况的情况下，要强化规则意识的教育，做好相关法律知识的学习和讲解，强化其对吸毒违法行为的认识；强化所规所纪的学习和落实，既要肯定他们取得的成绩，又要纠正他们的缺点和错误，切实解决其戒毒过程中遇到的问题。

（三）攻心为上，强化个别教育

病残戒毒人员心理脆弱、依赖性强，一般有较强的倾诉欲，他们渴望被尊重、被重视，为此个别教育就显得尤为重要。要强化戒毒民警与这部分戒毒人员的沟通和交流，发挥好个别教育“水滴石穿”“润物无声”的功效。

（四）亲情帮教，强化社会帮扶

从病残戒毒人员内心来讲，他们更盼望家庭的支撑和亲人的关怀。为此，戒毒民警要落实好帮教协议，做好这部分戒毒人员亲属的工作，使其充分感受到家庭和社会的温暖，使亲情的关怀转化为他们戒毒的动力，进而增强戒毒的自信心。

（五）合理引导，强化心理矫治

病残戒毒人员的心理健康问题已逐渐成为不可忽视的难题。要整合场所内的戒治资源，积极引导、合理疏导，要使老、病、残戒毒人员正确认识和理性对待自身所处的环境，正确对待和处理问题。

四、感染艾滋病病毒的戒毒人员的教育矫正对策

需要强调的是，对患有特殊疾病的病残戒毒人员，应根据国家有关政策规定，实行集中收治，采取特殊的教育矫正措施。例如，对感染艾滋病病毒的戒毒人员，就需要单独制定特殊的教育矫正对策，更加突出人文关怀，注重心理建设，切实帮助他们顺利度过心理应激期，并在特定的教育矫正过程中，形成对生命、生存、生活的重新认识，最大限度地激发他们内在的积极因素，重新扬起生活的风帆，改善生命质量，提升生命价值。

毒品滥用与艾滋病病毒感染传播就如同孪生兄弟一般，因此戒毒场所内收治的戒毒人员中感染艾滋病病毒的戒毒人员数量也是逐年增加，此类人群作为场所内一类较为特殊的"病患"戒毒人员，其教育矫正对策不同于一般的"病患"戒毒人员，有着其特殊性。

（一）开展生命教育

针对感染艾滋病病毒的戒毒人员"谈艾色变"的错误理解以及感染后自暴自弃、放弃生命的错误理念，强调"生命"的重要性、复杂性、多样性和可期待性。通过讲授医学知识以及典型案例，帮助戒毒人员改变对艾滋病病毒感染的错误认知，树立艾滋病是可防可治的正确观念，激发感染艾滋病病毒戒毒人员的戒治信心和生活信心。

（二）普及"防艾"教育

一方面，强化"防艾"医学知识的科普，正确掌握科学的艾滋病防治知识，严格按照相关医疗单位的诊疗方案实施；另一方面，强化"防艾"专项政策的落实，用好用足国家针对艾滋病人员的"四免一关怀"政策。此外，为其提供人性化的戒毒生活环境，注重日常膳食营养，提高身体素质，增强免疫力，开展各类文化娱乐活动，愉悦身心。

（三）实施"抗病毒"教育

推动此类戒毒人员积极参加"抗病毒"治疗及相关知识教育，缓解症状、控制病情，以保持机体各项功能的正常发挥，从而改善生命质量，实现长期"带病毒"生存。

(四)推进心理健康教育

通过开展心理咨询、心理辅导以及心理健康教育,疏导其情绪,消除其认知偏见,帮助其正确解决在戒治期间遇到的问题,培养其积极的心态,树立信心,提高生存质量。

(五)注重职业技能培训

针对此类戒毒人员的具体实际情况,开展符合其实际需求的各类技能培训,在劳动报酬上适当照顾,既可以使其创造一定的财富,也可以使其获得一技之长,增强其回归社会后自力更生的信心。

(六)强调相关信息保密

对于此类戒毒人员的基本档案以及涉及他们日常管理、教育情况的相关数据、图片或多媒体视频资料等相关信息,做好保密工作,不向无关人员和机构透露。

第五节　少数民族戒毒人员的教育矫正

一、少数民族戒毒人员的概念

少数民族戒毒人员,是指具有中国国籍的非汉族的,因违反《禁毒法》的规定,依法被采取强制隔离戒毒措施,在强制隔离戒毒所内接受戒治的人员。

少数民族在国内分布并不均衡,在边疆地区分布较多。因此,少数民族戒毒人员的分布也不尽相同。一般来讲,沿海地区较少,边疆地区较多。但是随着“人、财、物”的大流通,目前沿海地区少数民族经商、工作、就业、学习、定居的人数在不断增长。由于少数民族戒毒人员的民族风俗、宗教信仰、语言习惯、处事方式以及地域文化等方面存在不同于汉族的情况,因此对其开展教育矫正也具有相当的难度。

二、少数民族戒毒人员的群体情况分析

(一)文化程度较低,法治观念淡薄

由于历史的原因,少数民族戒毒人员总体上文化素质普遍较低,相应的法治观念还停留在朴素的“乡规民约”阶段,特别是部分少数民族地区关于毒品危害以及禁毒法律法规的宣传力度不够,甚至认为吸毒、贩毒并非违法,这极大地阻碍了教育矫正工作的开展。

(二)族群认同感强,排外心理较重

少数民族与汉族语言不通,交流有困难。少数民族人员有着强烈的族群认同感,排外心理较重,行动上经常有集体的趋向性,这就导致了需要以言语为承载工具的教育矫正工作较难开展,即汉族民警面对少数民族戒毒人员常常因为语言方面的原因而无法顺利实施戒治工作。

(三)道德认知偏差,缺乏理性判断

少数民族戒毒人员普遍较低的文化素质直接导致了其认识水平和评价标准较低,他们追求的是及时行乐、满足低级的情绪体验,对事物缺乏理性的分析和判断,所以容易受不良环境和人际交往的影响而实施吸毒或是其他违法犯罪行为。

(四)帮扶条件较差,亲情缺失严重

大多数少数民族戒毒人员均在异地收戒,客观上的空间距离进一步导致了其家庭和社会帮扶力量的缺失,直接影响了少数民族戒毒人员亲情帮教工作的开展。

三、少数民族戒毒人员的教育矫正措施

(一)提升文化素质

文化素质不高是导致少数民族戒毒人员走向吸毒深渊的重要原因之一,所以提高他们的文化素养是重中之重。一是做好基础教育“补课”,将社会的扫盲机构引入戒毒场所内,开展专业化的扫盲教育;二是做好文化提升,组建符合这部分人群实际需求的学习小组,因人制宜,共同互助,相互提高;三是引入优秀传统文化教育,部分少数民族戒毒人员宗教意识、宗族观念较强,可以结合优秀传统文化开

展教育。

(二)加强法治教育

针对部分少数民族戒毒人员法治意识薄弱的特点,由浅入深,开展先普及再专项的法治教育,通过易于接受的方式进行普法教育,以其朴素的“乡规民约”的认知态度为前提,逐渐引导其学习国家的法律法规,继而做到遵纪守法。

(三)强化道德教化

一要进行公民道德教育,增强道德意识、规则意识和社会责任感;二要注重道德教育与人格教育相结合,培植良好的人格品质,更好地预防吸毒违法行为的发生;三要发扬良好的传统道德风尚,通过传统道德、习俗潜移默化的影响,遏制吸毒违法行为的发生。

(四)做好亲情帮教

家庭亲情的好坏对少数民族戒毒人员戒毒工作有着重要的影响,要借助科技手段和平台,做好这部分人群的亲情帮教,创造和谐有序的家庭氛围,将亲情教育融入戒毒工作,既可以帮助戒毒人员戒毒,又可以对戒毒人员回归社会有所支持。

第六节　吸食传统毒品戒毒人员的教育矫正

一、吸食传统毒品戒毒人员的概念

吸食传统毒品戒毒人员,是指多次以吸食、注射等方式使用鸦片、海洛因、大麻、可卡因等早期毒品并依法被强制隔离戒毒所收治的人员。

吸食传统毒品的人员在生理上易出现情绪低落、主动性降低、记忆力差、懒惰、散漫等特点,身体也受到极度摧残。针对这些特点,在吸食传统毒品戒毒人员接受生理脱毒后,应通过队列训练、跑步锻炼、整理内务卫生等行为矫正措施,增强其身体素质,在此基础上通过多种教育矫正内容、方法和手段,帮助戒毒人员改变错误认知和思维方式,树立和巩固戒毒信念,培养和提升社会适应能力。

二、吸食传统毒品人员的群体情况分析

（一）躯体反应明显

传统毒品大多是从植物中提取、加工而成的毒品，长期吸食不仅会对中枢神经有抑制、麻醉作用，引起精神失常，产生幻觉和妄想，而且会破坏人体的免疫功能，损伤心、肝、肾等主要脏器。注射毒品还有可能导致肝炎、艾滋病的传播与蔓延。由于毒品对身体各生理系统有着器质性的损伤和摧残，此类吸毒人员中并发躯体疾病的概率很高，如肺部感染、泌尿系感染、高热、心肌病、急性心衰、病毒性肝炎、梅毒、皮肤严重感染、高血压、糖尿病、肾结石、胆囊炎等。

（二）人群较为单一

当前一个时期，传统毒品多集中出现在云南、贵州、四川、新疆等地区，所以吸食传统毒品人员大多是这些地区的人群。这部分人群构成情况较为单一，他们的文化水平普遍不高，法治观念较为淡薄，对传统毒品危害性的认识严重不足。

（三）自我优越感强

吸食传统毒品的人群对于吸食合成毒品的人群存在一种天然的“优越感”，在他们嘴边经常会出现诸如吸食合成毒品的人都是“吸坏脑子的傻子”“传统毒品只是伤身体不伤脑子”等此类“五十步笑百步”的论调。

（四）日常行为有“四性”

这里所谓的“四性”，是指盲动性、模仿性、纠合性和顽固性。这“四性”是此类吸毒人员的行为特征。盲动性，即缺乏自控能力，美丑不分，容易受到外部的干扰；模仿性，即具有很强的从众心理，“别人能做的事，我同样能做”的心理较强；纠合性，即独立思考、单独活动的能力较差，容易在吸毒过程中寻找同伴，谋求行为上的一致性；顽固性，即思想行为较为固定，爱钻“牛角尖”。

三、吸食传统毒品戒毒人员的教育矫正措施

（一）强化辨识能力，提高思想认识

总体素质不高是吸食传统毒品戒毒人员群体的特点之一，所以在组织他们学

好文化基础课的同时，还要着力提升其综合素质，采取课堂教学、辅助教育、学习互助小组等形式，开展好爱国主义、集体主义、社会主义教育，消除其错误的认识，对其“三观”进行重塑，培植起良好的社会公德和个人品德。

（二）提高法治观念，强化违法认知

强化法治观念教育，特别是对《刑法》（涉及禁毒部分的内容）、《禁毒法》的相关条款，要加以系统理解和熟练掌握。同时，要强化他们对吸毒这一违法事实的认知，使其从内心真正认识到吸毒对自身、对家庭、对社会的危害。

（三）强化戒毒意愿，提高认知水平

根据统一戒毒模式和工作流程，做好这部分人群的禁毒戒毒常识教育，使其能够正确理解和明晰当前的禁毒形势；要强化对毒品的危害性和伪装性判断识别教育；强化拒毒防毒的技巧训练，学会应对毒品诱惑的正确方法。

（四）强化技能培养，提高回归能力

根据这部分人群的实际情况，引入“短、平、快”的职业技能培训项目，切实提高其谋生就业的能力，使其能够在回归社会后顺利地谋生就业，重新在社会上“站稳脚跟”，开始新的生活，避免出现因不能顺利适应社会而重返原有的“生活圈子”继而复吸的恶性循环。

第七节　吸食合成毒品戒毒人员的教育矫正

一、吸食合成毒品戒毒人员的概念

吸食合成毒品戒毒人员，是指多次以吸食、注射等方式使用冰毒、摇头丸等人工合成致幻剂、兴奋剂，以及受国际禁毒公约和我国相关法律法规管制的新精神活性物质，依法被强制隔离戒毒所收治的人员。

随着合成毒品种类的不断增多，且吸食后“快感”更加趋于满足，新增的吸食合成毒品的戒毒人员呈上升势头。在这个背景下，近年来强制隔离戒毒所收治的

吸食合成毒品的戒毒人员日益增多,人数已经接近甚至超过吸食传统毒品戒毒人员。①

二、吸食合成毒品人员的群体情况分析

(一)人数众多,涉及面广

从查获的滥用合成毒品的人员来看,各个层次、各年龄段都有,其中年轻人占多数;还几乎涵盖了社会的各行各业,从娱乐明星到普通打工者都有涉及吸食合成毒品的案例。

(二)认知偏差,心存侥幸

吸食合成毒品人员对合成毒品的危害性认识严重不足,心存侥幸心理,认为合成毒品“成瘾性不强”“无稽延性戒断症状反应”,更有甚者认为国外对于部分合成毒品都已经“合法化”,是一种“安全的俱乐部毒品”或是“软性毒品”,没有意识到合成毒品会对中枢神经以及脑部造成严重的危害,且不少危害难以逆转或可逆性差。他们大多数在滥用后经常性地出现幻觉或妄想、易激惹、烦躁、焦虑、情绪低落等情况,且一般有严重的心理障碍。

(三)精神空虚,心理畸变

大多数吸食合成毒品的人员精神空虚,整日浑浑噩噩,他们渴求毒品带来的刺激,使其能够精力旺盛,增强交际和应酬能力,解脱烦恼、忧郁,摆脱家庭或学校的约束,提高自信心。还有部分戒毒人员认为吸食合成毒品可以治病、减肥、提神,是个性自由、新潮时髦的表现。正是这种畸变的心理加之合成毒品生理戒断症状不明显的特性,使吸食合成毒品人员的数量迅速增长。

(四)自视甚高,不知违法

在戒毒场所内,许多吸食合成毒品的戒毒人员“看不起”吸食传统毒品的戒毒人员,认为他们都是底层的“边民”,不懂得社会的“发展和进步”,不了解国外的“时尚和前卫”;在戒毒信心方面,有着“迷之自信”,认为“能够戒除”和“一定能戒

① 李艳峰、吉晓、李海:《海南吸食新型合成毒品戒毒人员调查研究》,载《中国药物滥用防治杂志》2020 年第 6 期。

除”的人员明显高于吸食传统毒品人员;在毒品“是否应该戒除”的认识方面,由于合成毒品戒断症状不明显,因此常常认为“不用戒”,甚至其中许多人还停留在合成毒品“无危害”“不会成瘾”“不应该被处理”的错误认知层面。

三、吸食合成毒品戒毒人员的教育矫正措施

(一)针对不同层次,开展分层教学

由于这部分人群涉及面广,有必要对其学历情况进行分层。对不同层面的戒毒人员相应开展不同层次的教育教学工作,突出做好集体教育工作,为下一步的分类教育打下基础。

(二)强化危害教育,纠正错误认知

编写有关抵制合成毒品诱惑的专用教材,全面系统地介绍其危害,并邀请此类方面的专家从生理学、精神病学角度剖析合成毒品对大脑神经系统的危害,帮助其深刻了解合成毒品与传统毒品的特点以及吸毒导致的严重后果,纠正错误认知,消除其对合成毒品盲目乐观的思想。

(三)突出心理矫治,不断充实完善

强化心理矫治,根据每个吸食合成毒品的戒毒人员的实际情况,分别制订矫治计划,在专业人员的指导下,结合戒毒场所的实际情况,开展具体的矫治工作,积极引导戒毒人员自我矫治,并在戒毒技能、人格完善方面加以辅导。

(四)用好社会资源,强化互助帮扶

强化亲情在戒治方面的帮扶力度,要成立戒毒场所、戒毒人员、戒毒人员家属三方合作的帮助机制,及时化解家庭矛盾,促使戒毒人员与家属建立和谐关系,创造良好的家庭戒毒矫治环境,进而提高和巩固戒毒效果。

需要特别强调的是,近年来随着国内毒情形势的变化,复吸人员滥用合成毒品占主流,交叉滥用者更加突出。混合滥用合成毒品和阿片类毒品情况突出,截至 2018 年年底达 31.2 万名,同比上升 16.8%,占现有吸毒人员总数的 12%。在实施分类教育的过程中,应根据场所收治对象吸毒的种类构成及其新的变化特征及时进行调整,对混合滥用的复吸人员,除区别对待吸食不同毒品造成人身损害

差异外，对其认知行为、价值取向、人际交往、社会支持等共性方面的教育可以合并进行。对多次复吸人员应注重挖掘深层次复吸原因，开展针对性教育。

复习思考题

1. 简述分类教育的概念与特点。
2. 简述分类教育的作用。
3. 试析未成年戒毒人员的群体特质与教育矫正措施。
4. 试析女性戒毒人员的群体特质与教育矫正措施。
5. 试析病残戒毒人员的群体特质与教育矫正措施。
6. 试析少数民族戒毒人员的群体特质与教育矫正措施。
7. 试析吸食传统毒品戒毒人员的群体特质与教育矫正措施。
8. 试析吸食合成毒品戒毒人员的群体特质与教育矫正措施。

本章主要参考文献

1. 王道俊、王汉澜：《教育学》（新编本），人民教育出版社 1999 年版。
2. 司法部戒毒管理局组编：《司法行政强制隔离戒毒教育矫正实务》，法律出版社 2021 年版。
3. 司法部戒毒管理局组编：《司法行政戒毒工作概论》，法律出版社 2017 年版。
4. 左卫民主编：《中国司法制度》（第 3 版），中国政法大学出版社 2012 年版。
5. 李艳峰、吉晓、李海：《海南吸食新型合成毒品戒毒人员调查研究》，载《中国药物滥用防治杂志》2020 年第 6 期。
6. 王雪峰主编：《矫正教育学》，法律出版社 2022 年版。
7. 夏宗素主编：《矫正教育学》，法律出版社 2014 年版。
8. 高莹主编：《矫正教育学》，教育科学出版社 2007 年版。

第十三章　个 别 教 育

本章摘要

个别教育是因人施教原则在教育矫正工作中的根本体现,对于解决戒毒人员个体的特殊问题发挥着重要的作用。通过本章的学习,了解个别教育、个别谈话教育与个别辅导的概念,理解个别教育的特点与作用、个别谈话教育的主要形式与基本技巧、个别辅导的主要形式与基本要求,系统掌握个别谈话教育的实施流程与注意事项、个别辅导的组织实施与注意事项。

重点问题

本章的重点是个别教育的相关概念、特点与作用,个别谈话教育的基本技巧与实施流程,个别辅导的组织实施与注意事项。

第一节　个别教育概述

根据《戒毒工作规定》第47条的规定,强制隔离戒毒所应当对戒毒人员开展有针对性的个别教育。《教育矫治纲要》明确要求,"根据戒毒人员的认知规律、生理、心理和行为特点,确定个性化的教育矫治方案,帮助个体戒除毒瘾,实现不同程度的改变和成长"。《教育矫正指南》在界定"集体教育"的基础上强调,"民警对戒毒人员进行个别教育,要充分了解其吸毒、戒毒经历,分析影响其复吸的关键因素,有针对性地引导和帮助其增强戒毒动机、提升拒毒能力"。

一、个别教育的概念

个别教育又称个别化教育、个案化教育,是相较于集中教育而言的,是指根据每名戒毒人员的个性特点，单独开展的有针对性的教育活动。这一概念的界定有三层含义：第一，教育对象是戒毒人员个体；第二，教育性质是单独开展活动；第三，教育指向是了解个性特点、解决个别问题。

个别教育强调戒毒人员的差异性与教育的针对性，尊重戒毒人员的人格和尊严，以帮助他们戒除毒瘾为目标，将法治精神和人文关怀、心理疏导和思想引导、以理服人与以情感人相结合。[①] 在戒毒场所中，个别教育有很多形式，常用的有个别谈话教育和个别辅导。

二、个别教育的特点

个别教育旨在解决戒毒人员个体的具体问题，是集体教育的深化和补充。[②] 相较于集体教育，个别教育具有以下四个方面的特点。

（一）对象的特殊性

个别教育的对象是戒毒人员，他们在以往的社会化过程中，由于受到不良影响，价值观扭曲、人生观异化、行为方式失范，偏离社会正常轨道，成为社会生活的失败者。大多数戒毒人员文化水平不高，生活趣味低下，行为习惯养成差。对戒毒人员的个别教育不同于对普通社会成员的个别教育，是一种特殊形式的再社会化教育，是对他们不能正常融入社会生活而进行的补偿性教育。

（二）内容的针对性

个别教育是解决戒毒人员在戒毒过程中出现的一个个具体问题而开展的教育矫正活动。由于生活环境不同、成长经历各异，每个戒毒人员的生理、心理、性格、气质和需要也各不相同。因此，个别教育必然要以戒毒人员的问题为导向，针对戒毒人员不同的生理、心理、行为特点选择不同的教育矫正内容，帮助他们解决面临的实际困难或问题，促进他们不同程度的发展和转变。

（三）方法的灵活性

戒毒人员的生理、心理和社会经历不同，他们在不同阶段所表现和暴露出的

---

① 司法部戒毒管理局组编：《司法行政强制隔离戒毒教育矫正实务》，法律出版社 2021 年版，第 206 页。

② 王雪峰主编：《矫正教育学》，法律出版社 2022 年版，第 221 页。

思想、心理和行为方式也有所差异，这就决定了个别教育方法必须灵活多样，要根据戒毒人员具体情况选择不同的教育矫正方法和技巧，以达到事半功倍的教育矫正效果。

（四）实施的时效性

戒毒人员思想和心理比较复杂，而且十分隐蔽。如果问题得不到及时解决，矛盾得不到及时化解，就可能引发安全事故，导致自伤、自残、自杀、斗殴、逃跑等极端行为。因此，个别教育要及时开展。发现苗头性、倾向性问题以及排查出来的安全隐患问题，戒毒民警应当及时正确引导，积极化解矛盾纠纷，把事故苗头、隐患消灭在萌芽状态，绝不能让问题“过夜”、让矛盾激化，及时切断安全事故的导火索。对戒毒人员在戒治过程中随时暴露出来的非正常行为和错误思想，戒毒民警应根据事件的具体情况，采取灵活多样的教育矫正方法，不受时间、场地限制，在较短时间内让戒毒人员的个体问题得到有效解决、矛盾得到及时化解、心态得到一定程度的改善。

三、个别教育的作用

（一）掌握动态，了解对象的基本情况

通过个别谈话，戒毒民警可以全面了解和掌握戒毒对象的家庭情况、成长史、吸毒史、性格特点、现实表现以及近期思想动态。这是开展科学戒毒的前提和基础。情况不清、动态不明，“病情”没有掌握，就无从对症“开方下药”。

（二）疏导情绪，消除场所的安全隐患

在开展个别教育中，戒毒民警充分尊重戒毒人员，深谙倾听技术、谈话技术，积极关注个体内心的真实想法，设身处地地分析个体面对的问题，换位思考个体内心真情实感，根据需要也可以把自己对问题的真实感受传递给个体，让个体感受到真诚。对于情绪异常以及有自伤、自残、自杀或逃跑等倾向的戒毒人员，戒毒民警通过及时的个别谈话，可以疏导他们的情绪、缓解他们的压力、消除他们的过激行为，从而消除场所的安全隐患。

（三）加强交流，建立互信的警戒关系

部分戒毒人员特别是新入所的戒毒人员对强制隔离戒毒不理解，对戒毒民警

的管理不信任,甚至有较强的抵触情绪。戒毒民警通过个别谈话、个别辅导等沟通交流方式,可以讲明强制隔离戒毒的性质、任务和要求。同时,通过个别教育活动,可以拉近双方之间的距离,建立相互信任、相互理解的警戒关系,激发戒毒积极性,增强戒毒信念。

（四）转变认知,树立正确的思想观念

有些戒毒人员思想愚昧落后、法律意识淡薄、分不清是非善恶;有些戒毒人员世界观、人生观、价值观偏离,情趣低俗;有些戒毒人员认知水平低下、廉耻感淡薄。个别教育就是针对这些戒毒人员的特点及差异,从个体思想出发,对症下药、因人施教,帮助他们改变错误认知、培养法治观念、化解心理矛盾、挖掘人心向善潜质、分清是非善恶,树立正确的世界观、人生观和价值观。

（五）化解矛盾,构建和谐的戒毒环境

家庭、集体生活和管理中产生的矛盾,容易对戒毒人员产生消极影响,甚至引发场所安全事故。有效的个别教育是化解矛盾的重要手段。戒毒民警通过批评教育、主动沟通、换位思考等方法,可以调解、化解矛盾,营造良好的戒毒氛围,构建和谐的戒治环境。

四、重点人员的个别教育转化

重点人员教育转化工作,是指戒毒民警依法对戒治难度大、危及场所安全的重点人员实施有组织、有计划、有步骤地教育矫正,促使其转变思想、真诚悔过、遵规守纪、努力戒治的教育转化过程。重点人员教育转化工作是戒毒人员个别教育的重要组成部分,是教育矫正工作服务场所安全稳定的主要指标。重点人员教育转化工作成效如何,直接反映戒毒所综合矫治的能力和水平。

（一）重点人员的认定

重点人员的认定应根据戒毒人员的戒治表现、矫治难度、个性特征、危险评估等因素进行动态排摸,综合评估。有时根据戒治需要,应结合戒毒人员个人成长经历、身体状况、家庭背景、社会关系等因素进行综合评估。一般情况下,认定重点人员主要包括以下几种情形:

1.经常不认错悔过,不服管教,寻衅滋事人员。

2. 有较强的反社会心理和行为，散布反政府、反社会言论，煽动闹事，屡教不改人员。

3. 制造或传播有损戒毒场所安全稳定的谣言，屡教屡犯人员。

4. 以自伤、自残、绝食、装病、装疯等手段图谋不轨、抗拒戒治人员。

5. 破坏场所戒治秩序，抗拒习艺劳动，故意损坏生产工具，无故不参加矫治活动，屡教不改人员。

6. 不服强制隔离戒毒决定，且不通过合法途径表达诉求，无理缠闹，抗拒戒治，情节严重人员。

7. 疑似"三假"（假姓名、假身份、假户籍住址等）、负案在戒人员，或疑似掌握重大案情线索、被公安机关通缉缉捕的在戒人员。

8. 涉黑、涉恶、涉毒团伙的关键成员。

此外，一些场所还将特别难戒人员、有严重认知行为障碍人员列为重点人员。重点人员的认定，一般由所在大队提出申报建议，经戒毒所教育矫正职能部门审核，报分管所领导批准。重点人员认定比例一般为在所人数的1%～2%。一些场所还建立了重点人员分级制度。

（二）教育转化工作组织实施

重点人员教育转化的组织实施一般应把握以下五个要点：

1. 要成立教育转化攻坚小组。按照"集体会诊，一人主攻，多人参与，合力攻坚"的要求，成立3～5人组成的攻坚转化工作小组，明确主攻民警和成员分工。

2. 要制订教育转化攻坚方案。认真分析研判攻坚对象的矫治表现、个性特征、身体状况、成长经历、家庭背景、社会关系等情况，深刻剖析违法成因、症结所在和工作难点，明确攻坚策略、突破方向。

3. 要遵循攻坚转化工作规律。综合考虑攻坚对象的类型、特点以及戒毒民警的专业特长，科学调配攻坚力量，适当吸纳亲情帮教资源、社会帮教资源共同参与攻坚。强化个别谈话技术、心理分析技术、个别化矫正技术、社会帮教的实践运用。

4. 要建立攻坚转化工作信息交流机制。定期召开攻坚转化工作碰头会、专题分析会、所情研判会等，通报重点人员的转化情况，分析研究攻坚转化的对策。

5. 要确保安全。根据攻坚需要和防控重点，严格落实戒毒民警包管和戒毒人员联号夹控措施，确保安全。不具备转化条件的不得搞强行转化。

(三)重点人员教育转化效果评估

对重点人员实施教育转化满3个月后,应及时进行教育转化效果评估。评估项目应包括“认错悔过”“服从管教”“遵规守纪”“完成任务”等方面。对各评估项目要进一步细化,设定权重,确定分值。在日常考核评分基础上,由教育转化评估小组进行测评、面试,开展教育转化评估工作。必要时,要对戒毒人员进行心理测评。根据各评估项目的具体分值和测评面试情况综合得出评估结果。重点人员教育转化效果经评估达到转化标准的,由攻坚小组集体研究,提出验收意见,经戒毒所教育矫正职能部门审核,报分管所领导批准,予以撤销。一些场所对重点人员教育转化工作建立考核激励机制,设立重点人员教育转化课题经费,对完成教育转化任务的攻坚小组给予经费支持。

第二节　个别谈话教育

一、个别谈话教育的概念

个别谈话教育,是指针对戒毒人员个体差异化特点,通过面对面沟通交流的方式,有目的地了解戒毒人员情况、获取戒治信息、掌握思想动态、进行教育疏导、帮助解决问题,促进戒毒人员思想、心理、行为等状况得以改善的教育活动。

个别谈话作为个别教育最基本、最常用的形式,是了解和掌握戒毒人员的心理、思想动态的主要途径之一,也是疏通戒毒人员负面情绪、消除安全隐患的重要措施。依据《教育矫正指南》的相关规定,戒毒人员出现下列情形之一时,戒毒民警应当及时对其进行个别谈话教育:第一,存在逃跑、自杀、行凶、自伤自残、绝食、起哄闹事、私藏违禁物品倾向或行为的;第二,违纪受到罚分处理或被执行单独管理的;第三,与其他戒毒人员或民警发生矛盾的;第四,半年内无人探访或家庭发生变故的;第五,公安机关提审、律师会见的;第六,变更执行方式或处遇的;第七,所外就医、外出探视、延长强制隔离戒毒期限、提前解除强制隔离戒毒未获批准的;第八,情绪和行为明显异常的;第九,主动要求个别谈话的;第十,其他需要进行个别谈话教育的情形。大队民警每个月至少对每名戒毒人员进行1次个别谈话教育。其中,重点人员或难矫治人员每周谈话不少于1次。

二、个别谈话教育的主要形式

（一）说服教育

说服教育是个别谈话中常用的形式，是指运用事实和科学论证，以确立和改变某种思想认识的教育方法。对戒毒人员个体的不良认知和错误言行，通过摆事实、讲道理，让戒毒人员分清是非善恶，从而改变某种错误的观点和信念，提高明辨是非的能力，树立正确的世界观、人生观和价值观。

（二）启发引导

“不愤不启，不悱不发。”启发式教育的特点是不直接告诉戒毒人员正确答案和事情的真相，而是通过提问的方式，引导戒毒人员积极探讨，启发思考，促使其主动分析、综合、比较、抽象、概括，找寻正确答案，得出正确结论，从而抛弃错误观点，改变错误认知，形成正确的价值观和道德观。个别谈话必须遵循戒毒人员个体差异，坚持个别引领、指导的策略，充分发挥戒毒人员个体的主观能动性，让其主动探究真理，实现自我改变。

（三）情感感化

“感”动心也，“化”转变也，“感化”即促使其动心而转变。戒毒人员由于以往长期吸毒而受到社会“歧视”和亲朋好友的“嫌弃”，变得自私自利、情感冷漠，极易造成“破罐破摔”，自暴自弃，沉沦不振。个别谈话就是要用情感唤醒他们沉睡的心灵。唯有以一颗真诚的心包容接受，才能使戒毒人员由衷产生恭敬之心，主动地接受教诲、引导。

（四）榜样示范

榜样示范是以榜样人物的高尚品格、模范行为、卓越成就等影响受教育者的思想、心理和行为的一种教育方法。榜样人物是具体的、生动的。榜样人物的示范性、影响力和说服力，胜过千言万语的说教。要利用榜样的示范作用，特别是成功戒毒人士的现身说法，让戒毒人员端正戒毒态度，树立戒毒信心，改变不良心理。

三、个别谈话教育的基本技巧

（一）环境营造的技巧

教育效果受环境因素的影响。在选择谈话环境时，应根据谈话内容的不同，制造适合特定主题的场景，营造或宽松、或严肃、或平等、或热烈的外部氛围，以影响谈话者的心理。一般来说，面对性格腼腆的戒毒人员，如果涉及个人隐私的话题，就必须要在独立、安静的空间内进行；批评的环境不能过于嘈杂，可以要求戒毒人员站立，以强化身份意识，增强批评效果；讯问要求封闭、单调、无外界干扰的空间，需要造成对方一定的心理不适；谈家庭、论人生则要选择宽松、温馨的环境，营造和谐的氛围。

（二）谈话导入的技巧

如何导入与戒毒人员的个别谈话，在很大程度上决定着谈话教育的成败。导入方式得当，就会激发戒毒人员的谈话兴趣，降低或消除戒毒人员的抗拒、抵触情绪，建立良好的信任关系。导入方式不当，往往会造成戒毒人员反感，谈话教育难以进行下去，达不到理想的效果和预期目的。导入谈话的方式主要有开门见山式、娓娓道来式、迂回曲折式、设置悬念式、故事引入式等。

（三）谈话提问的技巧

提问是个别谈话中必不可少的重要环节，可以促进戒毒民警与戒毒人员有效沟通和解决问题。要紧紧围绕谈话目的设计问题，通过一系列的问题，激发戒毒人员开口说话的欲望，全面了解其思想症结、情绪倾向、认知障碍、矛盾焦点等深层次的问题，引导戒毒人员积极思考，认识错误。常用的提问方式有开放式提问、封闭式提问、针对性提问、启发式提问等。

（四）语言运用的技巧

语言是个别谈话教育的工具。个别谈话过程就是语言运用的过程。一是要言之有情。语言上要表现出对戒毒人员的关注，让其感受到对他的关爱、帮助、鼓励甚至愤怒，从情绪上感染他、走近他，建立坦诚交流的基础。二是要言之有理。语言表达要服从于事实，熟练灵活地运用辩证法，做到以理服人、具体问题具体分析,不要激化矛盾。三是要言之有据。对戒毒人员批评教育、处理应以法律法规和场所的规章制度为准绳,做到公平公正,既让戒毒人员得到应有的惩戒,又留给他改过自新的机会。四是要言之有法。根据不同戒毒人员的性格特点,有针对性地采用不同的语言形态。正所谓"与智者言,依于博;与拙者言,依于辩;与过者言,依于锐;与贱者言,依于谦;与勇者言,依于敢"。

(五)非语言技巧

非语言技巧在个别谈话中发挥着十分重要的作用。一是要发挥好"副语言"的作用。善于运用语音、语调的变化,帮助戒毒人员正确理解和感受到讲话的真实含义,提高语言的表达力。二是要把握好谈话的位置、距离。谈话时,应熟练地把控谈话的位置、距离,形成亲近心理、平等心理或优势心理,从而有的放矢地调整自己谈话的角度、内容和方式,掌控谈话进程。三是要调节好表情、情绪。在进行个别谈话时,应认真体察戒毒人员的内心情感,表现出理解、同情、爱心、期望、耐心和韧劲,与戒毒人员同悲共喜,为其提供情感认同,形成情绪良好的双向交流,产生"共振"效应,取得预期的情感回报。四是要用好肢体语言。肢体语言在传递情感、交流思想方面起着辅助、补充和强化渲染作用。应了解肢体语言所表达的含义,通过观察肢体形态,推测谈话效果,也可以有意识地利用肢体语言,用手势、表情等主动地传达信息,以影响对方心理,强化谈话效果。

四、个别谈话教育的实施流程

(一)了解谈话对象情况

俗话说:"知己知彼,百战不殆。"在实施个别谈话教育之前,应通过戒毒人员登记表、入所心理测试、其他民警、同室戒毒人员等多种渠道,对谈话对象的基本情况、性格特征、思想动态、现实表现、吸毒史等进行比较全面准确的了解和掌握;特别要深入了解谈话对象的认知能力、恶习程度及其在所的现实表现等,还有年龄大小、文化程度高低、认知能力强弱、强戒期限长短和是否"多进宫"等。

(二)明确谈话教育目的

目的,通常是指"行为主体根据自身的需要,借助意识、观念的中介作用,预先设想的行为目标和结果”。[①] 个别谈话作为一种典型的言语行为，不仅具有鲜明的目的性，而且从某种意义上说，目的性是个别谈话的本质特征。谈话目的的设定是开展正式的个别谈话的关键环节，谈话目的是否正确、清晰、恰当和合理，直接影响谈话的效果和进展。谈话前，应根据谈话双方的条件、谈话的主题、谈话的时限等多方面的因素进行综合分析，科学合理设定谈话的目的，确定谈话的主旨，明确需要解决的问题，期望达到的主观结果。谈话目的的设定并不是为了设定而设定，而是为了按照设定的目的而对整个谈话过程进行有效控制并最终实现谈话目的。因此，在谈话过程中，要加强对谈话教育目的的控制和调整。一是谈话教育目的一旦设定，戒毒民警必须紧紧围绕这个目的去开展谈话活动，自觉控制和把握住谈话主题，确保谈话教育目的贯穿谈话始终。二是谈话相关主客观情况可能发生较大的变化，如戒毒人员的情绪变化、配合程度、谈话过程中发现新的问题等，需要不断修正和调整谈话教育目的，以便取得更佳的谈话效果。

（三）制订个别谈话预案

“凡事预则立，不预则废。”预案，是指根据评估分析或经验，对潜在的或可能发生的突发事件的类别和影响程度事先制订的应急处置方案。个别谈话预案包括谈话目的、谈话内容、谈话方式、谈话步骤、可能出现的突发情况及处置措施五个方面的内容。个别谈话预案要针对谈话对象的性格特点、谈话目的，制订切实可行的措施和方案，对思想复杂、“多进宫”或矫治难度大的谈话对象以及可能面对的突发情况，要有应对之策。

（四）找准个别谈话时机

不同的时间和环境，直接影响个别谈话教育的效能，戒毒民警应把握时机，注意场合，适时、适地表态。古人云，“事之难易，不在大小，务在知时”。人在不同的环境、不同的气氛中，会产生不同的心境，当一个人处在愤怒、烦躁的情绪状态时，往往听不进劝告和批评，只有心情平静下来，才容易接受批评帮助。当戒毒人员有点滴进步时，要及时与其谈话并给予肯定和鼓励，帮助其总结经验、巩固优点；当戒毒人员不良行为刚刚露头时，也要紧紧抓住时机，及时找其谈话，进行明辨是

① 罗明东：《教育探索的新视域：关于教育改革与发展基本问题的若干探讨》，云南大学出版社2019年版，第198页。

非、详陈利弊的教育,遏制不良行为的发展;当戒毒人员遇到困难和挫折时,管教民警要及时引导,肯定其取得的成绩,找出其失败的原因,鼓励其走出困境;当戒毒人员有重大过失时,要客观、公正地给予其处理,设身处地帮其总结教训,这样往往会收到意想不到的效果。

(五)客观评价个别谈话效果

个别谈话实施完毕后,要及时对个别谈话进行全面总结,认真剖析谈话中的不足,找准差距,总结经验教训,以便改进谈话方法,进一步提高谈话水平。同时,戒毒民警也要努力分析谈话内容,厘清帮助谈话对象解决了什么问题,还有哪些问题没有得到解决,新发现了什么问题,下一步如何解决这些问题,为下一次个别谈话做准备。

五、个别谈话教育的注意事项

(一)忌目的不明

谈话前,要做好充分准备,在了解情况的基础上,列出谈话提纲,或者谈话前厘清谈话要点,特别对重点、重危戒毒人员的谈话,应拟定谈话预案,"不打无准备之仗"。如果戒毒民警心中无数,不明白谈话的目的及要点,"东拉西扯"、不着边际的谈话,不但没有效果,还会降低戒毒民警的威信。

(二)忌批评失当

在个别谈话教育中,批评是戒毒民警常用的谈话手段和交流方式。但批评具有两面性,合理、恰当、有理有据的批评,能起到良好的教育效果;反之,批评方式不当,可能进一步激化矛盾。开展批评式谈话时,需要讲究一定的方法、技巧和艺术。一是选择合适的批评时机。戒毒人员犯错但负性情绪高涨时,不宜立即批评,需待其冷静后进行;对犯错误的情况没有调查清楚前,不宜开展批评教育,需弄清楚事情的前因后果和来龙去脉后,再选择合适的时机和方法进行谈话。二是注意批评的方法或技巧。批评的方法得当,才能让戒毒人员心悦诚服;批评方法简单粗暴,会引起戒毒人员不满,达不到教育效果。在实践中,常见的批评技巧主要有肯定式批评、辨析式批评、自我批评、隐语式批评和迂回式批评等,要综合运用,灵活掌握。

(三)忌空谈失信

在个别谈话教育中,坚持把解决思想问题与解决实际问题结合起来。在对戒毒人员进行思想教育的同时,戒毒民警也要考虑戒毒人员遇到的实际困难,力所能及地帮助他们解决家庭、生活、学习中的问题,如子女入学、婚姻危机、诊断评估等,让戒毒人员感受到戒毒民警的关爱,切忌谈大道理、说空话、讲套话,这样会失去戒毒人员的信任。

(四)忌居高临下

在个别谈话教育中,戒毒民警要努力营造平等的氛围,尊重戒毒人员人格,给戒毒人员说话、申辩的机会,绝不能高高在上地以管理者自居。倘若戒毒民警的语言尖酸刻薄,动则训斥甚至辱骂,必将引起戒毒人员的不满情绪,难以达到教育目的。

(五)忌急功近利

个别谈话是对戒毒人员有效的教育方法,但不是灵丹妙药。戒毒人员的转变是一个从量变到质变的过程,不可能"一谈""几谈"就变好了。所以,对戒毒人员犯错应有耐心,不能急躁,不怕失败,做深入细致的工作,循循善诱,促使他们逐步改变和提高。

案例13-1

一、案例介绍

戒毒人员徐某的个别谈话预案

2019年6月10日,戒毒人员袁某与戒毒人员彭某因生活琐事发生口角并打架,袁某由于个头小没能占到便宜,于是徐某上去帮老乡袁某的忙,被民警发现及时制止。下午,徐某趁上厕所之机,对戒毒人员彭某进行殴打报复,民警依法依规对其处理,并进行教育,但徐某拒不认错且态度恶劣。

(一)谈话对象背景资料

1. 基本情况:徐某,男,汉族,现年25岁,中专文化程度,××市××县人。

2017 年 12 月 26 日,因与朋友在酒吧吸食冰毒被公安机关查获,送××市××戒毒所强制隔离戒毒 2 年(2018 年 1 月 1 日—2019 年 12 月 31 日)。

2. 家庭情况及吸毒史:出生于××县农村,系家中独子,从小父母在外打工,由爷爷、奶奶抚养长大,成绩一般。18 岁中专毕业后,先后在××等地打工,在朋友的诱导下,21 岁时开始吸食冰毒。此次是第一次被强制隔离戒毒,其间,没有违法行为。

3. 性格特点:徐某属于内向型性格,脾气比较暴躁,遇事冲动,缺乏理性。

(二)原因分析

1. 由爷爷、奶奶抚养长大,家庭管束力弱,没有法纪观念,养成了自以为是的性格。

2. 父母长期不在身边,缺少父母关爱和温暖,加之自己长期独自在外打工,缺乏安全感。徐某此次帮忙打架的目的有三点:一是得到老乡的认可,找到存在感;二是受所谓朋友"义气""江湖侠气"思想的影响,打抱不平,为朋友"两肋插刀";三是用打架树立一定"权威",让其他戒毒人员认为自己是个"人物",没人敢欺负他。

3. 对戒毒缺乏正确认识,戒毒动机不强。

(三)谈话预案

1. 谈话目的

(1)通过谈话,进一步了解徐某的思想动态,找出他帮助袁某打架并采取报复行为的深层次原因和思想症结。

(2)分析打架的危害和根源,严肃批评其打架行为,促使其认识到自己的错误。

(3)纠正认知偏差,普及法律知识,助其改过自新,强化戒毒的动机。

2. 谈话步骤和方法

(1)聊天式导入。了解徐某日常生活情况,给予其关心和爱护,弱化其与民警的对立情绪,努力建立良好的谈话教育关系。

(2)找出症结。鼓励徐某多说,让其倾诉人生经历和情绪,找到其帮助袁某出头打架的原因和心理症结。

(3)辩证分析。针对徐某的人生经历和思想症结,辩证分析其吸毒行为和违规违纪事实,及时发现其身上的闪光点给予肯定,帮助其找到存在的具体问题和缺点。

(4)启发引导。通过摆事实、讲道理,使其认识吸毒及打架斗殴的危害;引导其认清朋友是什么,如何识别真正的朋友;帮助其分清是非善恶,纠正认知偏差。

(5)鼓励提高。进行法治观念教育,增强其遵规守纪意识;鼓励其改过自新,进一步强化戒毒动机,结束谈话。

3. 谈话过程中预发情况及处理

(1)沉默对抗。谈话中可能出现沉默不语、问话不答。出现这种情况时,注意观察其情绪反应,判断其不说话、不回答的具体原因,多给予对方关心和引导,找到兴趣点和共同话题,引出"话源"。

(2)情绪失控。徐某年轻气盛,性格比较暴躁,谈话内容可能触到其痛点,引起情绪失控。遇到这种情况时,要及时安抚,待其情绪稳定后继续谈话;若情绪反应过大,可以停止个别谈话。

(3)暴力抗拒。这种情况较为少见,但不排除可能出现这种极端情况。如果遇到这种情况,要及时制止,控制局面;必要时,请其他民警支援,将之带离现场。

二、案例评析

本教育案例是民警为了做好戒毒人员徐某的教育而制订的个别谈话预案。总体来看,符合预案要求,对谈话具有指导作用。首先,准备充分。开展个别谈话前,民警对谈话对象的家庭情况、成长史、吸毒史、性格以及违规违纪事实进行深入了解,这是开展谈话教育的前提和基础。其次,原因分析到位。根据徐某的家庭情况和心理表现的分析,判断其缺乏安全感,通过打架找到存在感,在戒毒人员中树立"权威",同时得到民警的"另眼相看",准确找到了"病根"和症结。再次,谈话目的明确。个别谈话教育是一项目的性很强的工作,切忌随意性。本案例以进一步深入了解打架斗殴的原因、分析打架斗殴的危害并促使其认识错误、改正错误作为谈话目的,具有一定的针对性。最后,根据徐某的个体特点,确定了谈话的五个步骤,逐层剖析、循序渐进,符合戒毒人员的心理发展规律。

第三节　个别辅导

一、个别辅导的概念

个别辅导,是指戒毒民警针对戒毒人员遇到的困难、问题及其戒治需求,运用专业知识和技能,采取科学的方式方法,对戒毒人员实行"一对一""点对点"的辅助帮扶、训练指导、启发引导的教育活动。个别辅导主要是为了帮助戒毒人员正确了解自己、认识环境,学会自我调适,努力克服戒毒过程中的障碍,增强社会适应能力,顺利回归社会,成为守法公民。个别辅导不同于心理咨询,更不是心理治疗,而是促进戒毒人员的发展、健全其人格的教育过程。

二、个别辅导的主要形式

(一)个别感化

个别感化是通过真情实意、满腔热情去影响戒毒人员,以达到潜移默化效果的教育形式。通过戒毒民警的言传身教、榜样人物的示范引领、社会层面的帮教扶助等方式,引起戒毒人员个体的积极情感体验,激发戒毒人员参与戒治的主动性,促使其改变错误认知、坚定戒毒信念。

(二)个别训练

个别训练是戒毒民警在布置任务时有针对性地要求个别戒毒人员按照一定的规范,从事某种教育戒治活动,以形成良好的身心状态的教育形式。[①] 在个别训练中,戒毒民警要科学运用各种形式进行心理和行为的训练,通过意志锻炼、情境模拟训练、劳动技能训练、行为矫正训练等方法加强戒毒人员意志力、自控力、自信心的培养,努力矫正戒毒人员的不良心理和行为,在实践活动中促进其身心健康发展。

三、个别辅导的基本要求

(一)以尊重信任为前提

只有对戒毒人员的人格给予充分的尊重,对他们的努力给予充分的信任,才能保证辅导对象以积极主动的态度参与到辅导活动中。实践中,戒毒民警要善于应用接纳、倾听、共情等心理咨询技术,给予戒毒人员情感支持,鼓励戒毒人员增强摆脱生活困境的信心和勇气,克服戒毒过程中的障碍,学会管理自己,建立良好的生活习惯。

---

① 王雪峰主编:《矫正教育学》,法律出版社 2022 年版,第 224 页。

（二）以促进成长为目标

在个别辅导过程中，戒毒民警要以促进戒毒人员成长为活动目标。一是帮助戒毒人员充分认识自我。帮助戒毒人员既认识自己的缺点和不足，也看到自己的优点，能接纳自己的不完美，欣赏自己与众不同的个性，找到新的成长模式，提升内在力量。二是学会调适方法。让戒毒人员在遭遇困境或受挫、出现消极情绪时，不要逃避，正视情绪问题，学会正确调节不良情绪的方法，缓解压力、恢复心理平衡，消减可能出现的安全风险。三是矫正不良行为。针对戒毒人员个体差异，通过行为训练、强化激励等个别辅导方法，改善其不良心态，矫正不良行为模式，逐步养成良好的生活方式，消除对毒品的心理依赖。四是增强适应能力。帮助戒毒人员正确认识环境、适应环境，了解自身不适应的表现和差距，同时看到自身的潜力，主动调整自身与环境的不适应之处，使自身的心理活动和行为方式符合环境的变化和自身的发展。

（三）以专业知识为支撑

个别辅导是一项专业性较强的教育活动。戒毒民警必须具备一定的教育学、心理学知识，把握戒毒人员认知规律和心理特征，通过聆听、疏导、指正、训练、帮扶等方式，给予启发引导，帮助其矫正认知、调适心理、修复人格，促进自我成长。

四、个别辅导的组织实施

（一）建立良好关系

良好的辅导关系能促进戒毒人员自我探索、情绪改善，并有助于提高戒毒人员的自尊自信。戒毒民警应通过查阅资料、了解戒毒人员的“外围”、与戒毒人员面对面的沟通交流等方式，获取有效信息，在此基础上，与戒毒人员开展坦诚的对话交流，初步建立尊重、理解、平等、信任的辅导关系。

（二）找准问题症结

针对戒毒人员存在的问题或其需求，综合分析、研判各种影响因素，既包括内在的主观因素，也包括外在的客观因素；既要观察其外在的行为表现，也要分析其内在的心理状况，在此基础上作出准确判断，并以此为依据提出破解问题的思路。

（三）研判可用资源

通过可用资源信息的研判，能够提高个别辅导的针对性和有效性。一是动力资源，指对戒毒人员的行为改变具有启动和维持作用的资源，如戒毒人员的个体需要、行为动机、价值观、性格特点等。二是能力资源，指戒毒人员的文化程度、智力水平、生活能力、情商以及具有的特殊能力。三是家庭资源，如家庭的氛围、支持程度、婚姻状况、子女等情况。四是社会资源，如朋友关系、人际交往、社会帮教等社会支持体系情况。

（四）制订个别辅导方案并组织实施

根据戒毒人员的个体情况，拟定具体的辅导方案，选择有效的辅导策略。按照个别辅导计划和方案，有计划、按步骤地对戒毒人员的问题进行分析、探讨，协商解决问题的办法，得到双方的认可，并付诸实施。在实施过程中，要充分发挥戒毒人员的主体作用，关注戒毒人员的积极变化。戒毒民警要注重阶段性成果的评估，及时将评估反馈给戒毒人员，给予其鼓励，促进其改变自己、提升自己。

五、个别辅导的注意事项

（一）正确把握个别辅导与心理咨询的区别

个别辅导与心理咨询有相似之处，但本质上是不同的。个别辅导着重解决戒毒人员在学习、生活、社会环境适应、人际关系、情感等方面的问题，促进其成长和发展，其本质是一种教育活动。心理咨询是以心理学基本理论为基础，运用心理科学的方法帮助他人，解决其心理问题的一门技术。心理咨询着重解决戒毒人员的心理问题。

（二）正确把握个别辅导与个别谈话的区别

个别辅导和个别谈话都是针对戒毒人员实施的一种教育矫正活动，但侧重点有所不同。个别辅导侧重解决戒毒人员认知、行为、情感等一般问题，途径是通过聆听、疏导、指正、训练等方式协助戒毒人员改变、成长，保持心理健康，促进人格健全。个别谈话既包括了解和掌握戒毒人员思想动态，作出所情、戒情研判，也包括化解戒毒人员的思想认识、矛盾纠纷、生活困难等问题。相较而言，个别谈话具有普适性,个别辅导更突出针对性、具体性。

(三)正确把握个别辅导的目标任务

个别辅导的主要任务是促进戒毒人员成长,强调发展,激发内在动力,清除戒毒过程中的障碍。任务要具体,目标要适当,不能太抽象,否则难以评估。

(四)正确把握个别辅导的方法步骤

个别辅导不同于个别谈话,要多听少说,多鼓励少质疑,协助戒毒人员找问题,共同探讨解决问题的方案,切忌独断专行,把观点方法强加于人。

案例13-2

一、案例介绍

个别辅导实录摘要

罗某,现年34岁,汉族,初中文化,强制隔离戒毒前从事个体经营。系家中独子,从小受到父母的娇生惯养,没有吃过什么苦、受过什么挫折,成长顺利。初中毕业后,外出打过工,后在家人的帮助下与人合伙经营歌厅、洗脚城,经济条件较好;结婚后生有一个女儿。其间,经不住社会朋友的引诱染上了毒瘾。这是他第一次被强制隔离戒毒。

罗某自入所以来,遵守纪律,没有违规违纪行为。2019年5月底,在车间习艺劳动时,因与他人嬉笑打闹,拿橡皮筋弹射他人,民警对其进行了严肃的批评教育,并作出了扣平时行为考核分的处理。但罗某并没有吸取教训,反而变得消极起来,戒毒意愿明显降低;又多次违规吸烟,民警再次对他批评教育,也无明显改善,被大队列为重点人员进行管理教育。

(一)对罗某的心理健康状况进行评估

通过罗某的行为表现、民警调查的情况及查阅入所心理测试资料表明,罗某身体健康,自我意识强;平时喜欢与人聊天、嬉戏打闹,性格比较乐观;父母、妻子经常来所探视,家庭和谐。偶因用橡皮筋弹射他人被批评教育和处罚而变得情绪消极,屡次违规,影响了戒毒和日常生活,可以判断其心理上存在偏差,但在可控状态,通过个别辅导能够得到解决和改善。

（二）探查心理问题的本质

当面谈话、现场观察是探查戒毒人员心理问题本质最常用的方法。

辅导民警：今天看到你气色不错，最近你父母、老婆来探视你了？

罗某（面露微笑）：嗯，昨天老婆来的，还把孩子带来了。

辅导民警：家里父母身体还好吧？

罗某：还行。

辅导民警：孩子学习怎么样？

罗某（表情很高兴）：孩子读一年级了，成绩还可以，昨天来看到我很高兴。

辅导民警：我了解到，你上个月被处罚了，是吗？

罗某（笑容消失）：是的。

辅导民警：是因为什么事受处罚的？

罗某（满不在乎的表情）：就是上个月25日下午，我生产任务做完了，与临近的戒毒人员开玩笑，用束头发的橡皮筋（生产上用的）装上地上捡来的小石子来弹射他，带班民警发现后，把我喊去批评了，还扣了我的行为考核分。

辅导民警：你对处罚怎么看？

罗某（声音较低）：没有什么看法。

辅导民警：对处理服吗？

罗某（声音较大）：服。怎么不服？

分析：通过谈话观察，罗某的说话态度、语气可以感知到罗某对民警的处罚不服，认为小题大做，处分不合理。在批评教育过程中，也没有能够说服他。面对大队处理无能为力，但心有不甘，所以通过违规抽烟来缓解压力，发泄心中的不满情绪。

（三）确定个别辅导目标

1. 长期目标：帮助罗某建立合理认知，教会其调节情绪和释放压力的正确方法，促进人格完善。

2. 短期目标：理性认识违规行为的危害性，正确面对大队的处理，改善不良情绪，纠正违规吸烟行为，并勇于承认自己的错误。

（四）分析罗某拥有的积极资源

1. 动力资源：希望改好，得到民警和大队的认可，评估中能获得减期，早日回归家庭和社会，过上正常生活。

2. 能力资源：身体健康，无心理疾病；有一定的文化基础，理解能力强。

3. 家庭资源:家庭完整,家人对其十分关爱,有强大的精神支撑。

4. 社会资源:强制隔离戒毒前,打过工、做过生意,长期与社会接触,社会经验比较丰富,有一定的社会关系和朋友。

(五)制订个别辅导方案(略)

(六)实施个别辅导活动并进行阶段性评价(续上)

辅导民警:你知道你错在什么地方吗?

罗某(沉默)

辅导民警:你认为哪些地方做错了?

罗某(声音较低):我不该用橡皮筋弹别人。

辅导民警:还有没有?

罗某:没有了。

辅导民警:你知道橡皮筋弹射别人的危害吗?

罗某(迟疑):不知道。就是打闹了一下,有什么危害?

辅导民警:那你知道2015年天津港大爆炸事件吗?

罗某:在电视上看过报道,死伤了很多人。

辅导民警:对。天津港爆炸事件造成160多人遇难,8人失踪,1万多辆商用车、7000多个集装箱受损,直接经济损失达68亿多元。你知道引起这一特大安全事故的原因吗?

罗某:不知道。

辅导民警:经过事故调查组查明,直接原因是堆放在天津港危险品仓库的一个集装箱,在运输过程中装的湿润剂散失了。湿润剂主要作用是保持集装箱内的湿度、防止干燥。从我们的角度看,散失一点湿润剂问题大不大?

罗某:不大。

辅导民警:对,看起来问题不大。从价值来看,湿润剂不值钱,可能一包就几元、十几元钱;从作用来看,它是一种保持湿度的辅助材料,散失一点湿润剂对那么大的集装箱来说根本不算事。但就是这样看似不起眼的小小疏漏,造成集中箱内硝化棉小面积干燥,在高温天气的作用下,分解放热,积热自燃,从而引起邻近化学品燃烧,导致堆放于仓库内的硝酸铵等危险品发生爆炸。这个事件,对你有什么启示?

罗某:小事情可能引发大问题。

辅导民警:对的。古人说,“千里之堤,溃于蚁穴”,生活中发生的大的安全事故就是由不起眼的一些小事引起的。对于你用橡皮筋弹别人这事,你有什么新的认识吗?

罗某(略为沉思):在车间用橡皮筋弹人,本身就是违规违纪行为。如果弹到别人的眼睛里,就可能造成眼睛受伤,甚至导致失明。

辅导民警:认识比较到位了。如果弹到眼睛里,轻则受点伤,重则可能导致眼睛失明,让别人痛苦一生。如果对别人造成人身伤害,自己不但要负刑事责任,还要负经济赔偿责任。那损失就大得很了。你说是不是这样?

罗某:确实是这样,我真没有想到可能会造成这么严重的后果。

辅导民警:你还认为大队民警对你处罚重了吗?

罗某(轻松的表情):我现在服了,确实我那天做得不对,应该受到处罚。

辅导民警:后来又屡次违规吸烟是怎么回事?你能讲讲吗?

罗某:就是受到处罚后感觉心里很烦,像有一团火。知道不能违规吸烟,就故意要吸,看看民警能把我怎么办。

辅导民警:你采取违规吸烟的方式发泄心中的不满,是吗?

罗某:是的。

辅导民警:那你采取这种方式对吗?

罗某:我知道这样做不对,但不知道应该怎么解决。反正就是管不住自己,觉得这样做,心里才舒服点。

辅导民警:这样做不对,那我们共同探讨一下,以后遇到这种情况(对处理不服、自认为受到不公正或委屈)该怎么办?

罗某:……

二、案例评析

本案例中,戒毒人员罗某因对大队民警对其违规行为的处理不服,导致心中的不满情绪,自己又找不到解决问题的正确途径,从而引发了心理问题。辅导民警通过对罗某心理健康状况的评估和心理问题本质的探查,确定辅导目标,并分析其拥有的积极资源;然后从解决错误认知入手,循序渐进、逐步提高,使罗某的不良情绪得到了改善,达到了短期目标,取得了较好的辅导效果。下一步通过辅导,教会罗某解决问题、调节情绪和释放压力的正确方法,并能够应用到今后的生活和工作中,促进其人格成长和完善。

复习思考题

1. 简述个别教育的概念与特点。
2. 简述个别教育的作用。
3. 简析重点人员的认定及其教育转化工作要点。
4. 试析个别谈话教育的实施流程与注意事项。
5. 试析个别辅导的主要形式。

本章主要参考文献

1. 司法部戒毒管理局组编:《司法行政强制隔离戒毒教育矫正实务》,法律出版社 2021 年版。
2. 王雪峰主编:《矫正教育学》,法律出版社 2022 年版。
3. 罗明东:《教育探索的新视域:关于教育改革与发展基本问题的若干探讨》,云南大学出版社 2019 年版。
4. 夏宗素主编:《矫正教育学》,法律出版社 2014 年版。
5. 高莹主编:《矫正教育学》,教育科学出版社 2007 年版。

第十四章 辅助教育

本章摘要

辅助教育作为正规教育活动的有益补充，是帮助戒毒人员改善认知、修复情感、矫正行为乃至顺利回归社会的有效途径。通过本章的学习，了解辅助教育、亲情帮教、社会帮教与场所戒治文化建设的概念，理解辅助教育、亲情帮教、社会帮教的特点与作用，领会场所戒治文化的分类与功能，系统掌握亲情帮教、社会帮教、场所戒治文化建设的组织实施。

重点问题

本章的重点是辅助教育的相关概念、特点与作用，亲情帮教、社会帮教、场所戒治文化建设的组织实施。

第一节 辅助教育概述

根据《司法行政机关强制隔离戒毒所教育矫治工作考核办法》《司法行政戒毒工作规范化建设标准(试行)》的相关规定，戒毒场所每半年至少开展3次全所范围的辅助教育活动，参与每次活动的戒毒人员应达到在所强制隔离戒毒人员的50%以上。《教育矫正指南》在界定"辅助教育"概念的基础上指明戒毒场所的辅助教育主要包括亲情帮教、社会帮教、场所戒治文化建设等。

一、辅助教育的概念

所谓辅助，即从旁帮助、协助、非主要的位置。辅助教育，是指戒毒场所组织开展的各种有利于戒毒人员戒治的辅助性教育活动。换言之，辅助教育是戒毒场所根据教育矫正的目的和要求，在集体教育、分类教育、个别教育等正规教育活动以外，组织戒毒人员开展的各种有利于戒毒人员自觉接受戒治的教育活动。[①] 为了增强教育的感染力和吸引力，戒毒场所必须构建一种正规教育与辅助教育互为补充的教育格局。

二、辅助教育的特点

辅助教育主要是通过戒毒人员感兴趣的各种事物、生活环境和有益活动，创造积极戒治的氛围，使戒毒人员自觉地接受教育矫正，从而达到潜移默化的教育效果。通常而言，辅助教育具有以下五个方面的特点：

（一）教育形式的依附性

辅助教育的教育形式总是围绕着正规教育的目的和要求，依附于戒毒人员易于参加的积极向上的活动之中，使教育的内容悄然进入戒毒人员心灵，进而产生思想上的变化，达到教育矫正的效果。

（二）教育方法的趣味性

辅助教育兼具知识性和趣味性的特点，为戒毒人员喜闻乐见。这种教育形式是在戒毒场所的组织和指导下，由戒毒人员自愿参加，通过读、写、唱、演等形式，激发他们的兴趣、爱好，不仅能够培养他们的生活情趣，丰富和充实他们的精神生活，而且能让他们在活动中认识自身的价值。

（三）教育内容的渗透性

辅助教育的渗透性表现在教育矫正的目的、内容渗透到与之相关的活动和环境之中，使戒毒人员在不知不觉中受到启发和教育，具有“润物无声”的特点。通过开展形式多样的辅助教育活动，将人生的哲理、丰富的知识寓教于情、寓教于形，使戒毒人员坚定戒治动机，明确戒治目标，激发自我教育的积极性，从而促进他们自我完善、自我成长、自我重建。

---

① 司法部戒毒管理局组编：《司法行政强制隔离戒毒教育矫正实务》，法律出版社 2021 年版，第 226 页。

（四）教育效果的互补性

正规教育和辅助教育的目的都是使戒毒人员戒除毒瘾，回归正常生活，成为遵纪守法的合格公民。但他们的教育方法并不相同，正规教育是有计划、有组织、有目的的教育活动，具有制度化、常规化、系统性等特点；而辅助教育活动往往利用业余时间进行，形式灵活多样，内容趣味性更强，但又不易持久和稳固。这就需要把正规教育和辅助教育结合起来，相互补充。辅助教育要配合正规教育活动的开展，以深化教育矫正效果。

（五）教育活动的多样性

辅助教育的内容丰富多彩，形式灵活多样，活动的规模可大可小，时间可长可短，参与人数也不受限制。辅助教育不受正规教育计划和教学大纲的限制，可根据戒毒人员的实际情况和戒毒场所的现实条件开展多种多样的教育活动。

三、辅助教育的作用

（一）有利于促使戒毒人员接受教育矫正

戒毒人员有着各种各样的业余爱好。对于他们的业余爱好，如何因势利导、扬其所长、促使其积极向上，是教育矫正工作中的一个重要问题。戒毒人员的业余时间是一个十分重要的阵地，此消彼长，如果不把他们的业余时间妥善利用，用有益的教育活动去占领，那么戒毒人员的精力和爱好就得不到正确的发挥和正当的满足，则不仅不能改掉其不良的、不健康的低级嗜好，还可能使其受到消极因素的影响。因此，戒毒场所一定要充分利用辅助教育的特点和优势，吸引戒毒人员自觉参加，抵制消极因素对他们的影响，调动他们主动接受教育矫正的积极性。

（二）有利于丰富戒毒人员的精神生活

戒毒人员进入戒毒场所后，随着环境的改变，精神压抑、思想苦闷、情绪低落是常见的问题，这就需要戒毒民警想方设法地对他们加以疏导。而辅助教育以其有趣的内容、灵活的形式起到丰富戒治生活、缓解或消除戒毒人员紧张和焦虑情绪、改变戒毒人员精神状态的作用。[①] 通过喜闻乐见、健康有益的辅助教育活动，使戒毒人员获得丰富的情感体验、形成积极的生活态度、养成良好的行为习惯、提高适应社会的能力，从而使其顺利回归社会。

第二节　亲情帮教

一、亲情帮教的概念

亲情帮教，是指通过动员和指导戒毒人员亲属参与教育矫正活动，帮助戒毒人员培育亲情观念、修复亲情关系、巩固亲情联结、凝聚戒治合力、增强戒治动力，促使其积极戒治的教育活动。

亲情帮教由戒毒场所根据实际需要组织开展。一方面，亲情帮教是戒毒场所和民警通过一定的组织形式，帮助戒毒人员与其亲属建立经常性的联系，帮助戒毒人员培育亲情观念、修复亲情关系、巩固亲情联结，营造稳定、和谐的家庭帮教环境的教育活动。另一方面，从戒毒人员家庭角度讲，亲情帮教也包括动员和指导戒毒人员家庭成员掌握戒毒知识、参与戒毒工作，共同帮助戒毒人员戒除毒瘾。

二、亲情帮教的特点

（一）稳定性

亲情帮教属于社会支持系统的一部分。在社会支持来源中，家庭的支持处于核心地位，尤其在我国强调家庭血脉关系的社会文化背景下，亲情帮教显得更为紧密、稳定。

（二）内生性

家庭是社会的细胞，亲情帮教主要包括戒毒人员家属的激励和辅助、密切的关联、家庭内部的协调、非斥责的态度、物质支持等。亲情是促进戒毒人员积极接受戒治、主动进行戒治的重要因素，是戒毒人员自我戒治的原动力。

---

① 高莹主编：《矫正教育学》，教育科学出版社 2007 年版，第 201～203 页。

（三）必需性

对戒毒人员的教育矫正是一个较为漫长而且艰巨的过程。不少研究资料表明，吸毒者家庭环境中存在的某些缺陷是导致其吸毒的重要原因。要使戒毒人员降低复吸风险、保持操守，就必须高度重视家庭支持的作用。

三、亲情帮教的作用及其组织实施

（一）培育亲情观念

培育亲情观念，是指在日常教育矫正中，戒毒场所开展的建立在家庭关系基础上的世界观、人生观、价值观教育，使戒毒人员能够感悟亲情、珍惜亲情、回报亲情，促进戒毒人员思想本质的转变。

培育亲情观念的方法和途径主要有组织学习感恩励志歌曲、专题讲座、专家讲座、阅读亲情教育读本、重大节日宣传等。戒毒场所可以按照年度教育矫正计划，根据戒毒人员家庭评估情况及家庭情况差异，分析戒毒人员的喜好和接受程度，制订合理的亲情教育方案。戒毒民警可以通过询问戒毒人员本人、戒毒人员户籍所在地的公安机关、社区工作人员、邻居以及戒毒人员亲属，掌握戒毒人员的家庭成员情况、主要联系方式，做好详细登记，建立戒毒人员家庭评估基础台账。其中，制订家庭关系修复方案以及做好《戒毒人员亲情电话登记》《戒毒人员亲情探视登记》《戒毒人员亲情餐登记》等信息登记是培育亲情观念的基础。

（二）修复亲情关系

修复亲情关系，是指戒毒场所通过搭建亲情交流平台，构建亲情活动网络，消除对戒毒人员的偏见、冷漠、猜忌、困惑和沟通障碍，用关爱弥补戒毒人员的亲情缺失。修复亲情关系可以帮助戒毒人员重新获得亲人的信任、关心与支持，为戒毒人员戒毒提供有效的情感和心理支持，以提高戒毒效果。修复亲情关系的方法主要包括以下六个方面：

1. 开展感恩回报活动。定期组织戒毒人员给家属写感恩汇报信，定期通过短信平台将戒毒人员的所内表现反馈给其家属。有条件的场所应鼓励戒毒人员定期将所内部分劳动报酬作为感恩工资邮寄给家属。

2. 举办“开放日”活动。邀请戒毒人员家属来所参观、交流，介绍戒毒工作开展情况、戒毒人员戒治表现，强化戒毒人员与家属的沟通与交流，修复亲情关系。

3. 开办亲属学校。向戒毒人员亲属宣传戒毒工作方针政策及戒毒工作有关知识，引导和鼓励亲属与戒毒人员沟通和交流，共同营造一个良好的家庭氛围。同时，帮助戒毒人员亲属学习如何向政府机关、专业机构寻求帮助等方面的知识。

4. 开展亲情走访活动。每年对重点戒毒人员家庭进行定期走访，了解其家庭情况以及戒毒人员入所前的情况，尽力帮助他们解决生活困难，通过制作忏悔录像送亲人、慰问戒毒人员子女、协调家庭纠纷等方式化解矛盾，拉近戒毒场所与戒毒人员以及戒毒人员家属的距离。

5. 开展特困辅助活动。对家庭无正常经济来源、有未成年子女、因发生重大变故而陷入生活困境及有其他特殊困难需要扶助的戒毒人员家庭，建立困难救助基金，切实救助帮扶贫困家庭。

6. 做好无家庭照管戒毒人员的亲情帮教工作。对无亲人的戒毒人员，戒毒场所应及时予以“亲情补位”，经常性地开展思想沟通和交流，做戒毒人员戒治生活的指导者和引路者。

（三）巩固亲情联结

巩固亲情联结，是指戒毒场所开通亲情联系绿色通道，缝合戒毒人员亲情纽带，帮助戒毒人员拉近与亲人的心理距离，巩固曾经受伤的亲情等活动。巩固亲情联结的方法主要包括以下四个方面：

1. 建立和完善亲属定期探视制度，为戒毒人员与亲人定期团聚创造条件；戒毒人员直系亲属病危或死亡允许回家探亲；在离所两个月前，开展戒毒人员模拟分担家庭事务训练等。

2. 建立和完善定期拨打亲情电话制度，允许戒毒人员定期与亲人通电话。

3. 开展亲情书信交流活动，要求戒毒人员定期给家属写一封亲情联系信，戒毒民警每年给家属写一封情况介绍信。

4. 开展亲情互动活动，组织戒毒人员亲属来所开展亲子互动活动、父亲（母亲）节尽孝感恩活动、七夕夫妻鹊桥会活动、兄弟姐妹牵手活动。利用清明节开展戒毒人员清明祭祖追思忏悔活动，引导戒毒人员认识错误，感恩尽孝，重塑自我。

（四）凝聚戒治合力

凝聚戒治合力是戒毒场所与戒毒人员家属相互帮助，共同努力，形成戒治合力，帮助戒毒人员营造良好的戒毒环境及社会支持。亲情的陪伴、亲情的鼓励、亲情的监督能使戒毒人员获得最直接、最紧密、最有效的帮助。

一方面，戒毒场所定期举行家庭戒毒宣传教育活动，利用戒毒人员家属来所帮教、社会宣传等形式进行座谈交流、讨论，发放宣传资料。邀请戒毒人员家属参观毒品危害展示室等，学习掌握毒品危害知识，了解毒品对个人、对家庭、对社会的危害，共同帮助戒毒人员戒断毒瘾、重获新生。另一方面，帮助戒毒人员亲属认识到毒瘾戒治的长期性和艰巨性，让他们了解戒毒人员出所后随着生活环境的变化，生理必然会出现各种反复症状，教会他们掌握防复吸技能，帮助戒毒人员拒绝毒品，防止复吸。戒毒场所对出所后的戒毒人员，应通过后续照管平台、博客、微博等，用网络、短信、即时通讯软件等方式向戒毒人员家属收集信息，对戒毒人员进行法律援助、治疗康复指导等工作，帮助戒毒人员和家庭最终消除毒品的困扰。

案例 14 - 1

一、案例介绍

帮助一对戒毒人员父子重建亲情联系

父亲张继昌（化名），53 岁，吸食海洛因近 20 年。儿子张林（化名），27 岁，吸食冰毒 8 年。2014 年，二人先后被送四川省成都强制隔离戒毒所（以下简称成都戒毒所）接受强制隔离戒毒。戒治期间，这一对亲生父子隔阂较深，不相往来。2016 年 3 月，张林强制隔离戒毒期满离所，但仅仅 18 天后，再次因吸食冰毒被抓获，4 月，又回到成都戒毒所。张林在短时间内复吸"二进宫"，对临近期满解除强制隔离戒毒的张继昌震动很大。民警以此为契机，深入开展教育矫正工作，引导他们重续亲情，在戒毒道路上相互鼓励、共同进步。两人所在大队民警经过讨论分析，制订了以增进父子沟通、重建亲情联系、共建戒毒信心为目标的教育矫正方案：

一是明确责任民警。张林由三大队的大队长宋某负责；张继昌由四大队的主管民警张某负责。

二是明晰教育矫正措施。第一步：破冰。由责任民警分别做好两人工作，促成父子两人相见，打破沟通壁垒。第二步：解困。首先，每周选一个晚上，让父子俩见面交流30分钟。其次,在张继昌前妻王德惠来所探视时,让她同时见父子俩。其间,民警要以个别教育为主要方式,适时跟进教育,帮助他们改善沟通状况。第三步:升华。在张继昌离所的时候,安排一次探视,帮助他认识到身份的改变,强化其家庭责任感。以这次探视为契机,促进亲情氛围重建,帮助父子俩树立起对未来美好生活的期待,巩固矫治效果。

张继昌、张林在民警的帮助下,父子关系得以缓和,重建起了张林(子)、张继昌(父)、王德惠(母)三人之间较为紧密的亲情联系,对张林在所安心戒毒,张继昌在外保持操守,都有着积极的影响。

二、案例评析

深入细致的调查摸底,是教育矫正工作开展的基础。民警发现张继昌、张林父子之间存在的问题,是组织实施教育矫正工作的前提。通过深入的个别谈话、适宜的外围调查,了解两人关系紧张情况,分析症结所在,进而有的放矢地制订教育矫正方案,为有效开展工作奠定了坚实的基础。

遵循教育一般规律,是教育矫正工作顺利施行的关键。民警围绕张继昌、张林父子俩亲情关系重建这一中心,以促进两人坚定戒毒决心为目标,把握关键,制订方案,循序渐进地开展工作,逐步推进父子关系改善,促成了由量变到质变的转化。

第三节　社会帮教

一、社会帮教的概念

社会帮教,是指戒毒场所利用各种社会资源,通过举办讲座、互动交流、答疑解惑、帮扶救助等方式,对戒毒人员进行教育帮扶的活动。

社会帮教能够切实帮助戒毒人员提高社会适应能力,促进其与社会保持良好的互动关系,恢复和增强戒毒人员的生活信念和社会功能,实现戒毒人员场所戒毒与回归社会的良好衔接。依据《教育矫正指南》的相关规定,“戒毒所可以与党、政、军、工、青、妇等社会各界共建帮教基地,广泛吸纳教育学、法学、医学、心理学、社会学等各领域人才资源,组建一支稳定的社会帮教志愿者队伍,定期开展帮教活动”。

二、社会帮教的特点

（一）综合性

毒品问题是一个复杂的社会问题。禁毒是一项社会系统工程，是全社会的共同责任。对戒毒人员开展教育戒治需要社会资源的帮助。这就决定了社会帮教的主体不是单一的，而是多方面的。戒毒场所主要承担组织、计划、协调等职能，其他相关社会力量，如各种社会职能部门，社会知名人士、帮教志愿者、戒毒人员亲属、改过自新的解除强制隔离戒毒人员等，都可以参加帮教公益活动。

（二）开放性

以往的戒毒人员教育工作带有较为浓厚的封闭性色彩，社会帮教则是把戒毒场所内部的教育与社会帮教有机连接起来，从社会大环境中积极寻求有利因素，以增强戒毒人员适应社会的能力。这是戒毒人员教育工作适应新时代社会发展的必然要求，“闭门自教”显然跟不上形势的发展。

（三）易受性

社会帮教形式多种多样，形象生动，可感性强。例如，邀请公安机关、检察机会、审判机关工作人员为戒毒人员答疑解惑，可以使戒毒人员受到启发，安心戒治；邀请社会知名人士来戒毒场所帮教，可以使戒毒人员感受到社会温暖。总之，社会帮教相较于其他教育方法而言，生动直观，可信度高，易于被戒毒人员接受。

（四）实效性

一方面，有些社会帮教能够及时解决戒毒人员眼前的实际问题，如婚姻问题、孩子问题、家里老人问题等，这样易引发戒毒人员深刻的思想感受，客观上也容易收到良好的教育效果。另一方面，社会帮教与戒毒人员回归社会后的衔接帮教密不可分。所内社会帮教工作有效，也能帮助戒毒人员回归社会后巩固戒治成果，顺利融入社会。

三、社会帮教的作用

做好社会帮教工作，对于转变戒毒人员的错误思想，更好地回归社会和维护社会安全稳定具有重要作用。

（一）有利于戒毒人员积极接受教育戒治

社会帮教工作能够使戒毒人员感受到社会并没有抛弃他们，进而增强接受帮教和戒治的信心，从灵魂深处反省自己的错误，认识毒品的危害，增强法治观念，培养自觉遵守法律的意识，加速悔过自新的步伐。

（二）有利于戒毒人员顺利回归社会

解除强制隔离戒毒人员从封闭的戒毒场所走向开放的社会，将面临就业、恋爱、婚姻、家庭等实际问题，同时面临各种毒品的再次诱惑，很容易走上复吸的道路。做好社会帮教工作，尽可能帮助戒毒人员解决一些实际问题，有利于戒毒人员顺利回归社会。

（三）有利于提高社会公众远离毒品意识

社会帮教队伍来自社会各个方面，具有广泛的社会影响力。通过开展社会帮教活动，有利于扩大禁毒戒毒工作的社会影响，进一步教育社会成员自觉远离毒品，激发社会各界关心公益事业，增强参与禁毒戒毒工作的主动性。

四、社会帮教的组织实施

（一）借助相关政策保障

戒毒场所加强同地方政府、司法局（所）的沟通联系，及时通报户籍地戒毒人员的戒治情况，协调社区解决戒毒人员家庭困难、来所帮助戒毒人员，以感化戒毒人员，进而增强其戒毒信心。戒毒场所定期组织戒毒人员到社区、学校、孤儿院、养老院等地方开展公益活动，每年至少组织一次戒毒民警或戒毒人员到社会上进行戒毒公益宣传。戒毒场所加强与民政、劳动与社会保障等相关职能部门及社会公益组织的联系，帮助戒毒人员解决创业、就业、社保、医保、低保等问题，落实就业援助政策。

（二）开展各类志愿服务

戒毒场所要充分利用社会工作者、社会志愿者的力量，通过结对帮扶等形式帮助戒毒人员戒除毒瘾、正确处理家庭问题、发挥自身潜力,以及提升自尊与自信等。同时,戒毒场所注重在戒毒成功典型中培养、发展志愿者,经常性地组织戒毒成功的志愿者现身说法、交流心得、参与戒毒技巧培训,让戒毒人员树立戒毒信心。戒毒场所也应邀请司法部门、法律专家、专业律师等志愿者来所为戒毒人员提供法律援助。

(三)开展医疗救助服务

戒毒场所加强与地方卫生、疾控等部门的合作,邀请卫生部门专家来所举办心理、生理健康讲座,进行疾病防控、治疗等工作。戒毒场所与当地医院建立疾病诊疗绿色通道,确保病重戒毒人员得到及时有效的治疗,有条件的戒毒场所可与医院签订购买医疗服务协议,聘请专家到所坐诊,对戒毒人员开展疾病治疗和康复指导,尤其是开展对疑似精神障碍类戒毒人员的诊断、鉴定和治疗工作。

(四)开展社会适应性训练

戒毒场所可以建设毒品危害展示室、高危情境体验室等功能场所,配备专业设施设备,组织戒毒人员开展社会适应性训练。戒毒场所应开展技能培训班,通过场景模拟训练和TC社区模式训练等手段,帮助戒毒人员改善社交技能,提升戒毒人员防毒、拒毒的技巧和能力,帮助戒毒人员向昔日的"毒友"说"不",学会扮演各种社会角色,能够适应开放、变化的社会环境。

(五)提供就业扶助

戒毒场所向戒毒人员提供多种类型的职业技能培训,提升他们的就业能力,可与职业学校、培训机构合作,签订培训协议,为戒毒人员提供合适的职业技能培训,让戒毒人员掌握职业技能。戒毒场所积极引入社会企业参与职业技能培训,包括技工类、餐饮类、工程机械类、服装设计类、美容化妆类、汽修类等,以便戒毒人员根据自己的实际情况进行有针对性的学习。戒毒场所要加强与企业、单位、人才交流中心、招聘网站和相关部门的联系和合作,收集就业信息,联系就业岗位,为愿意接纳戒毒人员就业的企业提供必要的条件,为戒毒人员提供就业指导和就业援助,为戒毒人员回归社会后的就业做好准备。

案例 14－2

一、案例介绍

借助榜样教育力量，挽救企图自杀的戒毒人员

戒毒人员刘某，现年 38 岁，汉族，初中文化，因吸毒被公安机关决定强制隔离戒毒两年，送入四川省眉山强制隔离戒毒所执行强制隔离戒毒。刘某入所一个月后从不主动言语，也不与人交往，常常一个人发呆，自我封闭。一次竟要从楼梯上往下跳，幸好安排在后面保护的戒毒人员反应敏捷，拉住了他的一只脚，除了外伤，未造成严重后果。

（一）制定干预措施

经多方访谈得知，他原有一个幸福的家庭，有贤惠的妻子和乖巧懂事的女儿。但一场车祸夺走了他的爱妻，他沉浸在痛苦中不能自拔，女儿也被甩在一边让父母照顾，无心工作，每天借酒浇愁。两个月下来他的痛苦并未减轻。后来他认识了一个吸毒人员，向他介绍解决烦恼的灵丹妙药——冰毒。在这个吸毒人员的引诱下，他开始了吸毒，甚至把房子都卖了当毒资。来到戒毒所后，他开始反思，一想到自己的女儿，他除了心疼，就是内疚，觉得无颜面对，没能力照顾孩子，认为自己活着是多余的。

民警认为，刘某的本性是善良的，只是因为之前的过度悲伤没有得到正确干预而吸毒，现在他认识到了吸毒的危害，又钻进了“牛角尖”，过度沉浸在“羞耻”“无能”“自责”中不能自拔。对此，民警采取了两步关键措施。

（二）用榜样帮助纠正偏激的认知

大队找到出所后保持操守的王某来所帮助刘某。王某曾经也有美好的家庭，同样是因为意外失去家人，自己的生意也随之倒闭，最后自己也是因为承受不住痛苦而吸了毒……王某的讲述，让刘某遇到了“知音”，他同情王某，因为王某的遭遇有人为的、有意外的、有疾病的，其遭遇的不幸远远超过了自己；他佩服王某的了不起，一次次跌倒，又一次次站起来，可谓百折不挠，现在虽然不算大富大贵，但足以看到勇气的力量和生命的坚韧。之后，他的情绪明显发生了变化。当天晚上，他时而叹息、时站时坐，民警乘机开导，“无论过去有多难，但已经过去，生活没有如果，只有将来……”刘某表示，自己不能“一了百了”，要好好珍惜生命，听从安排，请民警放心。自此，他的脸色不再那么阴沉，但还是话语不多。他对民警讲，

不知道如何面对自己的女儿,以及如何才能尽好父亲的职责。

(三)亲情助力,拨开心头迷雾

为了进一步解决刘某的迷惑,民警来到刘某家,访谈了刘某的父母和女儿。刘某的父母并未责怪他,只是说刘某心思太缜密,想不开,作为父母也不知道应该如何开导他,想让民警帮助开导。女儿则说"我要去看爸爸,叫他戒毒"。民警跟刘某家人商定了帮扶方案。一周后,刘某的父母带着他的女儿来到戒毒所,戒毒所按既定"方案"安排了会见。刘某感受到了父母、女儿对他的爱和期望,知道这个家离不开他,他必须努力,重新生活。

之后,刘某脸上的坚毅代替了阴沉、忧伤,积极投入戒治中,还参与了太极拳兴趣小组。每月都获得满分奖,最终提前解戒出所。

二、案例评析

刘某与其他普通戒毒人员不同,身上并无太多恶习,其吸毒原因不是为了追求极致的感官享受,而是他"爱心"无助的表现。这种爱心得到适当引导,就是他戒毒的动力。本案中,民警的措施是适当的,运用榜样教育、社会帮教、亲情帮教等辅助教育手段,教育效果胜过了民警的道理说教。

第四节 场所戒治文化建设

一、场所戒治文化建设的概念

文化,从广义来说,指人类历史实践过程中所创造的物质财富和精神财富的总和。狭义的文化仅指人类的精神生活领域,即社会的意识形态以及与之相适应的制度和组织机构。《教育矫治纲要》明确要求,"发挥场所文化建设的教育矫治功能"。这里场所文化建设主要是指场所的戒治文化建设。

场所戒治文化建设,是指通过建设场所文化设施、宣传文化理念、举办文化活动等来营造积极健康的戒治文化氛围,进而对戒毒人员产生潜移默化的教育和影响。场所戒治文化建设要把握思想政治教育的主旋律,立足于戒毒人员的文化需求,贴近戒毒人员的矫治生活,契合戒毒人员的戒毒治疗需求和认知水平,帮助戒毒人员改善认知、修复情感、矫正行为、戒断毒瘾、顺利回归社会。

二、场所戒治文化的分类

场所戒治文化是在戒毒场所中,以戒毒人员为目标主体,通过长期戒毒工作实践形成的物态文化、制度文化、行为文化、精神文化的总和。

(一)物态文化

物态文化是指戒毒场所为保障日常工作与活动而必须具备的建筑场所、活动设施、服饰装备等具体的物化形态。物态文化通过物化的方式来表达司法行政戒毒工作的理念和精神。

(二)制度文化

制度文化是指戒毒场所为了使工作正常进行而制定的具有特定约束力的行为规范、准则以及各种组织调节形式的制度体系。制度文化具有凝聚性、结构的稳定性和时间的延续性等特点。

(三)行为文化

行为文化是指在戒毒场所工作中形成的活动方式,体现着戒毒场所的精神面貌、思想理念、工作活力和价值情操等内容。

(四)精神文化

精神文化是指在长期的戒毒工作实践过程中沉淀下来的共同的思想观念、意志态度和精神状况等内容。精神文化渗透于戒毒工作的各个方面,直接推动着戒毒工作的发展与进步。

三、场所戒治文化的主要功能

场所戒治文化除一般文化所具备的功能外,在促进戒毒人员教育矫正方面,主要有以下四项功能。

(一)规制约束功能

文化蕴含着规则。有形的规章制度、准则等通常被视为行动的指针,决定一个人在特定的情况下应该做什么,不应该做什么,明确戒毒人员的言语、行为和仪态等,可以形成一种刚性约束力,能够帮助戒毒人员逐步矫正过去的不良行为,使场所管理有序开展。

(二)劝喻引导功能

文化具有表象化的价值指向。通过场所戒治文化,倡导和弘扬主流的价值观、人生观、道德观等,内化、渲染和熏陶戒毒人员,直接或间接地影响戒毒人员的认识、情感和行为等心理活动,促使他们的思想感情和行为方式与场所价值目标趋同或接近,进而形成一种普遍的、持久的行为自觉。

(三)凝聚激励功能

通过场所戒治文化的价值认同,将个人的愿景、价值追求与戒毒矫治整体目标紧密联系在一起,进一步凝聚人心、激发动力,为实现戒治目标达成共同意志、付诸共同行动。

(四)启智养心功能

通过场所戒治文化,帮助戒毒人员发现自身价值,达到启迪智慧、滋养心灵的效果,在此基础上激发更高层次的精神追求,从而帮助戒毒人员重建精神家园,实现自我发展。

四、场所戒治文化建设的组织实施

(一)物态文化建设层面

根据《教育矫治纲要》的规定,场所戒治文化建设主要包括培育场所戒治文化环境、构筑场所戒治文化阵地、创新场所戒治文化活动形式、打造场所戒治文化精品等内容。其中,培育场所戒治文化环境、构筑场所戒治文化阵地属于物态文化建设的内容。这要求戒毒场所围绕戒治文化主题,统筹规划,精心布置,在设施建设、环境营造中集中体现戒毒工作理念和特色。戒毒场所可以设计鼓励、引导、关怀的语句、名言等以及与戒毒内容相关的标识,突出整洁优美、和谐有序、活泼向上的氛围,充分发挥环境育人的功能。戒毒场所可以通过所内广播、自办报刊、宣传栏、局域网等方式,宣传国家戒毒政策,报道场所戒毒生活。

（二）制度文化建设层面

戒治制度文化是戒治文化中最为刚性的部分。加强戒治文化建设要求建立一套科学、合理的工作制度体系，作为戒治文化的刚性载体，为现代戒治理念得以贯彻提供有力支撑，更好地约束和规范戒治主体行为，促进戒治文化的形成。因此，戒毒场所应当以加强戒治制度文化建设为目标，不断地审视与完善戒治制度体系，力求通过科学严密的制度体系，规范戒治行为，调动戒治主体的自觉性、积极性，进而提高戒治效果。一方面，以现代戒治理念为指导，建立科学、合理的戒治制度体系；另一方面，戒治制度体系又能够强化戒治理念，实现良性循环。

（三）行为文化建设层面

理念是行为的先导。行为文化的核心在于培养现代戒治理念。行为文化是引导戒治主体进行正确戒毒活动的指针和动力。戒治主体既包括戒毒民警也包括戒毒人员。以“能戒”为主旨开展各种戒毒活动，始终使戒治主体具备戒治信心是戒毒工作顺利进行的前提条件和保障，要树立多种戒毒矫治手段相结合的戒治方法理念，并主动付诸实践。

（四）精神文化建设层面

文化的重要作用在于其对人的精神产生作用。加强精神文化建设，营造文化氛围，是加强场所文化建设的重要内容。例如，定期举办“文化月”“文化节”，利用“6·26”国际禁毒日开展专题教育活动，组织文艺表演、演讲、书画、歌咏比赛、读书征文、体育比赛等文化活动。通过文化活动，将正确的戒治理念注入戒毒人员思想之中。有些场所打造场所文化精品，结合本地文化特点，培育具有自身特色的文化品牌，形成“一所一品牌、一队一特色”的场所文化特色，并充分利用这些文化特色来营造场所的文化氛围。

五、场所戒治文化建设的注意事项

场所戒治文化建设是一个长期的系统工程，绝非一朝一夕的事情。戒毒场所要紧紧围绕帮助戒毒人员戒除毒瘾，提高教育戒治质量为目标，扎实推进，务求实效，力避三种倾向：一是急于求成，搞形式主义，切忌“领导工程”“政绩工程”，将文化建设停留在表面，等同于环境布置、文娱活动等，防止文化建设的碎片化、零星式倾向;二是本末倒置,搞非主流,将场所文化建设置于戒毒工作之外,或是“想当然”地开展文化建设,忽视甚至脱离戒毒工作实际需求,导致文化的内容接受度不高,一些文化理念成了无本之木、空中楼阁;三是理论与实际脱节,搞成“两张皮”。场所戒治文化建设起步较晚,可供借鉴的理论和资料不多,切忌照搬照抄、简单模仿,而应深入调查研究,反复实践总结,结合场所实际,逐步开展文化建设。

案例 14－3

一、案例介绍

重阅读,用文化知识丰富心灵

四川省资阳强制隔离戒毒所(以下简称资阳戒毒所)于 2009 年依托成都图书馆建立了所内分馆,常年收藏纸质书籍 2 万余册,电子版书籍与成都图书馆共享,纸质书籍每季度更新一次。近年来,为满足戒毒人员阅读的需要,资阳戒毒所有针对性地购买了 3000 余册精装书籍,包括典籍类、历史类、感恩励志类、创业类等,完善了成都图书馆大堰分馆的藏书,添置了各大队图书室、寝室报夹资料,印制了《三字经》《弟子规》。资阳戒毒所组织戒毒人员开展读书活动,成立读书活动兴趣小组,让读书积极分子带动其他戒毒人员多读书、读好书,同时开展“尚文、励志、回归”的主题征文活动,先后收到质量较高的征文 118 篇,已优选在场所广播、蓝莲花报、蓝莲花家园季刊、四川矫治等处播报或刊载。值得关注的是,五大队戒毒人员黄某在题为《我爱读书》的文章中写道,“蓝莲花家园为我们提供了良好的读书环境,在浓厚的读书氛围里,书籍就是我们的老师,直接为我们传道、授业、解惑,让我们不再迷失方向,明白何事可为、何事不可为……”可见,读书活动有力地促进了戒毒人员净化心灵、增长知识、陶冶情操。其间,资阳戒毒所还组织队与队之间、不同戒毒人员之间开展“比文明礼貌 赛行为养成”活动,进一步规范文明言行,促进日常行为养成,维护健康、和谐的戒治秩序,营造“礼仪文化”的良好氛围。

二、案例评析

该场所致力于构建“文化所”的宏伟蓝图,在场所内设置了较大规模的图书馆,请传媒业的资深专家引领戒毒人员进行经典赏析,提升戒毒人员的阅读兴趣,举办流动书展，根据戒毒人员的兴趣有针对性地选购图书，不断丰富读书活动，为戒毒人员搭建良好的学习平台，努力让阅读点亮戒毒人员人生，提高教育矫正质量。

复习思考题

1. 简述辅助教育的概念与特点。
2. 简述辅助教育的作用。
3. 试析修复亲情关系的主要方法。
4. 试析巩固亲情联结的主要方法。
5. 试析社会帮教的组织实施。
6. 试析场所戒治文化建设的功能。

本章主要参考文献

1. 司法部戒毒管理局组编：《司法行政强制隔离戒毒教育矫正实务》，法律出版社 2021 年版。
2. 高莹主编：《矫正教育学》，教育科学出版社 2007 年版。
3. 王雪峰主编：《矫正教育学》，法律出版社 2022 年版。
4. 夏宗素主编：《矫正教育学》，法律出版社 2014 年版。

第十五章　教育矫正评估

本章摘要

教育矫正评估是教育矫正工作的一项重要内容,是确立教育矫正目标、制订教育矫正方案、选择教育矫正方法的重要依据。通过本章的学习,了解教育矫正评估的概念、功能和属性,熟悉教育矫正评估的基本原则和主要分类,掌握教育矫正评估的内容、标准、程序和结果运用。

重点问题

本章的重点是教育矫正评估的基本原则和主要分类,教育矫正评估的内容、标准、程序和结果运用。

第一节　教育矫正评估的概念与功能

教育矫正评估是教育矫正工作不可或缺的重要内容和环节。教育矫正评估,历来是教育矫正工作的难点,是一项技术含量较高、操作难度较大的工作。[①] 司法部先后组织院校和各地实务部门开展了教育矫治质量评价的理论研究和实践探索,为实施教育矫正评估积累了经验。

近年来,随着新兴毒品不断增多,吸食毒品种类日益复杂,吸食新型毒品特别是吸食合成毒品人员的比例持续攀升,教育矫正和戒毒治疗难度不断加大,给教育戒治工作带来了严峻挑战。科学评估现行的教育矫正效果,是一个迫切而重要

---

① 司法部戒毒管理局组编:《司法行政强制隔离戒毒教育矫正实务》,法律出版社 2021 年版,第 245 页。

的工作任务，需要用科学的方法、工具进行测量和判断。但是，教育矫正活动中许多难以量化、无法直接测量的标准指标又给科学评估带来了挑战，也长期困扰着一线实战单位。如何开展教育矫正效果评估，准确把握教育矫正的规律和特点，需要我们做长期跟踪研究，在循证基础上开发评估工具、建立常模标准、设计评估流程，建立一整套科学的评估操作指导规范，是当前亟须开展的一项重要的基础工作。

一、教育矫正评估的概念

评价，是评定价值的简称，从本质上来说，就是一种价值判断的活动，是对客体满足主体需要程度的判断，带有对受评对象价值判定的性质。评估，除"价值判定"外，还有"估计"的意思。这里首先需要搞清楚两个问题：

第一个问题，到底是"教育矫正评价"，还是"教育矫正评估"？这需要从教育矫正的内容特点进行分析，教育矫正的内容比较丰富，涉及认知水平、行为表现、身心康复和社会环境适应能力等主要方面，每个方面都有若干因子项组成。一些因子项如"暴力倾向""焦虑水平"等都是可以直接用专门量表工具测量的，与此同时，也有不少因子项如"思想道德水平""法律意识"等是无法通过直接测量获得的，这样的因子项也是考查教育矫正效果的重要内容。既然不能直接测量，又如何考查呢？评价学上一般采用观察、记录、分析等实地调查与分析方法进行综合判断，并通过"描述"结论反映教育矫正的效果，这样的描述或判断本身就带有"主观估计"的性质。由此可以看出，教育矫正内容的复杂性、部分指标的不可测性决定了对其效果优劣的考查必然带有"估计"的性质。因此，用"评估"更符合教育矫正内容的特点，更能准确反映教育矫正的内涵。

第二个问题是教育矫正评估的内涵问题。对这个问题，理论界和实务界有一定争议，大致有以下三种观点：第一种观点认为，教育矫正评估主要是对教育矫正方案的评估，认为评估就是对解决戒毒人员认知、心理和行为问题方案的评估，包括方案的目标计划、方法运用、流程操作、结果评定等内容。第二种观点认为，教育矫正评估是对教育矫正全过程的评估，既包括对教育矫正方案和方案执行的评估，又包括对执行效果的评估。第三种观点认为，教育矫正评估就是对教育矫正效果的评估，评估的过程就是判断教育矫正活动所产生的效果，以及效果是否达到预期目的的过程。前两种观点都有可取之处，第一种观点强调了教育矫正方案特别是个别化方案对戒毒人员的作用，这一点对于提高个别化教育矫正方案的针对性、有效性具有一定的指导意义；第二种观点强调了教育矫正的过程性，囊括了教育矫正活动的所有方面，既有方案制订，又有工作评价，还有效果评估。但是，从教育矫正评估的根本目的进行分析，评估就是为了考查效果，是对教育矫正效果进行的研究分析和考查。无论是对教育矫正方案的评估，还是对教育矫正方案执行效果的评估，究其目的，都是保证教育矫正效果这一本质，通过保证方案科学、执行有效，达到实现教育矫正效果预期目标的目的，两种观点的终极目标都指向了教育矫正的效果。因此，就某种意义而言，教育矫正评估就是对教育矫正效果的评估。

教育矫正评估，是指根据教育矫正目标，运用可操作的科学手段与工具，通过系统地收集、整理、分析有关信息和数据资料，对教育矫正各项工作进行价值判断的活动过程。① 教育矫正评估是上级机关及有关部门对戒毒人员教育矫正效果是否达到预期目标，是否满足戒毒工作和评估主体需要的程度而进行定性、定量的分析说明及判断的过程。教育矫正评估离不开对部分指标的测量，测量与评估有着紧密的联系。但是，在这里仍然需要厘清二者的区别：测量是对有关指标属性赋予的数值，属于事实判断的范畴，即客观是什么样，测量出的就是什么样；评估是在对部分指标进行测量基础上作出优劣、对错、好坏等一系列的判断，也就是除去事实判断外，还有评估主体对评估对象满足评估主体需要进行的判断，属于价值判断范畴，带有一定的主观色彩。

明确了教育矫正评估概念，还要准确理解教育矫正评估主体和客体。教育矫正评估主体是承担教育矫正评估职责的机构和人员，依据司法行政戒毒工作有关职能分工，承担教育矫正评估职责的机构是司法行政戒毒工作管理机关及有关部门，一般是指司法部戒毒管理局及其下设的教育矫治工作部门，省（区、市）戒毒管理（教育矫治）局及其下设的教育矫治工作部门，以及承担地（市）强制隔离戒毒所、戒毒康复所管理职能的副省级市戒毒管理局及其下设的教育矫治工作部门。承担教育矫正评估的人员包括上述戒毒工作管理机关及有关部门的工作人员，或受戒毒工作管理机关委托的专业调查机构和人员。强制隔离戒毒所、戒毒康复所有关部门和人员、分管民警根据教育矫正评估规定和程序开展自评，以及对戒毒人员开展个体评估、群体评估等评估工作。教育矫正评估的客体是依法依规开展的教育矫正活动，具体来说，司法行政部门管理的强制隔离戒毒所、戒毒康复所依

① 夏宗素主编：《矫正教育学》，法律出版社 2014 年版，第 312 页。

据《禁毒法》《戒毒条例》等法律法规，以及《戒毒工作规定》《诊断评估办法》《教育矫治纲要》《教育矫正指南》等部门规章及有关规范性文件，对戒毒人员开展的入所教育、法律常识教育、思想道德教育、戒毒常识教育、心理健康教育、文化素质教育、戒毒康复训练、劳动教育和职业技能培训、回归社会教育等认知教育活动、行为矫正训练以及社会环境适应能力的培训指导等活动。

二、教育矫正评估的功能

教育矫正评估是教育矫正工作不可或缺的重要组成部分，对评估者和从事教育矫正工作的人员发挥着规范、引领和促进的作用。

（一）有助于查找问题靶点，确定教育矫正目标

教育矫正要遵循"科学认识教育矫正对象—制订个别化教育矫正方案—实施精准化教育矫正"的基本逻辑。教育矫正的基本前提就是"科学认识教育矫正对象"，这也是教育矫正评估首先要解决的问题。具体来说，要通过观察、调查，掌握戒毒人员的背景信息和行为特点，借助量表工具了解他们的心理状况，从而把握他们的心理问题和行为特点等基本情况。在认识层次上，有直接观察实录的描述性认识；有针对语言行为分析的解释性认识；有掌握其规律趋势的预测性认识。这三个认识层次，既受戒毒人员各种信息掌握程度的影响，又受制于戒毒民警的专业化水平。科学认识教育矫正对象，找准问题靶点，这就为确立教育矫正目标，制订教育矫正方案，特别是采取个别化、精准化教育矫正措施提供了重要依据。

（二）有助于分析过程得失，改进教育矫正方法

长期以来，在各行各业的评估工作中，结论性、总结性、鉴定性评估的应用最为广泛，而过程性评估则相对匮乏。从评价历史发展的脉络看，重视评价的形成性功能是区别于早期测量运动的显著特点，是评价历史的一大进步。这种过程性分析评估，也就是教育矫正形成性评估至少发挥着以下三个方面的积极作用：一是形成性评估与教育矫正同步进行，直接指向正在进行的教育矫正活动，有利于直接、有效地分析利弊得失，为同步改进教育矫正方法提供依据，从而不断提高教育矫正的效果；二是形成性评估与戒毒民警的业务工作紧密配合，评估活动直接服务于教育矫正工作，因而也有利于调动戒毒民警主动参与评估活动的积极性；三是形成性评估与戒毒人员的成长改善紧密联系，及时指出成长性问题，也适时

给予鼓励优势和成绩,为其情绪调适、心理改善、行为纠偏提供指导性意见,能够提高其参与教育矫正的积极性和主动性。

（三）有助于评定最终效果,优化教育矫正决策

最终效果的评定离不开总结性评估,它的功能在整个教育矫正活动的过程中都是不可替代的。从事实上看,总结性评估在各行各业中广泛存在,比较典型的是教育系统的入学考试、毕业考试、教师资格考试等。这些都是总结性评估。在一定意义上,总结性评估具有合理性、普适性与重要性。从功能上看,总结性评估是监督管理的有效手段。这种类型的评估是上级机关对下级机关实施教育矫正效果评价,并进行效果跟踪管理的有效手段。因此,总结性评估也是优化教育矫正决策的有力措施。从效果上看,总结性评估是评价戒毒人员教育矫正效果的有力证据,也是诊断评估的重要内容,还是落实社会帮教、社区康复及后续照管措施的参考依据。由此可知,开展总结性评估具有重要的现实意义。

事实上,教育矫正评估服务确定教育矫正目标、改进教育矫正方法和优化教育矫正决策的过程,也是对戒毒人员精准画像的过程。评估越准确,画像越精准;画像越精准,目标、方法和决策越科学。同时,精准画像也为戒毒人员提供了重要的指导。具体来说,教育矫正评估能够在戒毒人员觉察自身问题、明确改进方向、调整学习方法、落实具体行动等方面发挥引领、指导和督促的作用。

第二节　教育矫正评估的属性、原则与分类

一、教育矫正评估的属性

分析属性,有助于从本质上理解教育矫正评估对于教育矫正方向、性质和效果的作用,是提高教育矫正效果的着眼点和着力点。

（一）导向激励

评估的导向激励属性包括导向和激励两个方面。在导向方面,教育矫正评估在引导戒毒民警围绕戒毒人员认知、行为、心理等靶点问题,实施具有针对性、富有实效性的教育矫正方面发挥着重要的引导和指引作用。通过预设目标和评估

指标的指引，保证教育矫正方向不偏移、操作不失范、方法不走样。激励方法是行为科学的方法之一，是在一定条件和情境下，激发人们的行为动机，使之产生特定行为反应的方法。激励是教育矫正评估的重要属性之一，通过设置评估标准，按照设定程序，采取目标激励、奖惩激励、竞争激励等多种激励方式，引导戒毒民警和戒毒人员都朝着预定目标努力。

（二）法律评价

教育矫正评估是一种业务评估行为。但从法律角度看，它又是一种行政评估行为。按照学理解释，行政评估是指行政机关按照一定的标准，采用一定的方法对行政相对人开展的评估，并公开评估结果的行为。行政评估仅由行政机关作出或由行政机关委托其他主体以行政机关的名义作出。戒毒管理机关因履行教育矫正评估职能而与接受评估的单位建立了受行政法调整的行政关系，因此获得了行政法律属性。此外，依据《禁毒法》《戒毒条例》的有关规定，教育矫正评估作为诊断评估的重要内容，是对戒毒人员作出提前、按期和延长强制隔离戒毒期限处分的根据之一，属于能产生后果的法律评价。可以说，教育矫正评估具有法律评价属性。

（三）行政决策

作为一种行政评估，教育矫正评估对教育矫正活动具有诊断、检验、激励和导向的功能。具体来说，在教育矫正具备的另一属性——行政行为从决策到执行再到评估的过程中，对教育矫正方案是否可行进行诊断，对执行操作是否规范进行引导，对实施效果是否达标进行检验等问题上发挥了重要的评估作用。实际上，这也是从实效的角度对整个行政行为的全程规制，从行政权对行政行为的要求来理解，体现的是教育矫正要符合行政行为合法性要求和合理性要求，也就是对行政决策的辅助。这种行政决策属性最直接的效果就是对不合规范的教育矫正行为进行纠正，以确保教育矫正效果的实现。

二、教育矫正评估的原则

教育矫正评估原则是对教育矫正评估工作的规范和要求，也是确定教育矫正评估基本步骤和操作程序的基本依据。掌握教育矫正评估原则，对于顺利开展教育矫正评估具有重要意义。

(一)科学性原则

科学性原则是教育矫正评估的首要原则,主要体现在教育矫正评估的目标、标准、程序以及评估方法、工具等方面。科学性原则决定了评估结果的可靠性和有效性。目标科学性体现的是对教育矫正工作的引领性要求;标准科学性和程序科学性强调的是评估工作的过程规范和制度约束;评估方法、工具科学性要求根据评估内容选择评估方法、工具,而不是根据评估方法、工具选择评估内容,避免单一化的工具测验。

(二)全面性原则

教育矫正评估的全面性体现在戒毒人员教育矫正评估内容的全面性上。教育矫正评估内容主要包括认知水平、现实行为表现、身心康复和社会环境适应能力等方面,强调知行合一、内外一致。如果评估不全面,会将教育矫正工作引向片面发展的道路。

(三)确定性原则

确定性原则主要强调教育矫正评估的目的和要求要明确。评估目的确定、评估要求明确,才能发挥引导和促进教育矫正工作的作用。这不仅是教育矫正评估的原则,也是教育矫正工作要遵循的原则。因为评估目的、评估要求也是教育矫正工作的依据和标准,教育矫正要按照预先设计的目标和要求开展。如果评估目的和评估要求不确定,也就失去了评估的促进作用。

(四)过程性原则

从本质上说,教育矫正评估是一个工具,对教育矫正工作发挥示范、引领、规范和促进的作用。科学完整的评估,不是工作或项目结束时的总结性评估,而是要体现到全过程的过程性评估。既要对新入所戒毒人员开展诊断性评估,也要进行出所前具有综合鉴定性质的总结性评估,还要开展反映工作过程的形成性评估。概言之,要真正发挥评估这一工具在教育矫正全过程、各阶段的评价和服务功能。

三、教育矫正评估的类型

教育矫正评估应当与诊断评估、期区流转结合起来，体现教育矫正评估结论在诊断评估与期区流转中的应用。从全国统一戒毒工作基本模式“四区五中心”的期段设置和教育矫正工作内在规律特点来看，依据教育矫正评估功能，将评估分为诊断性评估、形成性评估和总结性评估；依据教育矫正评估需求，将评估分为整体评估和专项评估；依据教育矫正评估对象，将评估分为个体评估和群体评估；依据教育矫正评估方式，将评估分为量化评估和质性评估。这四种评估类型能够全面呈现教育矫正工作的整体全貌和个体状态、全程效果和阶段效果、客观数据和程度描述，如表 15－1 所示。

表 15－1　教育矫正评估类型

分类标准	评估类型	评估时间或场景
依据教育矫正评估功能	诊断性评估	教育适应期
	形成性评估	康复巩固期
	总结性评估	回归指导期
依据教育矫正评估需求	整体评估	半年；年度；特定时间段
	专项评估	半年；年度；特定时间段
依据教育矫正评估对象	个体评估	考查个别化教育矫正效果
	群体评估	考查教育矫正总体效果
依据教育矫正评估方式	量化评估	评估行为表现、心理状况、社会环境适应能力等内容
	质性评估	评估认知水平、思想状况等内容

（一）依据教育矫正评估功能的分类

1. 在教育适应期开展诊断性评估。对新收治戒毒人员入所 1 个月内开展教育矫正诊断性评估。诊断性评估是对新入所戒毒人员的认知情况、行为表现、心理状况、社会环境适应能力等方面的诊断性考查，是开展教育矫正工作的必经程序。因此，评估结论一般作为入所诊断评估和拟订教育矫正方案的重要依据。

2. 在康复巩固期开展形成性评估。对经考核评估合格转入康复巩固期的戒毒人员开展教育矫正过程形成性评估。形成性评估是对正在进行的教育矫正活动实施的持续性过程评价。频次根据教育矫正工作需要随时开展,一般每季度不少于3次。评估结论作为调整、修订教育矫正方案和措施的主要依据,以及作为戒毒人员期满1年综合诊断评估后转入回归指导期的主要依据。

3. 在回归指导期开展总结性评估。在完成回归指导期规定的教育内容后,开展教育矫正总结性评估。总结性评估应当对戒毒人员在戒毒期间的教育矫正情况进行全面综合评定,是对他们教育矫正效果优劣、等级鉴定的综合判断。评估结论作为期满综合性诊断评估的重要依据,以及作为后续照管、社会帮教以及责令社区康复的参考依据。

(二)依据教育矫正评估需求的分类

1. 整体评估。整体评估是各级教育矫正行政部门对一段时间内各戒毒场所、省一级或区域戒毒系统戒毒人员教育矫正效果、教育矫正总体目标实现程度的全面综合评定。整体评估是教育矫正行政部门开展的全面考核、综合评比、等级鉴定,是把握戒毒系统教育矫正效果总体情况的评估类型。一般分为半年评估、一年评估以及选定的特定时间段评估。

2. 专项评估。专项评估是各级教育矫正行政部门对戒毒场所、省一级或区域戒毒系统戒毒人员教育矫正专项工作或专门项目实施效果的评定。专项评估主要考查教育矫正专项工作或专门项目的实施效果,目标是推动专项工作或专门项目的优化升级,发挥专项工作或专门项目的特殊作用,推动教育矫正整体效果的提升。专项评估一般以半年、一年评估为主,必要时也可以选定特定的时间段。

(三)依据教育矫正评估对象的分类

1. 个体评估。个体评估是对戒毒人员个体教育矫正效果的评定,主要围绕认知水平、行为表现、心理状况、社会环境适应能力等方面开展。在内容上,个体评估既包括教育矫正单项评估,又包括针对戒毒人员个体的全面评估;在功能上,个体评估既包括诊断性评估,又包括总结性评估。个体评估是考查个别化教育矫正效果、调整改进个别化教育矫正方案的重要手段。

2. 群体评估。群体评估是对戒毒人员群体教育矫正效果的评定,评估内容也是围绕认知水平、行为表现、心理状况、社会环境适应能力等方面。开展群体评估,主要着眼教育矫正总体目标的实现程度。群体评估是调整教育矫正总体部署,提升教育矫正整体效果的重要依据,也是考查各戒毒场所以及戒毒系统总体戒治效果的重要内容。

(四)依据教育矫正评估方式的分类

1. 量化评估。量化评估是一种数量化的评价,通过将评估内容转化为可以量化的数据,对这些数据进行测量,再对数据进行统计分析,从而达到评估目的的一种评估方法。戒毒工作中的行为表现量化考核,运用量表进行心理测试、社会环境适应能力评估等都属于量化评估。教育矫正工作中有不少内容是可以数量化的,这为开展量化评估提供了条件。开展量化评估的优点是主观意志影响较小且客观化程度较高。

2. 质性评估。质性评估主要是在描述的基础上进行评判。相较于量化评估而言,质性评估主观性强。质性评估的优势在于其“不拘一格”,也就是不会局限于所谓的数据、主题、程序之中,具有较高的灵活性,适用于难以量化的评估内容。例如,戒毒人员爱国主义精神是如何体现的?对这个问题的回答,质性评估就具有优势。实际上,在戒毒工作中,质性评估很常见。比如,通过观察法、调查法获取戒毒人员信息后,对其思想状况、认知水平等进行评估后形成的总结、评语就是质性评估的方式。

第三节　教育矫正评估的内容与标准

一、教育矫正评估的内容

(一)认知水平

认知是人脑反映客观事物的特性与联系,并揭露事物对人的意义与作用的心理活动。完整的认知结构包括情感、意识和能力三个部分。它们在认知的结构中相互联系、相互渗透、相互促进。情感是人对事物采取不同态度所产生的不同内心体验,如同情、进取、诚实、内疚、宽容、愤怒、不满等。意识是认知结构的重要组成部分,对戒毒人员影响较大的意识主要包括道德意识、法律意识、自我意识等。能力是顺利完成某种活动的心理特征。影响认知的能力主要有知识能力、意志力、自控力等。戒毒人员认知是教育矫正评估的基本内容之一。没有正确认知,就没有对遵纪守法的正确认识，没有对毒品危害的正确认识，没有对给家庭和社会带来伤害的正确认识，也没有对科学戒除毒瘾的正确认识。正确认知是增强戒毒意愿、强化戒毒动机、接受戒毒治疗的重要前提。戒毒人员认知水平可以通过开展法律常识教育、思想道德教育、心理健康教育、文化素质教育、戒毒常识教育、戒毒康复教育、劳动和职业技能教育等来提高和体现。

（二）行为表现

行为表现是戒毒人员外化的行为。通过量化考核的方法能够简便、客观地评价戒毒人员的行为表现。2014 年，司法部颁布《行为规范》，对戒毒人员在强制隔离戒毒期间的生活、学习、医疗康复、生产劳动等行为提供了基本参照标准，主要内容有生活规范、学习规范、医疗康复规范、生产劳动规范、文明礼貌规范五个方面。行为规范也是对戒毒人员进行诊断评估的重要依据。戒毒人员行为规范是教育矫正的重要内容，也是教育矫正评估的基本内容之一。因外化行为与内在心理的不一致性，一些戒毒人员表里不一，虽然行为表现良好，但其危险性仍然较高，违法和复吸风险的可能性仍然较大。因此，教育矫正评估应当坚持全面性原则，既要对戒毒人员认知水平进行考核，也要对戒毒人员的行为表现及心理状况进行评价。这样才能尽可能全面、客观地揭示戒毒人员实然状态，真实评价教育矫正的效果。

（三）身心康复

身心康复评估是根据戒毒人员的身体检查、体能测试和心理测验结果，结合调查报告、观察记录等多方面资料，对戒毒人员的身心康复情况作出的综合评估。身心康复评估主要侧重身体机能、动机意愿、服从意识和客观能力等方面的评估。戒毒人员身心康复情况构成了影响教育矫正效果的基础因素，也是教育矫正评估的重要内容。需要注意的是，身心康复评估与心理健康教育、心理咨询、心理测量、心理诊断与治疗的内容是有区别的。身心康复评估则是依据专门仪器和评估量表对身体机能、动机意愿、心理状况等进行检查评测，对戒毒人员是否具备教育矫正条件开展的综合评估。这是确立教育矫正目标、制订教育矫正方案、选择教育矫正方法必须要遵循的依据。身心康复评估是对身体机能和心理状况的总体把握，不涉及具体的、专门的心理治疗。实际上，这也说明，教育矫正工作与心理矫治工作是密不可分的，存在交叉实属必然。

（四）社会环境适应能力

健康的家庭和稳定的社会支持环境是戒毒人员回归社会后净化朋友圈、保持戒毒操守、增强拒毒能力、抵御困境压力、提高就业水平的情感纽带与动力来源。这里的环境既包括家庭环境，又包括社会环境。2015 年司法部颁布的《司法行政机关强制隔离戒毒所教育矫治工作考核办法》明确规定，对即将解除强制隔离戒毒的人员开展包括就业形势教育、拒毒技巧教育、重建社会支持系统教育和后续照管宣传教育等内容的回归社会教育。回归社会教育是教育矫正的重要内容，在期段上属于回归指导期的主要任务，也是教育矫正评估的基本内容之一。

二、教育矫正评估的标准

基于测量评价的科学理论，立足《诊断评估办法》中的"身心康复""行为表现""社会环境与适应能力"，《教育矫治纲要》中的"教育矫治目标""教育矫治内容"以及《教育矫正指南》中的"教育矫正目标""教育矫正内容"等评估标准和有关规定，坚持理论联系实际原则、知行统一原则、定量与定性相结合原则、发展性和过程性相结合原则，根据戒毒工作评估实践探索，提出"认知水平""行为表现""身心康复""社会环境适应能力"为内容的教育矫正评估标准，力求评估结果与现实表现相一致、认知与行为相统一，如表 15－2 所示。

表 15－2　教育矫正评估的内容与标准

评估内容	评估标准	标准属性	评估方法	规范性文件依据
认知水平	1. 树立守法观念 2. 树立正确的世界观、人生观和价值观 3. 强化社会公德、职业道德和家庭美德意识 4. 了解国家和社会发展形势 5. 了解心理健康常识 6. 掌握毒品危害常识 7. 掌握戒毒康复常识和方法 8. 了解中华优秀传统文化和现代文化常识 9. 树立正确的劳动态度，掌握一定的职业技能	抽象；部分不可量化，部分可量化	质性评估 量化评估	《教育矫治纲要》

续表

评估内容	评估标准	标准属性	评估方法	规范性文件依据
行为表现	1. 服从管理教育，遵守所规所纪 2. 接受戒毒治疗，参加康复训练 3. 参加教育矫治活动 4. 参加康复劳动 5. 坦白、检举违法犯罪活动	可量化	质性评估 量化评估	《诊断评估办法》
身心康复	1. 身体相关机能有所改善 2. 体能测试有所提高 3. 戒毒动机明确，信心增强，掌握防止复吸的方法 4. 未出现严重的心理问题或精神症状 5. 有改善与家庭、社会关系的愿望和行动	可量化	质性评估 量化评估	《诊断评估办法》
社会环境适应能力	1. 与有关部门签订社会帮教协议或者有明确意向 2. 家属或者所在社区支持配合其戒毒 3. 有主动接受社会监督和援助的意愿 4. 掌握一定的就业谋生技能 5. 有稳定的生活来源或者固定居所	可量化	量化评估	《诊断评估办法》

(一)认知水平的评估标准

对于守法观念、道德水平、思想意识等抽象的、无法直接测量的指标，主要采取观察法、比较法，并参考日常行为表现，得出评估意见。这类指标的评估意见大多以质性评价为主，行为表现的量化考核只是辅助参考。认知水平主要包括以下九个方面：第一，树立守法观念；第二，树立正确的世界观、人生观和价值观；第三，强化社会公德、职业道德和家庭美德意识；第四，了解国家和社会发展形势；第五，了解心理健康常识；第六，掌握毒品危害常识；第七，掌握戒毒康复常识和方法；第八，了解中华优秀传统文化和现代文化常识；第九，树立正确的劳动态度，掌握一定的职业技能。认知水平属于较为抽象的评估指标，没有成熟的工具量表进行评测,需要结合戒毒人员的言行表现、前后对照、同伴反映和必要的书面测试等方法进行综合评定。

(二)行为表现的评估标准

经过长期的管理执法实践,戒毒场所积累了丰富的行为量化考核的经验,也建立了相对成熟的评价体系。依据《诊断评估办法》的规定,行为表现的评估标准主要包括以下五个方面:第一,服从管理教育,遵守所规所纪;第二,接受戒毒治疗,参加康复训练;第三,参加教育矫治活动;第四,参加康复劳动;第五,坦白、检举违法犯罪活动。虽然行为表现的测量指标不多,但基本涵盖了行为表现的全部内容。

(三)身心康复的评估标准

基于心理学基本原理,根据《诊断评估办法》的规定,身心康复的评估标准主要包括以下五个方面:第一,身体相关机能有所改善;第二,体能测试有所提高;第三,戒毒动机明确,信心增强,掌握防止复吸的方法;第四,未出现严重的心理问题或精神症状;第五,有改善与家庭、社会关系的愿望和行动。

(四)社会环境适应能力的评估标准

对戒毒人员来说,社会环境适应能力是巩固操守的重要内容,也是教育矫正评估的重要内容。社会环境适应能力评估标准要突出实用性、导向性和可操作性。《诊断评估办法》规定,社会环境适应能力的评估标准主要包括以下五个方面:第一,与有关部门签订社会帮教协议或者有明确意向;第二,家属或者所在社区支持配合其戒毒;第三,有主动接受社会监督和援助的意愿;第四,掌握一定的就业谋生技能;第五,有稳定的生活来源或者固定居所。

第四节　教育矫正评估的程序与结果运用

一、教育矫正评估的程序

教育矫正评估由四个方面的内容组成:一是规范,即教育矫正评估的标准。

规范是开展科学评估的前提条件。二是信息,即收集整理有关评估客体(如戒毒人员)的各种信息。这些信息既可以是定量的,也可以是定性的。三是分析,即评估主体运用定性、定量分析方法对所收集的戒毒人员相关信息进行综合分析,对教育矫正效果作出判断,得出结论。四是建议,即对未来教育矫正工作提出建议,现有的方案、措施、方法是否需要延续、调整或者终止。

依照教育矫正评估进行的顺序划分,教育矫正评估的过程可以分为准备、实施和结果分析三个阶段。

(一)教育矫正评估的准备

教育矫正评估的准备是评估实施的基础,内容包括背景分析、制订评估方案和建立评估机构,如表 15 - 3 所示。

表 15 - 3　教育矫正评估的准备

内　　容	要　　点
背景分析	形势背景分析
	阶段性重要问题分析
	评估主体需求分析
	戒毒人员心理总体分析
制订评估方案	确定评估对象
	选定评估标准
	规定评估手段
建立评估机构	上级机关评估
	本级机关评估
	委托第三方评估

1. 背景分析。背景分析是在特定的时期,国家与社会发展形势特别是国家禁毒总体形势、地区毒情态势对戒毒工作提出了哪些重大要求,内容包括形势背景分析、戒毒工作发展阶段性重要问题分析、评估主体需求分析、戒毒人员心理总体分析等。

第一,形势背景分析。从历史上看,评价理念和技术的重大变革与发展,总是在社会发生重要变革的时候产生的。离开了国家与社会发展形势的宏观背景,特别是禁毒工作发展的形势背景分析，教育矫正评估就会因没有明确导向而失去应有的评价功能，这样的评估也就失去了存在的意义。党中央历来高度重视禁毒工作，特别是党的十八大以来，习近平总书记先后对禁毒工作特别是司法行政戒毒工作作出重要批示指示，为司法行政戒毒工作科学发展指明了方向。司法部高度重视戒毒工作，确立了教育戒治在当前和今后一个时期在司法行政戒毒工作的中心地位。司法行政系统在劳教戒毒时期、戒毒职能转型过渡初期以及全国统一戒毒工作基本模式定型以来，教育矫正工作无论是在本质属性、内涵外延方面，还是在价值导向、规律特征等方面都有重大区别。作为教育矫正工作的重要内容，教育矫正评估对于规范、引导教育矫正科学发展意义重大，这也是当前阶段教育矫正评估的价值所在。因此，必须要考虑形势背景对教育矫正评估的影响。除了宏观背景分析，形势背景分析还包括社会背景分析的内容，对于戒毒工作特别是戒毒场所来说，社会背景分析包括社会环境分析、戒毒人员家庭与所在社区的基本要求分析等内容。这种分析对于推动戒毒工作与戒毒人员家庭、所在社区以及社会的紧密联系，推动戒毒工作主动、深度地融入社会治理具有重要意义。

第二，阶段性重要问题分析。戒毒工作在每一个发展阶段，都会面临一些需要解决的问题。正是这些问题才使得教育矫正评估得以发挥作用。在开展教育矫正评估前，评估机构及人员需要了解戒毒工作，特别是当前教育矫正工作所面临的重要问题。例如，在统一戒毒模式背景下，教育矫正面临专业化、科学化和社会化等转型发展的具体任务。又如，如何发挥"智慧戒毒"技术对教育矫正评估方式等方面的助推作用。进行阶段性重要问题分析，就是要明确教育矫正及评估工作在当前发展阶段的重要影响因素。这是把握评估方向、发挥评估作用的前提。

第三，评估主体需求分析。开展教育矫正评估是出于评估主体的需求，也就是评估主体期望通过评估了解教育矫正工作的水平及程度，以及评估工作能够解决什么问题，特别是能够帮助受评单位发现问题，并分析问题的原因所在。因此，在评估准备阶段明确评估主体的需求十分重要。

第四，戒毒人员心理总体分析。在评估准备阶段，了解戒毒人员的基本心理状况也十分必要，其对教育矫正评估开展的时机及评估方法的选择具有重要影响。心理总体分析主要是了解戒毒人员是否做好心理准备，他们对教育矫正评估有什么样的心理预期，而不是对戒毒人员心理疾病的筛查诊断等方面的分析。这也是选择和调整教育矫正评估策略的基本依据。

2. 制订评估方案。这里的评估方案是在开展教育矫正评估前拟定的。依据评估主体的需求和评估目的,对有关教育矫正影响因素及有关资料进行梳理,确定收集资料的范围、方法,资料信息的筛选标准以及评估因素内容的方案。一个规范的教育矫正评估方案,需要预先对教育矫正的影响因素及指标、权重,评估的工具及标准作出规定。这是保证实现评估目的,确保评估结论规范、可靠的重要文件,具体包括以下三个方面的内容:

第一,确定评估对象。评估对象,也就是评估的客体。只有明确评估对象,才能确定评估的目标、标准和方法。

第二,选定评估标准。教育矫正评估是对教育矫正效果客观事实的价值判断、事实判断以及价值分析。因此,评估标准是因素集,也就是多个评估指标因素的集合。

第三,规定评估手段。评估手段的问题就是如何评估的问题,包括评估工作的具体步骤和方法,评估组织的建立以及评估人员的遴选与培训。

3. 建立评估机构。依据评估主体的不同,教育矫正评估可以分为上级机关评估、本级机关评估和委托第三方评估。目前,上级机关评估与本级机关评估较为多见。其流程包括建立评估机构(评估部门、评估小组),开展实地调查,审阅有关资料,组织有关访谈,对教育矫正工作作出评估结论。评估结论质量的优劣取决于评估机构及其成员的专业水平,评估人员的素质以及对评估的态度。因此,在评估准备阶段,需要对参与评估的人员进行选拔培训,要求其熟悉评估对象和内容,了解评估方法和基本要求。

(二)教育矫正评估的实施

教育矫正评估的实施是评估过程中的关键环节,内容包括沟通交流、信息收集、评分评议、汇总整理等。从评估主体来看,评估实施可以分为自评估和专门评估;从评估流程来看,评估实施可以分为收集整理信息、综合分析信息和作出评估结论三部分,如表15-4所示。

表15-4 教育矫正评估的实施

分类标准	类　型
按照评估主体	自评估
	专门评估

续表

分类标准	类　　型
按照评估流程	收集整理信息
	综合分析信息
	作出评估结论

1. 按照评估主体分：(1) 自评估。自评估是受评单位的自我评估。开展自评估的过程是受评单位自我整改的过程，其主要着眼点是改进、促进及完善现有的教育矫正工作。同时，自评估能够为专门评估提供更充分、更翔实的资料信息。(2) 专门评估。专门评估通常是按照规定的程序成立评估组织，开展专门性考核评价的活动。专门评估主要表现为上级部门或本级部门组织专门的人员进行。开展专门评估，有利于帮助受评单位发现被忽视、被掩盖的问题。

2. 按照评估流程分：(1) 收集整理信息。评估人员利用各种方法、渠道、手段，全面收集有关教育矫正方案制订、实施、影响、效果等方面的信息。收集整理信息要坚持全面性、系统性和准确性。(2) 综合分析信息。在收集整理信息基础上，评估人员对信息资料进行系统的整理、归类、统计和分析。(3) 作出评估结论。评估人员选择科学的评估方法和量表工具，坚持材料的完整性和分析的科学性，客观公正地反映教育矫正效果，得出评估结论。

(三) 教育矫正评估的结果分析

教育矫正评估的结果分析是教育矫正评估的准备、实施环节的继续。这个环节主要包括出具评估报告、作出问题诊断、反馈评估信息、总结评估工作四项任务，如表 15－5 所示。

表 15－5　教育矫正评估的结果分析

内　　容	任　　务
评估结果分析	出具评估报告
	作出问题诊断
	反馈评估信息
	总结评估工作

1. 出具评估报告。评估报告就是对受评单位教育矫正效果作出的综合性鉴定意见。一般来说,评估报告还需要对受评单位是否完成工作目标以及完成的优良程度作出评价。

2. 作出问题诊断。问题诊断是在评估报告的基础上,对受评单位教育矫正工作的优势、缺点以及存在问题进行深入分析,并有针对性地提出改进建议的工作。

3. 反馈评估信息。根据评估主体的需求,评估机构要向上级部门报告,向本级部门通报评估工作的开展情况及结论性意见。评估报告应以书面报告的形式,提交有关领导和部门,为上级部门完善决策和本级部门改进工作提供参考。

4. 总结评估工作。对于一些大型、重要的教育矫正评估工作,评估机构还要对评估工作本身进行评价,主要内容是总结评估活动本身的质量和效果,总结分析评估方案存在的问题,为上级部门决策提供参考,为完善评估方案提供建议。

二、教育矫正评估结果的运用

发现问题,改进工作,这是评估的基本目的。教育矫正评估就是着眼戒毒人员教育矫正工作实际,总结优势经验,找出存在的问题,探查原因症结,为提高教育矫正措施的针对性、实效性提供依据。同时,教育矫正的评估结果也会对戒毒执法管理以及巩固戒毒操守提供参考。教育矫正评估结果的运用主要体现在以下三个方面。

(一)诊断评估

教育矫正作为特殊的教育工作,是一项严格的执法工作。它既有教育、感化、挽救的功能,又有思想及行为矫正的内涵。我国《禁毒法》《戒毒条例》明确规定,诊断评估结论是按期解除强制隔离戒毒、提前或延长强制隔离戒毒期限的法定依据。因此,除评价功能之外,诊断评估还具有法律属性。而诊断评估中"身心康复"的部分内容、"行为表现"和"社会环境与适应能力"的指标同时也是教育矫正的内容。因此,教育矫正不仅具有执法属性,也是诊断评估的重要内容。

(二)处遇兑现

除执法上的法律激励功能之外,实际上,教育矫正评估还发挥直接的正向激励作用,这就是差别化处遇的制度设计。在统一戒毒模式的不同期区,有着不同的处遇内容。戒毒人员的不同行为表现,会导致其在家属探访、外出探视、劳动报酬等多个方面得到不同的处遇,这也是差别化激励原理在行政管理中的应用。将教育矫正评估与戒毒人员处遇进行对接,对激发戒毒人员参与教育矫正具有积极的推动作用。

(三)照管帮教

司法行政机关依法对社区戒毒、社区康复提供指导和协助。当前,一些地区主要围绕跟踪回访、教育帮扶、就业指导、心理辅导、特困救助、典型培育等内容开展延伸照管工作。戒毒人员接受教育矫正的效果及存在的问题是制定并落实针对性照管措施的重要依据。同样,社会力量参与的帮教工作也离不开教育矫正评估。无论是在所内还是在所外,戒毒人员存在哪些困难,哪些问题亟待解决,都需要进行调查和评估。因此,评估结果对于延伸照管和社会帮教都发挥着重要的引导和提示作用。

■ 复习思考题

1. 简述教育矫正评估的概念。
2. 简述教育矫正评估的分类。
3. 简述教育矫正评估的标准及其依据。
4. 简述教育矫正评估的程序。
5. 论述教育矫正评估结果的运用。

■ 本章主要参考文献

1. 司法部戒毒管理局组编:《司法行政强制隔离戒毒教育矫正实务》,法律出版社 2021 年版。
2. 夏宗素主编:《矫正教育学》,法律出版社 2014 年版。
3. 王雪峰主编:《矫正教育学》,法律出版社 2022 年版。
4. 高莹主编:《矫正教育学》,教育科学出版社 2007 年版。

第十六章　教育矫正工作文书

本章摘要

教育矫正工作文书是戒毒场所为了保障教育矫正工作的有序运行而形成的具有特定效用的信息记录。通过本章的学习,了解教育矫正工作文书的概念、特点、功能和分类,理解教育矫正工作文书的项目内容和格式要求,学会制作常见的教育矫正工作文书,灵活掌握教育矫正工作文书的信息化应用。

重点问题

本章的重点是教育矫正工作文书的功能与分类、基础台账的编制、教育矫正工作文书的信息化应用。

第一节　教育矫正工作文书概述

戒毒场所教育矫正工作的计划安排、组织实施、过程记载、效果评估、总结研判等活动信息,都需要一定的物质形态来承载和呈现。教育矫正工作文书就是其中一些带有基础性、规范性的文件承载形式,其目的在于保障教育矫正工作的有序运行。

一、教育矫正工作文书的概念和特点

教育矫正工作文书,是指在教育矫正工作中,为了实现教育矫正目的、保证教育矫正活动正常开展、总结评价教育矫正工作成效而形成的一系列基础性、规范

性、制式性文件的总和。[①] 通常而言，教育矫正工作文书具有以下三个特点。

（一）基础性

教育矫正工作和教育矫正活动在组织实施的过程中，会形成一系列纸质文件、图片资料、音视频资料等，这些都是教育矫正工作的档案资料。教育矫正工作文书是这些档案资料中居于基础地位、保证教育矫正工作运行的基本文件资料。

（二）规范性

教育矫正工作文书对其规定的项目名称、功能作用、结构内容、构成要素、表述方式等都有具体明确的要求，不能随意增减和变更。

（三）制式性

教育矫正工作文书的物态表现形式应有统一规范的标准。一般纸质文件应对文件格式、纸张大小、字体字号、排版要求、装订方式作出规定。通过信息化技术存储的文书信息，打印或输出时应与纸质文件一致。

二、教育矫正工作文书的功能

教育矫正工作文书作为规范和指导教育矫正工作开展的专门业务文件，具有以下五个方面的功能。

（一）指示功能

戒毒场所对职能科室下达计划任务，职能科室对专业中心、各戒治区（大队）或相关专业的民警下达计划任务，一般是通过计划类文书下达，对具体的执行部门、单位和执行民警具有指令任务的性质。对于部门或单位组织开展的专题教育活动，一般是通过方案类文书下达，对各具体执行部门、单位和民警具有知照性、指导性。

① 司法部戒毒管理局组编：《司法行政强制隔离戒毒教育矫正实务》，法律出版社 2021 年版，第 270 页。

(二)记载功能

对戒毒场所组织开展的教育矫正活动应及时记录汇总。教育矫正活动记载应包括集体教育活动记载、个别教育活动记载。集体教育活动记载主要包括集体教育活动的时间、地点、项目内容、人员人数、教育效果等要素信息的记载。个别教育活动记载主要包括个别谈话教育、重点人员教育转化等要素信息的记载。对教育矫正工作相关的专业人员、课程资源、设施设备应通过基础台账的形式进行统计。在特定情况下,根据教育矫正工作进行资源调配和需求研判时,都需要通过此类文书的记载功能实现。

(三)交流功能

上级机关对教育矫正工作的指导意见、工作要求,下级部门和单位向上级机关或部门汇报工作、反映问题等,这些上情下达或下情上报类的工作信息,一般是通过简易的公文流转程序实现。教育矫正工作文书在多数情况下以机关公文的形式呈现。对于一些上级交办的统计类信息和常规的报表类文书,则应按相关的专业规范来操作。

(四)研判功能

教育矫正工作中形成的专题调研报告都具有一定的研判功能。如对戒毒场所教育矫正整体工作或某项重点工作开展情况进行评估,在考察调研的基础上形成的综合报告;对某个特定时期教育矫正工作出现的新情况、新问题进行分析所形成的调研报告、专题报告等,都具有较强的研判功能。

(五)总结功能

教育矫正职能科室、专业中心和各戒治区(大队)对教育矫正工作进行阶段性的总结所形成的报告,一般分为月度小结、季度小结、半年总结、年度总结等,有利于职能科室、专业中心对标对表,跟进督导,保证各项教育矫正工作任务顺利完成。一般来讲,年度总结报告,除了全面总结年度教育矫正工作取得的成绩经验之外,还应对工作中存在的问题和不足进行剖析,提出来年工作思路和打算。

三、教育矫正工作文书的分类

教育矫正工作文书，根据文书制作的主体、教育活动的类型、教育矫正工作运行流程等不同维度，可作不同的分类。按制作主体来分，可分为职能科室业务文书、教育矫正中心业务文书和戒治区业务文书。按教育活动类型来分，可分为集体教育类业务文书、个别教育类业务文书和辅助教育类业务文书。本书基于教育矫正工作的整体运行和主要业务，将教育矫正工作文书划分为计划方案、总结报告、基础台账三个大类。

（一）计划方案类文书

计划方案类文书根据其目的任务不同，可分为计划类文书和方案类文书两种。一般来讲，根据职能科室和戒治区（大队）职责任务开展的常态化教育矫正工作可制作计划类文书。计划类文书以职能科室和教育矫正中心为主，戒治区（大队）安排为辅。民警个人一般不需要制作计划类文书。计划类文书可根据本部门、本单位教育矫正整体工作或某一单项工作任务来制作。根据任务等级、重要程度、时限要求、工作量等因素可分为年度计划、半年计划、季度计划、月计划、周计划等。对于阶段性、临时性主题教育或年度重大活动，需要根据活动的规模、组织形式、时间地点、参加人数、动员力量、物质技术保障、经费预算等情况制订具体的实施方案。方案类文书一般由职能科室或教育矫正中心制作。方案类文书具有变量因素多、综合性强等特点，在具体编制过程中应根据活动任务的具体情况，灵活把握，不能拘泥于固定格式。

（二）总结报告类文书

总结报告类文书根据其目的属性不同，可分为工作总结类文书和调研报告类文书两种。工作总结主要是对戒毒场所、职能科室、教育矫正中心和戒治区（大队）某一阶段（年度、半年度、季度）的教育矫正工作进行回顾，总结工作中取得的成绩经验、检视存在的问题和不足、分析原因、研究对策等。调研报告一般是针对教育矫正工作中重点课题、重点任务或教育矫正工作中出现的新情况、新问题组织开展专题调研所形成的书面报告。调研报告具有更强的指向性、时效性。总结报告类文书，具有较高的综合性，对编制者的业务基本功、综合研判能力、文字表达能力都有较高的要求。

（三）基础台账类文书

基础台账类文书根据承载信息不同，一般可分为教育活动记载、教育资源统计两类。教育活动记载主要包括集体教育活动记载、个别教育活动记载。教育资源统计主要包括教育课程资源（通用性教育资源、戒毒矫治专业资源）、教育成果资源（优势戒治项目、教育矫正案例、戒治研究成果、获奖受奖情况等）、专业人才资源、设施设备资源等。司法部戒毒管理局在2022年12月发布的《强制隔离戒毒所教育矫治工作情况统计表》是迄今为止较为权威、系统的基础台账类文书之一。

第二节　教育矫正工作常用文书

教育矫正工作面广量大，涵盖的专业业务很多，与之相匹配的文书也比较多。本节内容就教育矫正工作常用文书的编制作初步的探讨。

一、基础台账

基础台账分为教育活动记载和教育资源统计两大类别。

（一）教育活动记载

教育活动记载主要包括集体教育活动记载和个别教育活动记载。集体教育活动记载包括课堂教学、主题教育活动等，由教育矫正中心安排专人每天进行记载并汇总统计。课堂教学活动的记载，数据来源是由授课民警填写的教学日志，汇总统计当日开展的课堂教学的次数、教学内容、教学形式、教学场所、起止时间、授课民警、参加人数（可追溯到人员）、所在期区、教学效果等。主题教育活动的记载，主要内容是根据主题教育活动方案规定的活动主题、时间、地点、承办单位或部门、主持人、参加人数（可追溯到人员）、所在期区、活动效果等（见表16－1、表16－2）。个别教育活动记载在本节第三部分“个别教育的应用文书”中另文表述。

表16－1　文体活动登记表(参考表)

单位：　　　　　　　　　　　　　　登记时间：

活动时间		活动地点	
教育资料表号			
参与单位			
参与大队			
活动名称			
活动内容			
活动效果			

表16－2　社会帮教活动记录表(参考表)

单位：　　　　　　　　　　　　　　登记时间：

帮教时间		帮教地点	
社会帮教单位代码		志愿者代码	
是否所内帮教		主持人	
活动开始时间		活动结束时间	
帮教单位			
参与戒治区(大队)			
活动内容			
帮教协议			
备注			

(二)教育资源统计

戒毒场所的教育资源包括人的资源、物的资源、教育成果资源等。人的资源，既包括教育矫正对象(戒毒人员)，也包括组织实施教育矫正工作的民警及相关专业人员。教育矫正对象(戒毒人员)的基本信息主要包括姓名、性别、出生年月、民族、文化程度、婚姻状况、健康状况、吸毒年限、吸毒原因、吸毒种类、毒品来源、强戒次数等(见表16－3)。民警及专业人员主要是指戒毒场所专、兼职教师人员信息,包括姓名、性别、籍贯、出生年月、文化程度、毕业院校、专业特长、专业职称、所在部门、现任职务等(见表16-4)。外聘专家的人员信息还包括所在单位、职务、职称、聘任期限等(见表16-5)。物的资源主要是戒毒场所用于教育矫正工作的设施设备,如活动礼堂、普通教室、多功能教室、录播室、演播室、图书阅览室等,以及与教育教学活动有关的投影设备、板书设备、音响设备、摄影摄像录音器材等(见表16-6)。教育成果资源,主要是戒毒场所可供使用的教育课程资源、优势戒治项目以及戒毒成功的典型案例等。

表16-3　戒毒人员基本信息表(参考表)

(引自司法部戒毒管理局《教育矫正指南》)

填表时间：　　年　　月　　日　　　　编号：

姓名		性别		出生年月	
民族		宗教信仰		居住地	
户籍地		文化程度		婚姻状况	
健康状况		吸毒年限		吸毒原因	
吸毒种类		毒品来源		强戒次数	
起止日期	年　　月　　日至　　年　　月　　日				
入所时间	年　　月　　日				
决定机关					
送戒单位					
个性特征					
个人履历					
家庭成员及联系方式					
违法犯罪史					
备注					

表16－4　教师花名册(参考表)

序号	姓名	性别	籍贯	出生年月	文化程度	毕业院校	专业特长	专业职称	专/兼职	所在部门	现任职务

表16－5　教育矫正专家库建设情况登记表(参考表)

序号	姓名	性别	籍贯	出生年月	文化程度	毕业院校	专业学历	所在单位	职务	职称	聘任期限

表16－6　教学设施设备管理使用情况登记表(参考表)

设施设备名称	品牌型号	数量	购置时间	价格	使用部门	设备状态	责任人	备注

二、课堂教学活动的应用文书

课堂教学活动的应用文书主要包括课程计划、教学设计方案、教学日志等。

(一)课程计划

课程计划包括课程背景、课程目标、参加对象、课程主要内容、教学方法、课时安排、教学考核等诸多内容。为了更为清晰地呈现上述内容,建议对相关因素进行有机整合，便于阅读把握。可以使用制式表格，也可以对部分内容使用表格（见表 16－7）。

表 16－7　课程计划表（参考表）

课程计划	
课程背景	
课程目标	
参加对象	
课程主要内容	
教学方法	
课时安排	
教学考核	
其他方面	

（二）教学设计方案

编制教学设计方案要把握以下四点：一是教学目标的设计要“准”，既要考虑《教育矫治纲要》《教育矫正指南》的要求，也要结合戒毒人员的现实状况及学习需求；既要考虑知识方面的理解接受，也要考虑能力提升和情感、态度与价值观的转变。二是教学内容的设计要“严”，教师需要对教学资源进行再加工，使教学内容详略得当、主次分明、逻辑严谨，既有利于教师开展教学，又有利于戒毒人员学习掌握。三是教学方法的设计要“活”，既要充分激发戒毒人员学习的积极性，调动其已有知识和生活经验，又要循循善诱，引导戒毒人员在探究合作、感悟体验中将感性认识上升到理性认识，矫正片面偏激的价值观念，不断提升能力素质。四是教学过程的设计要“顺”，教学内容的学习、案例素材的选取甚至语言的表达都要符合戒毒人员的认知规律和心理变化特点，不断推敲学习导入、内容衔接、新知讲授、收尾小结等环节的起承转合，使教学具有“诗一样的语言、铁一样的逻辑”，达到技术与艺术的融合。

案例16-1

一、案例介绍

小李警官根据《动机激发教育课程计划》，设计了某个主题的教学方案，主要内容如下：

“我想戒毒吗”教学设计方案

（一）教学目标

戒毒人员能够学习运用ORID焦点讨论法（以下简称ORID讨论法）对吸食毒品行为进行反思审视，不断扩大对改变收益的认识，缩小改变损失的认识，增强、坚定改变意愿。

（二）学情分析

调查发现，肯定不想戒或者一定要戒的戒毒人员所占比例较小，一般不超过20%。大部分戒毒人员既认可毒品的消极影响，也残留对毒品能提神、解乏、解决烦恼、缓解压力、减肥等偏差认识。

（三）教学内容

ORID讨论法，吸食毒品的利与弊。

（四）教学方法

主要运用提问法、讨论法、讲解法。

（五）教学时间

2~3课时。

（六）教学过程

第一部分　前测与导入

1. 测试题：自评戒毒意愿，1分表示一点也不想，10分表示一定要戒，并简述理由。

2. 导入：“想”不一定能戒；“不想”肯定戒不了。意愿不强烈则改变也不容易持续。这节课我们共同探索吸食毒品给个人的影响，想清楚到底要不要戒。

第二部分　主要环节及设计

1. 还原事实　客观全面

思考题：

（1）简述吸食毒品前的生活状况如何，如个人的身体状况、精神状态、工作职业、家庭生活、业务爱好等。

(2)简述吸食毒品的形成过程,如第一次吸食毒品是什么时候,当时的具体情况是什么,后来有没有持续,具体是什么情况等。

(3)简述吸食毒品以后的生活状况,如个人的身体状况、精神状态、工作职业、家庭生活、业务爱好等。

小结:略

2. 直面事实　感受反应

思考题:结合前面的回顾,围绕下列问题进行思考分享。

(1)你对吸食毒品前的生活是否满意?你对之后的生活是否满意?如果用1~10打分,分别是多少?

(2)你感到最幸福的时光是什么时候?请说明理由。

(3)你感到最遗憾或懊悔的事情是什么?请说明理由。

小结:略

3. 解读事实　思考诠释

思考题:

(1)他人关切方面

试着列举与自己关系密切、对自己影响比较大的人,他们对于吸食毒品行为是什么态度?他们的意见对你有没有影响?如果有,是什么样的影响?

(2)自我反思方面

如果没有吸食毒品,我的生活可能会是什么样?最好是什么情形,最坏是什么情形?

如果继续吸食毒品,我的生活可能会是什么样?最好是什么情形,最坏是什么情形?

如果打算戒毒,我将要付出什么?我能收获什么?这些付出和收获哪些是长期的,哪些是短期的?

小结:略

4. 重构认知　计划决定

思考题:

(1)对于吸食毒品行为,促使我想改变的事实或者理由有哪些?

(2)对于吸食毒品行为,促使我还不想改变的事实或者理由有哪些?

(3)对于吸食毒品行为,我现在决定改变或者不改变?请列出改变或者不改变的核心理由,尝试用一幅简图描绘出来。

小结：略

第三部分　后测与小结

1. 后测题：对吸食毒品行为，自评改变意愿的得分，1 分表示一点也不想戒，10 分表示一定要戒，简述打分理由。

2. 小结及作业：略。

二、案例思考

如果 1 分是最低分，满分是 10 分，请尝试对小李警官的教学设计方案进行打分，并简述理由。

三、案例评析

小李警官关于“我想戒毒吗”的教学设计，直面戒毒人员戒毒动机方面存在的主要问题，设定了明确的教学目标，通过逻辑严谨、层次清晰、多维度、多角度的提问与讨论，引导戒毒人员回顾毒品对自己造成的消极影响，进而不断扩大戒毒的好处，不断缩小吸毒的好处，是教学问题、教学目标及教学策略匹配度较高的设计。需要指出的是，以提问、讨论为主要教法的课堂活动，对教师在教育理念、知识底蕴、引导技能等方面提出了很高要求，需要教师在教学实践中不断提升组织引导能力。

（三）教学日志

教学日志主要是对某次或某节课的教育教学过程进行简要记录，主要包括教学时间、教学地点、授课民警、参加人数、教学内容等。教学日志是工作留痕的一种要求，也是检查教学落实情况的方式。一般各省市都有制式化的表格（见表 16－8）。

表 16－8　教学日志（参考表）

教学日期		教学地点		起止时间	
授课民警		参加人数		所在戒区	
课程类别		授课形式		授课时数	
课程名称					
要点记载					
教学反思					

三、个别教育的应用文书

个别教育的应用文书除了台账类的统计表格外，主要有个别谈话记录、重点人员教育转化专档等，有的地方还设置了戒毒人员个别辅导、戒治状况评估等特色文书。

（一）个别谈话记录

个别谈话记录主要记载戒毒民警在实施个别教育的过程中，通过个别谈话的方式了解戒毒人员情况、获取戒治信息、掌握思想动态、进行教育疏导、帮助解决问题，促进戒毒人员认知行为改善的教育活动。司法部戒毒管理局《教育矫正指南》对个别谈话记录做了规范（见表16－9）。个别谈话记录一般应包括负责个别谈话的民警、谈话对象、谈话事项、谈话目的、谈话时间、谈话地点、起止时间、要点记载、谈话效果等。为了进一步突出个别谈话的针对性，有的省份还对个别谈话事项作了进一步分类，如新入所、违纪处理、受奖表彰、家庭变故、患病就医、岗位调整、易队管理、提审送回、诊断评估（提前或延期）、预约谈话、探视回所等，并在信息化应用系统中还内嵌了关联信息查询等辅助功能（具体样例见表16－10、表16－11）。

表16－9　戒毒人员个别谈话记录表（参考表）

（引自司法部戒毒管理局《教育矫正指南》）

_____所____大队　　　　　　　　　　　　时间：_______年___月___日

被谈话人		性别		出生年月	
谈话人		谈话地点			
戒毒人员 基本情况 主要问题					
谈话目的					
谈话要点					
谈话效果 及建议					

表 16－10　戒毒人员个别谈话信息查询表(参考表)

序号	谈话日期	谈话对象	所编号	所在戒区	谈话地点	谈话事项	起止时间	效果评估	谈话民警	谈话详情

表 16－11　戒毒人员个别谈话详情表(参考表)

姓　　名		所编号		所在戒治区	______区______大队

谈话民警　电子签章

<table>
<tr><td>姓　名</td><td></td><td>曾用名
别名绰号</td><td></td><td>性　别</td><td></td><td rowspan="6">照片</td></tr>
<tr><td>出生年月</td><td></td><td>民　族</td><td></td><td>籍　贯</td><td></td></tr>
<tr><td>文化程度</td><td></td><td>婚姻状态</td><td></td><td>宗教信仰</td><td></td></tr>
<tr><td>原职业状态</td><td></td><td>原职业背景</td><td></td><td>特种经历
特殊技能</td><td></td></tr>
<tr><td>决定机关</td><td colspan="2"></td><td>戒期起讫</td><td colspan="2"></td></tr>
<tr><td>吸毒种类</td><td></td><td>戒毒经历</td><td></td><td>其　他</td><td></td></tr>
<tr><td>户籍地址</td><td colspan="4"></td><td>身份证号</td><td></td></tr>
</table>

续表

居住地址					
谈话日期		谈话地点		谈话事项	违纪处理
起止时间		效果评估		音视频	回放
要点记载	1. 2. 3.				
备注					

（二）重点人员教育转化专档

重点人员教育转化是戒毒场所教育矫正工作的一项基础工作。相关的应用文书主要有《重点人员认定审批表》《重点人员撤销审批表》《重点人员转化情况评估表》。其中,《重点人员认定审批表》一般应载明戒毒人员基本情况(姓名、性别、年龄、文化程度、家庭住址、所编号、所在大队等)、主要信息(吸毒种类、戒毒期限、前科情况、个人简历、家庭成员及主要社会关系)、认定类型、认定依据、攻坚转化主要措施、攻坚小组成员、职能科室意见、分管领导意见等(见表16－12)。《重点人员撤销审批表》应载明攻坚转化主要流程、撤销理由和依据、职能科室意见、分管所领导意见等(见表16－13)。《重点人员转化情况评估表》是检验重点人员攻坚转化成效的主要记录文本,一般应包括认错悔过情况、服从管教情况、遵规守纪情况、任务完成情况、基本资料情况、测评情况、面试情况、心理测试情况等项目,对项目内容进一步细化分解,列出具体分值,根据实际情况打分评估(见表16－14)。

表 16－12　重点人员认定审批表(参考表)

单位:______戒毒所____大队　　　　　　　　时间:________年____月____日

<table>
<tr><td>姓名</td><td colspan="2"></td><td>性别</td><td></td><td>年龄</td><td></td><td>文化程度</td><td></td></tr>
<tr><td>吸毒种类</td><td></td><td>戒毒期限</td><td></td><td>前科情况</td><td></td><td>家庭住址</td><td colspan="2"></td></tr>
<tr><td>个人简历</td><td colspan="8"></td></tr>
<tr><td>家庭成员
及主要
社会关系</td><td colspan="8"></td></tr>
<tr><td>认定
重点人员
依据</td><td colspan="8"></td></tr>
<tr><td>拟定的
攻坚转化
措施</td><td colspan="8"></td></tr>
<tr><td>拟安排
攻坚组
成员</td><td colspan="8">主攻民警:
小组成员:</td></tr>
<tr><td>戒毒所
分管领导
意见</td><td colspan="3"></td><td>戒毒所
教育科
意见</td><td colspan="4">盖章</td></tr>
</table>

表 16 – 13　重点人员撤销审批表（参考表）

单位：______戒毒所____大队　　　　时间：________年____月____日

姓名		吸毒种类		年龄		期限	
攻坚转化主要流程							
撤销重点人员理由							
戒毒所分管领导意见			戒毒所教育科意见	盖章			

表 16 – 14　重点人员转化情况评估表（参考表）

单位：______戒毒所____大队　　　　时间：________年____月____日

姓名		年龄		文化程度		吸毒种类	
家庭住址							
入所日期		戒毒起止时间				延减期	
转化评估项目及分值							

项　目	标　准	得分	
		戒毒所	省局
一、认错悔过情况（10 分）	1. 个人自诉（4 分）		
	2. 保证书（3 分）		
	3. 悔过书（3 分）		
二、服从管教情况（15 分）	1. 十份以上的思想汇报（6 分）		
	2. 日常考核记录（2 分）		
	3. 分管民警评价（7 分）		

续表

项　目	标　准	得分	
		戒毒所	省局
三、遵规守纪情况(10 分)	连续 3 个月无违规违纪(10 分)		
四、任务完成情况(10 分)	1. 完成学习任务、作业情况(4 分)		
	2. 完成劳动定额情况(3 分)		
	3. 参与、完成各类戒治活动情况(3 分)		
五、基本资料情况(10 分)	1. 个案矫治材料内容真实、要素齐全、填写规范(3 分)		
	2. 民警谈话录音或录像清晰完整(1 分)		
	3. 攻坚转化个案客观、翔实、完整,具有针对性(6 分)		
六、测评情况(10 分)	1. 民警测评情况:有无反矫治言论;有无坦白、检举、揭发或制止他人违规违纪情况;有无帮助他人转化思想;在所区矫治生活、活动中的表现;有无反社会言行;有无现实危险或危害(5 分)		
	2. 学员测评情况:是否遵规守纪;是否自觉参加各项学习劳动;是否具有集体观念;个人卫生习惯如何;有无表里不一的表现;参加所区各类矫治活动的态度(5 分)		
七、面试情况(20 分)	着重了解挂牌攻坚对象的思想状况和行为表现;转化过程中的感受与体会;入所以来的矫治收获;当前的矫治心态;当下思想状况;心理及人格总体状况;规则意识及守纪状况;基本的道德观、社会观;复吸的可能性预测等(20 分)		
八、心理测试情况(15 分)	1. 思维方式、逻辑能力测试情况(5 分)		
	2. 取得一定数量样本后生成的专用量表测试情况(10 分)		
得分合计			

四、主题教育活动的应用文书

主题教育活动涵盖范围广、应用场景多、适应性强。专题教育活动、亲情帮教活动、社会帮教活动、主题文体活动、重大节庆活动等，都可以通过主题教育活动的形式来实现。主题教育活动的应用文书主要是活动方案的编制。一般应包括以下几个方面：活动的主题、活动的目的与意义、活动的时间与地点、主办单位、承办单位、活动内容、参加人员、邀请人员、主要议程或活动步骤、筹办工作的任务分解、保障措施、经费预算等。

案例 16－2

我们陪你走过

——第 109 个国际妇女节主题帮教活动筹备方案

2019 年 3 月 8 日是第 109 个国际妇女节。根据年度教育戒治工作安排，“三八节”前夕，拟举办“我们陪你走过”三八节主题帮教活动。现制订如下方案：

一、活动时间、地点

活动时间：2019 年 3 月 6 日

活动地点：省女子强制隔离戒毒所

二、活动主题

以“我们陪你走过”为主题，分两个板块进行：

第一板块（上午）：戒毒人员亲属学校：亲情共餐、邀请上海阳光（雨露）戒毒防复吸指导中心老师开设讲座。

第二板块（下午）：省妇联、省戒毒管理局领导慰问帮教活动。

三、出席活动的人员

（一）省妇联领导 6 人：

（人员名单、职务，略）

（二）省“平安家庭”创建活动领导小组成员单位联络员 6 人：

（人员名单、职务，略）

（三）省戒毒管理局领导：

（人员名单、职务，略）

（四）新闻媒体代表：

（媒体名称，记者姓名）

（五）戒毒人员亲属83人：

（名单略）

（六）回归典型7人：

（名单略）

四、活动安排

（一）所区开放日

1. 上午来所人员：戒毒人员亲属83人。

2. 戒毒人员与亲属食堂亲情共餐（52家）。

3. 戒毒人员亲属参加上海阳光（雨露）家庭帮教讲座（润蕾学堂启心讲堂）。

（二）省妇联、省戒毒管理局领导慰问帮教

1. 下午来所人员：省妇联、省戒毒管理局领导、新闻媒体代表共约20人。

2. 14:30—15:00，省妇联、省戒毒管理局领导参观三大队（或六大队）大院（待定）—润蕾学堂二楼—润蕾学堂四楼，由××负责解说工作。

3. 15:00—15:30，300余名戒毒人员在操场展示康复操。

4. 15:30—16:30，在润蕾礼堂主会场举办慰问、文艺表演活动（主持人：×××、×××、×××）。

（1）开场舞蹈《盛世欢歌》，表演者：润蕾文艺宣传队。

（2）省戒毒管理局领导致欢迎辞。

（3）快板舞蹈《春风春雨唤春归》，表演者：润蕾文艺宣传队。

（4）签约仪式：省戒毒管理局与上海阳光（雨露）戒毒防复吸指导中心签订合作协议。

（5）三队×××、四队××、×××对戒毒人员贫困家庭（3个）慰问帮教。

（6）健身操《我相信》，表演者：润蕾文艺宣传队。

（7）播放回归典型×××视频短片、采访×××及其母亲。

（8）独唱《蓝莲花》，表演者：×××（润蕾文艺宣传队2013年解戒人员）。

（9）所领导为戒毒帮教志愿者（戒毒回归典型7人）颁发聘书。

（10）后续照管工作民警、后续照管对象分别发言，介绍后续照管“阳光家园App”。

（11）情景剧《点点微光　指引迷途》，表演者：×××、×××等。

(12)省妇联领导、省戒毒管理局领导向女所赠送慰问金。

(13)歌伴舞《最好的未来》,表演者:民警×××、未成年戒毒人员、润蕾文艺宣传队。

(14)省戒毒管理局领导讲话。

(15)省妇联、省厅局领导、社会各界帮教志愿者上台与民警、戒毒人员代表合影。

五、筹备工作分工

(一)省妇联主要工作

1. 负责赠送慰问金等有关工作。

2. 负责中国妇女报等新闻媒体的联络、邀请。

(二)省戒毒管理局主要工作

1. 负责局领导致辞、主持词、新闻媒体的邀请及撰写会议新闻通稿(办公室)。

2. 负责慰问金准备(政治部)。

3. 负责活动期间的摄影、摄像工作(信息中心)。

4. 负责指导会场席位、车辆保障等工作安排(办公室)。

5. 负责现场安保指导(管理办)。

(三)省女子强制隔离戒毒所主要工作

1. 负责会场、参观现场及文艺节目准备工作。

2. 负责慰问金标牌及相关票据制作。

3. 负责参加活动人员的接待、安检工作。

4. 负责回归典型和戒毒人员贫困家庭资料的收集、整理工作。

5. 负责回归典型代表发言和戒毒人员亲属代表发言准备。

6. 负责来宾接待、就餐(待定)等工作安排。

六、筹备工作领导小组的相关事宜

强制隔离戒毒所成立筹备工作领导小组,负责活动的组织协调工作,确保整个活动的顺利开展。

(一)组长(名单略)

(二)成员(名单略)

(三)工作组

筹备工作领导小组下设现场组、警务组、后勤保障组、信息保障和宣传报道组等工作组,具体负责各项活动准备工作的落实。

1. 现场组

牵头所领导:(名单略)

负责部门:政治处、管理科、教育科、生卫科、康复指导科、医院、指挥中心及相关大队

主要工作:

(1)负责所区开放日戒毒人员亲属的安检、接待工作(管理科)。

(2)负责所区开放日亲属学校活动现场准备、横幅制作(教育科)。

(3)负责所区开放日操场300余人康复操组织(康复指导科)。

(4)负责职业技能教育等现场展示(教育科、各大队)。

(5)负责润蕾学堂二楼经颅磁治疗、多通道生物反馈、VR－3D现场准备(康复指导科、各大队)。

(6)文艺节目准备和排练工作(政治处、教育科、三队、五队)。

(7)负责回归典型资料的收集、整理工作及采访准备(教育科、各大队)。

(8)负责困难戒毒人员家庭资料的收集、整理工作及采访准备(教育科、各大队)。

(9)负责戒毒人员亲属的邀请及准备(教育科、各大队)。

(10)负责主会场液晶显示背景和文艺节目背景制作(教育科、相关民警)。

(11)负责主会场活动手册的制作(教育科)。

(12)负责礼堂主会场礼仪服务安排(政治处)。

(13)负责礼堂现场戒毒人员的安排管理工作(管理科、各大队)。

(14)负责活动现场及所区环境卫生的整治(教育科、生卫科及各大队)。

2. 警务组

牵头所领导:(名单略)

负责部门:政治处、监察室及相关大队

主要工作:

(1)负责活动现场礼仪民警的安排和训练、签约仪式、发言席、节目道具的摆放、上下场。

(2)负责解说民警的安排和参加活动民警的安排。

(3)负责警容风纪的检查和民警礼仪的督促。

(4)负责文艺演出活动主持的安排和训练。

(5)负责慰问金牌子的制作。

3. 后勤保障组

牵头所领导:(名单略)

负责部门:后勤服务中心、行政财务科、基建科

主要工作:

(1)负责主会场、接待室小毛巾和茶水供应工作。

(2)负责二道门外休息场所及茶水等准备工作。

(3)负责活动期间车辆、就餐安排及相关接待工作。

(4)负责二道门外环境卫生的打扫清理。

(5)负责大院内部分地方的修补。

(6)负责参观点和润蕾学堂各处花草租用及摆放工作。

(7)负责妇联慰问金票据的提供和回归典型代表路费的准备(财务科)。

4. 信息保障和宣传报道组

牵头所领导:(名单略)

负责部门:办公室、信息中心

主要工作:

(1)负责大礼堂席卡的打印、摆放和来宾座位安排。

(2)负责所内新闻的发布和相关新闻通稿的修改。

(3)负责后续照管 VCR 的拍摄制作。

(4)负责活动主会场话筒、音响调试与配合。

(5)负责联系专业人员(2 人)进行演出现场灯光、音响的调试。

(6)负责活动摄影摄像、所内网传输和新闻发布。

5. 电力保障组

牵头所领导:(名单略)

负责部门:习艺指导科、安全科

主要工作:

(1)负责所有现场所需电力保障。

(2)负责活动集中排练以及活动当天电力的安全保障工作。

(3)负责活动筹备期间润蕾礼堂线路、空调的调试工作。

(4)负责车间外围卫生的检查。

6. 安全保卫组

牵头所领导:(名单略)

负责部门：政治处、管理科、生卫科、指挥中心、督察组、医院、各大队

主要工作：

(1)负责活动期间场所安全稳定工作(活动期间，礼堂四周安排民警警戒)。

(2)负责活动现场和期间的安全保卫以及人员进出引导。

(3)负责二道门进出人员的安全检查、人数清点、发放证件等工作。

(4)负责二道门内的环境卫生。

(5)各参观现场和沿途卫生的检查清理。

(6)活动现场突发疾病的救治。

(7)润蕾礼堂北围墙安排民警巡逻检查。

备注：下午活动不设主席台，领导和来宾全部在观众席就座。

五、总结评估类文书

总结评估类文书具有较强的综合性，应用场景也比较多，主要包括戒毒人员教育矫正效果评估、专项教育活动总结评估、综合性调研报告等。

(一)戒毒人员教育矫正效果评估

从目前戒毒工作实践来看，戒毒人员教育矫正效果评估可从两个维度进行探讨。一是以全国统一的戒毒工作基本模式为依据，简称统一戒毒模式方向；二是以国家三部委联合颁发的规范性文件《诊断评估办法》为依据，简称诊断评估方向。

1. 统一戒毒模式方向。2022年9月，司法部戒毒管理局根据《司法部关于建立全国统一的司法行政戒毒工作基本模式的意见》(司发〔2018〕3号)研究制定了《教育矫正指南》(〔2022〕司戒毒字39号)。《教育矫正指南》对戒毒人员教育矫正效果评估作了规范性设定(见表16－15、表16－16、表16－17、表16－18)。《教育矫正指南》规定，每个期段结束前，戒治区(大队)应在教育矫正中心的指导下，对戒毒人员在本期段的教育矫正效果进行评估，评估结果应记入戒毒人员教育矫正档案。以考试的方式进行评估的，测试成绩在90分以上为优秀，80～89分为良好，60～79分为合格，60分(不含本数)以下为不合格。

表 16－15　生理脱毒期戒毒人员教育矫正效果评估表(参考表)

(引自司法部戒毒管理局《教育矫正指南》)

______所____大队

姓　名		性　别		出生年月	
起止日期	年　　月　　日至　　年　　月　　日				
教育情况	1. 个别谈话情况:____次;效果:□很好　□较好　□一般　□较差				
	2. 参加辅助教育情况:□很好　□较好　□一般　□较差　□未参加				
	3. 其他教育内容:____________ 完成情况:□很好　□较好　□一般　□较差　□未参加				
大队意见	是否完成本期段教育内容:□已完成　□未完成 教育效果:□很好　□较好　□一般　□较差 负责人签字: 日期:　　年　　月　　日(章)				
教育矫正中心意见	□同意;□不同意;□其他:________ 负责人签字: 日期:　　年　　月　　日(章)				
备　注					

表 16－16　教育适应期戒毒人员教育矫正效果评估表(参考表)

(引自司法部戒毒管理局《教育矫正指南》)

______所____大队

姓　名		性　别		出生年月	
起止日期	年　　月　　日至　　年　　月　　日				
教育情况	1. 入所教育完成情况:□已完成　□未完成				
	2. 戒毒法律法规、所规所纪掌握情况:□很好　□较好　□一般　□较差				
	3. 能否正确认识毒品危害:□能　□不能				
	4. 行为养成情况:□很好　□较好　□一般　□较差				
	5. 环境适应情况:□很好　□较好　□一般　□较差				
	6. 个别谈话情况:____次;效果:□很好　□较好　□一般　□较差				
	7. 参加辅助教育情况:□很好　□较好　□一般　□较差　□未参加				
	8. 考试情况:□优秀　□良好　□合格　□不合格　□未参加				

续表

大队意见	是否完成本期段教育内容:□已完成　□未完成 教育效果:□很好　□较好　□一般　□较差 负责人签字: 日期:　年　月　日(章)
教育矫正中心意见	□同意;□不同意;□其他:________ 负责人签字: 日期:　年　月　日(章)
备　注	

表16－17　康复巩固期戒毒人员教育矫正效果评估表(参考表)

(引自司法部戒毒管理局《教育矫正指南》)

______所____大队

姓　名		性　别		出生年月	
起止日期	年　月　日至　年　月　日				
教育情况	1. 思想政治教育完成情况:□已完成　□未完成				
	2. 法律常识教育课时完成情况:□已完成　□未完成 考试情况:□优秀　□良好　□合格　□不合格				
	3. 思想道德课时完成情况:□已完成　□未完成 考试情况:□优秀　□良好　□合格　□不合格				
	4. 文化素质教育课时完成情况:□已完成　□未完成 考试情况:□优秀　□良好　□合格　□不合格				
	5. 戒毒常识教育课时完成情况:□已完成　□未完成 考试情况:□优秀　□良好　□合格　□不合格				
	6. 戒毒康复教育课时完成情况:□已完成　□未完成 考试情况:□优秀　□良好　□合格　□不合格				
	7. 安全生产知识教育完成情况:□已完成　□未完成				
	8. 参加职业技能培训情况:□已参加　□未参加 是否取得职业技能培训合格证书:□是　□否				
	9. 个别谈话情况:____次;效果:□很好　□较好　□一般　□较差				
	10. 参加辅助教育情况:□很好　□较好　□一般　□较差　□未参加				

续表

大队意见	是否完成本期段教育内容:□已完成　□未完成 教育效果:□很好　□较好　□一般　□较差 负责人签字: 日期:　年　月　日(章)
教育矫正中心意见	□同意;□不同意;其他:________ 负责人签字: 日期:　年　月　日(章)
备　注	

表 16－18　回归指导期戒毒人员教育矫正效果评估表(参考表)

(引自司法部戒毒管理局《教育矫正指南》)

______所____大队

姓　名		性　别		出生年月	
起止日期	年　月　日至　年　月　日				
教育情况	1. 回归社会指导教育完成情况:□已完成　□未完成				
	2. 个别谈话情况:____次;效果:□很好　□较好　□一般　□较差				
	3. 参加辅助教育情况:□很好　□较好　□一般　□较差　□未参加				
	4. 形势政策掌握情况:□很清楚　□比较了解　□了解一点				
	5. 职业规划:□比较清晰　□不太确定　□很迷茫				
	6. 社会支持系统:□良好　□一般　□缺失				
	7. 社会环境适应能力:□较强　□一般　□较弱				
	8. 拒毒能力:□较强　□一般　□较弱				
	9. 考试情况:□优秀　□良好　□合格　□不合格				
	10. 是否接受后续照管:□是　□否				
大队意见	是否完成本期段教育内容:□已完成　□未完成 教育效果:□很好　□较好　□一般　□较差 负责人签字: 日期:　年　月　日(章)				
教育矫正中心意见	□同意;□不同意;其他:________ 负责人签字: 日期:　年　月　日(章)				
备　注					

2.诊断评估方向。这个方向的评估文书是教育矫正工作与戒毒执法关联度最高的一项应用文书。因此,要将《诊断评估办法》中涉及教育矫正工作的项目进行细化分解,落实到具体的要素单元,并予以量化评估。对身心康复评估板块中"戒毒动机明确,信心增强,掌握防止复吸的方法",对行为表现评估板块中"参加教育矫治活动",对社会环境与适应能力评估板块中"签订帮教协议或有明确意愿""家属或所在社区支持配合其戒毒""有主动接受社会监督和援助的意愿""掌握一定就业谋生技能"等内容都要进行量化分解,赋予一定分值(见表16-19、表16-20、表16-21)。

表16-19　戒毒人员身心康复评估月度评分表(参考表)

单位:　　　　　　　　　　　　所在戒区:　　　　　　　　　　　　评估月度:

姓　名	所编号	综合得分	项目要点1	项目要点2
备注: 身心康复评估总分30分,涉及教育矫正的评估要点占11分。 项目要点1:对应"戒毒动机明确、信心增强,掌握防止复吸的方法"表述,总分12分,涉及教育矫正的要点8分,其中戒毒常识考试2分,日常戒治状况评估6分。 项目要点2:对应"有改善家庭、社会关系的愿望和行动"表述,总分3分。				

制表单位:　　　　　　　　　　　　制表人:(电子签章)　　　　　　　　　　　　审核人:(电子签章)

表 16－20　戒毒人员行为表现评估月度评分表(参考表)

单位：　　　　　　　　所在戒区：　　　　　　　　评估月度：

姓　名	所编号	综合得分	日常考核				专项考核		
			日常小计	基本分	加分	扣分	专项小计	加分	扣分

备注：

1. 行为表现评估分为日常考核和专项考核两类。
2. 日常考核规定具体加扣分事项，涉及教育矫正工作的加分项有：积极参加教育教学活动态度端正；教育矫正考核成绩优异；参加板报、墙报、戒治内刊投稿等戒治文化建设成绩突出；参加成人学历教育表现突出；作品被省局或社会媒体采用；职业技能培训获证；协助重点人员教育转化。扣分项有：无故不参加各类教育、教学、训练、测试活动，不按规定收听收看教育节目；违反课堂纪律、考场纪律或其他教育活动纪律、扰乱教育教学活动秩序；收藏传阅观看未经允许的图文音像制品；无故不完成作业或个人汇报材料，小组学习讨论不认真。
3. 专项考核涉及教育矫正工作的加分项有：发明创造或技术革新；成人学历考试获证；大型活动、竞赛获奖；获得职业资格等级证书。扣分项有：无理取闹，拒不参加教育学习活动。

制表单位：　　　　　　　　制表人：(电子签章)　　　　　　　　审核人：(电子签章)

表 16－21　戒毒人员社会环境与适应能力评估表(参考表)

单位：　　　　　　　　　　　　　所在戒区：　　　　　　　　评估类别：

姓　名	所编号	综合得分	评估要点 1	评估要点 2	评估要点 3	评估要点 4
备注： 社会环境与适应能力评估总分 15 分，涉及教育矫正的评估要点占 11 分。 评估要点 1：对应“签订帮教协议或有明确意向”表述，计 2 分。 评估要点 2：对应“家属或所在社区支持配合其戒毒”表述，计 3 分。 评估要点 3：对应“有主动接受社会监督和援助的意愿”表述，计 2 分。 评估要点 4：对应“掌握一定的就业谋生技能”表述，计 4 分。						

制表单位：　　　　　　　　　　　　制表人：(电子签章)　　　　　　　　　审核人：(电子签章)

(二)专项教育活动总结评估

针对某一专项教育活动或专题教育课程进行回顾，根据不同情况，分项目、分内容、分环节进行梳理，总结成败得失等。专项教育活动总结主要包括教育活动主题、组织实施情况、主要成绩、经验体会、存在问题、下一步改进的思路举措等。

案例 16－3

一、案例介绍

小李警官在第一期动机激发课程结束后，积极开展总结，深入了解各方面的意见，及时对收集到的信息进行了梳理，按照柯氏四级评估法的要求撰写了一份总结分析报告，报告主要内容如下：

××××年第×期动机激发教育课程总结报告	
课程教学基本情况	教学时间及课时、参训人员情况、授课教师等基本情况略
反应层评估	参训戒毒人员学习满意度高。所有戒毒人员（共 25 人）无记名填写了《课程与教学满意度问卷》。问卷分为打分题与简答题两种形式，其中打分题共 10 道，内容涉及课程目标、课程内容、教师专业素养、教学组织等内容，按照 1～10 打分的原则（1 分表示非常不满意，10 分表示非常满意），平均分 9.43 分。单项得分前三名的依次是教师的教学方法、教师的知识底蕴、课程内容的有效，分别达到 9.87 分、9.67 分和 9.55 分，说明戒毒人员对教师素养及课程内容比较满意。单项得分较低的是教学时间安排，通过个别访谈了解到部分戒毒人员认为每周安排一次相对较少，整个课程的时间比较长，且中间因为放假等原因暂停了两周，建议更紧凑些
学习层评估	戒毒人员基本掌握了课程涉及的概念、原理和方法。一是全员进行了《学习效果自评问卷》调查，该问卷根据课程内容设计了 20 个评分题，基本囊括了课程主要知识点，要求进行 1～5 评分，1 分表示一点也不知道，5 分表示非常熟悉，通过统计平均得分在 4.1 分，表明戒毒人员认为自己较好地掌握了所学知识。二是进行闭卷考试，考试题型根据课程内容涉及了单选、多选、判断以及简答题，满分 100 分，得分主要集中在 75～90 分，平均为82.5 分。三是所有戒毒人员都根据自身实际情况并结合所学知识撰写了一份"学习改变计划"，70% 以上的改变计划内容具体、思路清晰、具有较好的指导性
行为层评估	近一半以上的戒毒人员能够在戒治生活中运用所学知识和方法。参训戒毒人员人数较多的二大队民警反映，本队共有 15 名戒毒人员参加动机激发教育课程的学习，绝大部分能够及时完成课后作业，对"要不要戒""能不能戒"等问题进行深入思考，其中×××主动向民警咨询有关如何戒治的知识和技能，有 4 名戒毒人员在与家人打亲情电话时主动运用沟通的技巧，有 5 名戒毒人员向民警汇报了其撰写的戒治计划
结果层评估	课程效果逐渐显现。戒毒人员较多的二大队民警反映，班内 7 名戒毒人员参加动机激发教育课程学习后，班内其他戒毒人员反映他们在日常戒治生活中很少再提起"戒不了""没必要戒"等牢骚话；民警也观察到班内人际关系更加融洽，闲暇聊天时谈论的话题也更为正能量。其中×××还主动帮助别人制订戒治计划，获得他人的好评

二、案例思考

如果课程总结报告满分是10分,你认为该报告能得多少分？请简述理由。

三、案例评析

小李警官撰写的《动机激发教育课程总结报告》,内容全面翔实,比较全面地体现了反应、学习、行为以及结果四个层面的效果;调查数据充分,综合运用了问卷调查、考试测评、日常观察、个别访谈等评估形式,具有较好的可信度。建议进一步加强与大队民警的沟通与协作,增强课后辅导督促的力度,效果可能会更好。如果能够运用戒毒动机测评量表、效能感测评量表等评估工具进行前后测评分析,评估结论可能更有说服力。

(三)综合性调研报告

综合性调研报告一般涉及面广、信息量大、对归纳总结和分析研判的要求较高,但也有一定的格式规范。具体包括调研主题、调研目的、调研内容、调研方法、调研范围、实施情况、结果分析、主要结论、启发思考、对策建议等。综合性调研报告,一般还会根据调研任务和主题目的的不同有所侧重,在准确的事实判断基础上,形成鲜明的价值评价,并亮明观点,阐明方向,为上级决策提供参考。

第三节　教育矫正工作文书的信息化应用

教育矫正工作文书的信息化应用是戒毒工作信息化的重要组成部分,是基层民警提高工作效率、减轻工作负担的重要抓手。随着“智慧戒毒”实践探索的深入推进,教育矫正工作文书的信息化应用在广度和深度上必将迎来新的变革。

一、要有前瞻性的认识

近年来,随着大数据、云计算、人工智能技术的深度运用,全国司法行政戒毒系统在推进“智慧戒毒”实践探索中取得了很多突破性进展。这些信息化应用成果,一方面,为教育矫正工作文书的信息化应用提供了物质技术保障;另一方面,信息化技术手段的应用,也有利于戒毒场所对教育矫正信息进行客观、准确的数据汇总分析,在此基础上作出科学精准的研判。统一戒毒模式的推进落实,必将推动教育矫正相关基础工作进一步规范,而利用信息化技术引领和推进教育矫正工作文书的创新与规范，既是题中之义也是必然要求。在今后的发展应用方向上，应更加注重大数据、人工智能技术和教育矫正基础信息的融合运用，在留痕记载、汇总统计、分析研判等方面作出实践探索。

二、要力推智能化采集

教育矫正的很多基础工作如果不能实现智能化采集，仍然要通过民警手工录入甚至在纸质表格上手工填写的方式来完成，必将大大增加基层民警的工作量，因此要从根本上加以解决。目前教育矫正基础信息的智能化采集主要有两个方面：一是通过源头智能化的方式自动读取或提取相关信息。如在戒毒人员课堂教学活动中，在教室入口设置自动读取戒毒人员身份信息的设备（戒毒人员随身携带的胸牌上内置身份识别芯片），通过这种方式授课民警可以智能采集课堂教学的参加人员、起止时间，免去课堂点名的程序。对教学效果评价时，除了对个别优秀或表现较差的单独标注外，大多数人员可以设置默认合格选项，从而大大减少民警逐个评价的工作量。二是在建立信任通证的基础上共享戒毒人员基础数据。在编制相关表格文书时，不再需要对戒毒人员基本信息进行二次录入。如在制作重点人员教育转化专档中，对戒毒人员的性别、年龄、文化程度、家庭住址、社会关系、吸毒种类、戒毒起止时间等基础信息，可以通过共享执法管理数据直接导入（见表 16－22）。

表 16－22　重点人员教育转化电子档案表（参考表）

重点人员教育转化电子档案

档案编号

姓　名		所编号		认定日期		撤销日期	
所在单位				所在戒治区			

个人基本信息　家庭社会关系　吸毒违法经历　认定申报审批　撤销申报审批

姓　名		曾用名 别名绰号		性　别	男	照片
出生年月		身高		血　型		
民　族		文化程度		婚姻状况		
本省籍贯			外省籍贯			
户籍地址						
居住地址						

续表

身份证号			社保账号（医保）			是否三无	
本人成分		家庭出生		政治面貌		宗教信仰	
婚姻状态		居住状态		收入状态		职业背景	
特种经历 特殊技能		原职业状态		原单位名称			
原单位 职务职业		原单位电话		原单位地址			
本人简历 要点表述 : 时间 + 地点 + 活动							
手机号码		微信账号		QQ 号		电邮或其他 社交账号	

重点人员教育转化电子档案

档案编号

姓　名		所编号		认定日期		撤销日期	
所在单位				所在戒治区			

个人基本信息　家庭社会关系　吸毒违法经历　认定申报审批　撤销申报审批

戒毒人员 称谓		姓　名		性　别		照片	
出生年月		身份证号					
民　族		文化程度		婚姻状况			
宗教信仰		职业背景		职业状态			
所在单位				职务工种			
居住地址							
手机号码			微信号			关系 密切程度	

续表

戒毒人员称谓		姓　名		性　别		照片	
出生年月		身份证号					
民　族		文化程度		婚姻状况			
宗教信仰		职业背景		职业状态			
所在单位				职务工种			
居住地址							
手机号码			微信号			关系密切程度	
戒毒人员称谓		姓　名		性　别		照片	
出生年月		身份证号					
民　族		文化程度		婚姻状况			
宗教信仰		职业背景		职业状态			
所在单位				职务工种			
居住地址							
手机号码			微信号			关系密切程度	

重点人员教育转化电子档案

档案编号

姓　名		所编号		认定日期		撤销日期	
所在单位				所在戒治区			

个人基本信息　家庭社会关系　吸毒违法经历　认定申报审批　撤销申报审批

本次戒毒信息

决定机关				起止时间			
吸毒种类		吸毒方式		戒毒经历		入所日期	
吸毒违法事实	依决定书						

首次吸毒经历

吸毒日期		吸毒地点		吸毒种类		吸毒方式	
主要经过	主要陈述吸毒前后经历的事情,吸毒原因、吸毒情境、参与人员以及吸毒前后的感受等						

既往戒毒经历

戒毒方式		执行场所		起止时间	
吸毒违法事实	吸毒时间、吸毒地点、吸毒经过、参与人员、查获机关等				

其他罪错经历

处罚机关			罪错类型		罪错名称	
暴力倾向	非暴力型	起止时间			执行场所	
要点记载	1. 违法犯罪经过:时间、地点、经过、后果、参与人员等; 2. 处罚执行期间表现,是否受过奖励、处罚,减刑减期、假释、提前释放、提前解戒等					

重点人员教育转化电子档案

档案编号

姓　名		所编号		认定日期		撤销日期	
所在单位				所在戒治区			

个人基本信息　家庭社会关系　吸毒违法经历　认定申报审批　撤销申报审批

认定类型

企图逃跑		寻衅滋事,对抗管教	√
反社会言行	√	自杀、自伤、自残、绝食、装病	
抗拒劳动		拒不参加教育戒治活动	
不服决定,抗拒戒治	√	疑似"三假",负案在戒	
涉黑涉恶		其他情形	

违规违纪事实

记载违规违纪的时间、地点、经过、参与人员、后果等	附件 1
	附件 2
	附件 3

教育转化方案

诱因分析

同戒矛盾		警戒矛盾	√	学习矛盾		生活矛盾	
劳动矛盾		家庭变故		隐匿心理		其他矛盾	√

心理评估

							附件 1
							附件 2
							附件 3
性格取向	外向	暴力倾向	中	偏执倾向	高	预警指数	中

攻坚团队

主攻民警		团队成员	

重点人员教育转化电子档案

档案编号

姓　名		所编号		认定日期		撤销日期	
所在单位				所在戒治区			

个人基本信息　家庭社会关系　吸毒违法经历　认定申报审批　撤销申报审批

方法措施

谈话教育		心理干预		教育整训		单独管理	
困境救助		亲情感化		社会帮教		其他措施	

实施步骤

1.
2.
3.
4.

单位申报意见

(具体申报意见) (负责人电子签章) 年　　月　　日

教育部门审核意见

(具体审核意见。情况是否属实,证据是否充分,分析是否透彻,方案是否可行) (负责人电子签章) 年　　月　　日

所领导审批意见

(具体审批意见) (所领导电子签章) 年　　月　　日

重点人员教育转化电子档案

档案编号

姓　名		所编号		认定日期		撤销日期	
所在单位				所在戒治区			

个人基本信息　家庭社会关系　吸毒违法经历　认定申报审批　撤销申报审批

教育转化过程

谈话教育

谈话日期			谈话地点	悟谈室	起止时间		
谈话事项	遵规守纪	谈话民警	(电子签名)	效果评估	良好	附件	音视频回访
要点记载	1. 2. 3.						

心理干预

干预日期			咨询地点	启心室	起止时间		
干预事项	心理健康	实施民警	(电子签名)	效果评估	良好	附件	音视频回访
要点记载	1. 2. 3.						

重点人员教育转化电子档案

档案编号

姓　名		所编号		认定日期		撤销日期	
所在单位				所在戒治区			

个人基本信息　家庭社会关系　吸毒违法经历　认定申报审批　撤销申报审批

教育转化过程

困境救助

救助日期			救助事项	子女入学	救助人 救助机构		附件
救助形式	资金救助	救助金额		经办民警	(电子签名)	效果评估	良好
要点记载	1. 2. 3.						

教育整训

整训日期			整训地点	集训大队	起止时间		
整训事项	纪律规范	实施民警	(电子签名)	效果评估	良好	附件	音视频回访
要点记载	1. 2. 3.						

亲情感化

帮教日期			抚养子女	服从管教	起止时间		
帮教人		经办民警	(电子签名)	效果评估	良好	附件	音视频回访
要点记载	1. 2. 3.						

重点人员教育转化电子档案

档案编号

姓　名		所编号		认定日期		撤销日期	
所在单位				所在戒治区			

个人基本信息　家庭社会关系　吸毒违法经历　认定申报审批　撤销申报审批

教育转化效果评估　得分：××

认错悔过情况　得分：××

个人自诉		附件	保证书		附件
个人自诉		附件			

服从管教情况　得分：××

思想汇报		附件	日常考核		附件
民警评价		附件			

遵规守纪情况　得分：××

连续三个月无违规违纪行为	附件

完成任务情况　得分：××

教育学习		附件	习艺劳动		附件
戒治活动		附件			

测评情况　得分：××

民警测评		附件	同戒测评		附件

面试情况　　得分：× ×

	附件

心理测试情况　　得分：× ×

	附件

重点人员教育转化电子档案

档案编号

姓　名		所编号		认定日期		撤销日期	
所在单位				所在戒治区			

个人基本信息　家庭社会关系　吸毒违法经历　认定申报审批　撤销申报审批

单位申报意见

（具体申报意见）

（负责人电子签章）
年　　月　　日

教育部门审核意见

（具体审核意见）

（负责人电子签章）
年　　月　　日

所领导审批意见

（具体审批意见）

（所领导人电子签章）
年　　月　　日

三、要规范教育矫正信息提取运用

这里要区分几个层次来把握。一是要按照统一戒毒模式的要求设置教育矫正工作文书的具体种类名称、构成要素、输出呈现的方式，包括文档类型、纸张大小、具体格式等。二是对涉及诊断评估等执法相关的教育矫正工作文书要严格把关。目前教育矫正工作涉及诊断评估的项目主要有戒毒动机、戒毒信心、防复吸方法、改善家庭社会关系的意愿和行动、参加教育矫正活动、接受帮教的行动和意愿、接受监督和援助的意愿、就业谋生技能等，应对此类教育矫正活动信息进行规范的格式化设计，对相关责任人员应落实电子签名机制，保证电子文书的公信力和权威性。三是对读取、调阅、复制戒毒人员教育矫正电子文书信息的操作要设置权限和密码，并建立留痕机制，防止弄虚作假或恶意删改等非正常操作。

四、要创新输出呈现方式

传统的教育矫正工作文书主要是纸质的文档、表格等，但在信息化应用背景下，教育矫正工作文书可以有更多样的输出和呈现方式，其目的是更好地服务教育矫正工作的实际需要。一是实现快速输出功能。对教育矫正工作形成的应用文书，可以通过打印机等现代办公设备快速打印输出，且能根据需要进行快速复制、多份打印。二是实现多样化的存储、传递、呈现形式。电子文书可以通过电子文档、电子表格、邮件、图片等多种形式进行保存、传递，可以实现网上流转、网上查阅。对于比较正式的应用文书应有固定格式，要素要齐全、规范。纸质文档应有盖章、签名，电子文档也应有电子签名、电子印章机制。正式文书电子文档与打印输出文档应保持一致。对于戒治文化活动信息登记等简易的应用文书，可以通过移动终端，实现网上制作、网上审核和网上签批（见表16－23）。对一般性教育矫正信息电子数据存储，尽量以电子文档的形式保存，不必打印输出。三是实现基础信息的统计分析功能。对通过教育矫正工作文书录入并记载的教育矫正信息，能够通过数据库技术，实现多维度检索、多要素的分析统计，便于总结规律、发现特征，及时作出科学准确的研判。用于数据分析的应用文书关键在于分析研判要素项目的设置及分析研判方法的选择，对于其呈现方式可以根据实际需要灵活设置，只要有利于呈现表达，不必过于拘泥。

表 16 – 23　康复巩固期戒毒人员戒治文化活动信息查询表（参考表）

康复巩固期戒毒人员戒治文化活动信息查询

起止日期：××××年××月××日起至××××年××月××日

活动项目	参与人次	活动形式	参与人次 投稿用稿	详情链接
书香戒毒	626	图书借阅	232	详情
		报刊阅览	98	详情
		网络学习	87	详情
		电子阅读	209	详情
特色戒治	1500	传统文化	456	详情
		音乐舞蹈	86	详情
		书法美术	48	详情
		趣味活动	92	详情
		影视传媒	786	详情
		戒治沙龙	32	详情
文化载体	277	板报编辑制作	43	详情
		墙报编辑制作	46	详情
		所内刊物投稿篇数	96	详情
		所内刊物用稿篇数	22	详情
		局内刊物投稿篇数	26	详情
		局内刊物用稿篇数	12	详情
		社会媒体投稿篇数	26	详情
		社会媒体用稿篇数	6	详情

康复巩固期戒毒人员戒治文化活动——书香戒毒信息查询

起止日期：××××年××月××日起至××××年××月××日

活动项目	参与人次	戒治区(大队)	参与人次	详情链接
图书借阅	145	康复巩固一区	40	详情
		康复巩固二区	44	详情
		康复巩固三区	42	详情
		回归指导区	19	详情
报刊阅览	74	康复巩固一区	23	详情
		康复巩固二区	22	详情
		康复巩固三区	18	详情
		回归指导区	11	详情
网络学习	80	康复巩固一区	22	详情
		康复巩固二区	21	详情
		康复巩固三区	29	详情
		回归指导区	8	详情
电子阅读	37	康复巩固一区	8	详情
		康复巩固二区	9	详情
		康复巩固三区	12	详情
		回归指导区	8	详情

戒毒人员戒治文化活动——书香戒毒——图书借阅信息查询

起止日期：××××年××月××日起至××××年××月××日

序号	借阅人	所编号	所在戒区	图书名称	图书编号	借阅日期	归还日期	经办民警
1	钱某戒	323398××	康复巩固二区	中国震撼	NSFQ2058693	2019.09.02	2019.09.16	电子签名
2	赖某戒	323398××	康复巩固三区	旧制度与大革命	NSFQ2058704	2019.09.02	2019.09.16	电子签名
3	吴某戒	323399××	回归指导区	区块链与百姓生活	NSFQ2058715	2019.09.02	2019.09.16	电子签名
4	田某戒	323398××	康复巩固一区	蚁族	NSFQ2058726	2019.09.02	2019.09.16	电子签名
5	蔡某戒	323398××	康复巩固二区	黄金手4	NSFQ2058737	2019.09.09	2019.09.23	电子签名
6	华某戒	323398××	康复巩固三区	戒瘾手册	NSFQ2058748	2019.09.09	2019.09.23	电子签名
7	刘某戒	323399××	回归指导区	少年孙中山	NSFQ2058759	2019.09.09	2019.09.23	电子签名
8	周某戒	323398××	康复巩固二区	文化苦旅	NSFQ2058781	2019.09.09	2019.09.23	电子签名
9	吴某戒	323398××	康复巩固三区	我的大学	NSFQ2058792	2019.09.09	2019.09.23	电子签名
10	王某戒	323398××	康复巩固一区	庄子的快活	NSFQ2058814	2019.10.04	2019.10.19	电子签名
11	赵某戒	323398××	康复巩固二区	红军长征史(中)	NSFQ2058825	2019.10.04	2019.10.19	电子签名
12	李某戒	323398××	康复巩固三区	历史的群像	NSFQ2058836	2019.10.04	2019.10.19	电子签名
13	唐某戒	323399××	回归指导区	本领恐慌	NSFQ2058847	2019.10.04	2019.10.19	电子签名

戒毒人员图书借阅——借阅人轴信息查询

借阅人	单某戒	所编号	323309882	所在戒区	康复巩固三区

序号	图书名称	图书编号	借阅日期	归还日期	经办民警
1	中国震撼	NSFQ20586××	2019.09.02	2019.09.16	电子签名
2	旧制度与大革命	NSFQ20587××	2019.09.02	2019.09.16	电子签名
3	区块链与百姓生活	NSFQ20587××	2019.09.02	2019.09.16	电子签名
4	蚁族	NSFQ20587××	2019.09.02	2019.09.16	电子签名
5	黄金手4	NSFQ20587××	2019.09.09	2019.09.23	电子签名
6	戒瘾手册	NSFQ20587××	2019.09.09	2019.09.23	电子签名
7	少年孙中山	NSFQ20587××	2019.09.09	2019.09.23	电子签名
8	文化苦旅	NSFQ20587××	2019.09.09	2019.09.23	电子签名
9	我的大学	NSFQ20587××	2019.09.09	2019.09.23	电子签名
10	庄子的快活	NSFQ20588××	2019.10.04	2019.10.19	电子签名
11	红军长征史(中)	NSFQ20588××	2019.10.04	2019.10.19	电子签名
12	历史的群像	NSFQ20588××	2019.10.04	2019.10.19	电子签名
13	本领恐慌	NSFQ20588××	2019.10.04	2019.10.19	电子签名

戒毒人员图书借阅——图书轴信息查询

图书名称	区块链与百姓生活	图书编号	NSFQ2058715

序号	借阅人	所编号	所在戒区	借阅日期	归还日期	经办民警
1	钱某戒	3233××××	康复巩固二区	2018.09.02	2018.09.16	电子签名
2	赖某戒	3233××××	康复巩固三区	2018.09.18	2018.10.02	电子签名
3	吴某戒	3233××××	回归指导区	2018.10.04	2018.10.18	电子签名
4	田某戒	3233××××	康复巩固一区	2018.10.20	2018.11.03	电子签名
5	蔡某戒	3233××××	康复巩固二区	2018.11.05	2018.11.19	电子签名
6	华某戒	3233××××	康复巩固三区	2018.11.21	2018.12.05	电子签名
7	刘某戒	3233××××	回归指导区	2018.12.07	2018.12.21	电子签名
8	周某戒	3233××××	康复巩固二区	2018.12.23	2019.01.06	电子签名
9	吴某戒	3233××××	康复巩固三区	2019.01.08	2019.01.22	电子签名
10	王某戒	3233××××	康复巩固一区	2019.01.24	2019.02.07	电子签名
11	赵某戒	3233××××	康复巩固二区	2019.02.09	2019.02.23	电子签名
12	李某戒	3233××××	康复巩固三区	2019.02.25	2019.03.11	电子签名
13	唐某戒	3233××××	回归指导区	2019.03.13	2019.03.27	电子签名

■ 复习思考题

1. 简述教育矫正工作文书的特点。
2. 简述教育矫正工作文书的功能。
3. 简述教育矫正工作文书的分类。
4. 试述教学设计方案的编制要点。
5. 试析教育矫正工作文书的信息化应用现状与前景展望。

■ 本章主要参考文献

1. 司法部戒毒管理局组编:《司法行政强制隔离戒毒教育矫正实务》,法律出版社 2021 年版。
2. 王雪峰主编:《矫正教育学》,法律出版社 2022 年版。
3. 夏宗素主编:《矫正教育学》,法律出版社 2014 年版。
4. 高莹主编:《矫正教育学》,教育科学出版社 2007 年版。